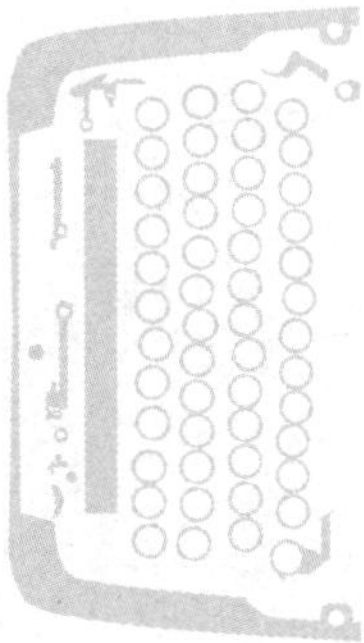

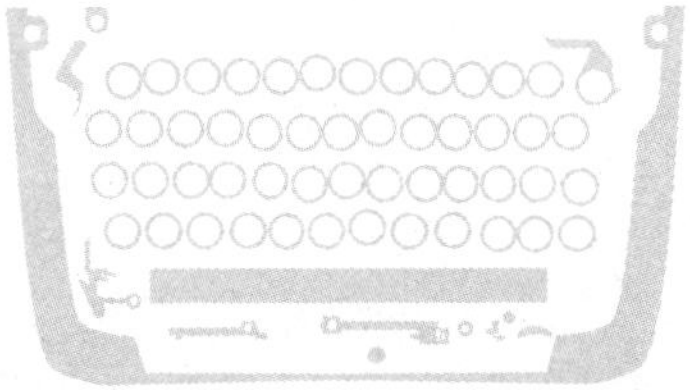

广播电视新闻专业“十二五”规划教材

电视直播与现场报道

张 龙　崔 林　张树华　著

中国传媒大学出版社
·北京·

目　录

第一章　电视新闻节目概况

本章要点

电视新闻的定义和特征

电视新闻节目的分类

我国电视新闻节目的发展情况

电视的出现是大众传播史上的一次伟大革命。该词自1900年在国际电信联盟会议上被正式提出以来，电视传播给人类生活带来了翻天覆地的变化。

1936年11月2日，世界上第一座电视台由英国广播公司（BBC）在亚历山大宫正式创办，这一天也被公认为电视的诞生日。电视在传播信息的同时，也在传承着人类文化，它以十分惊人的速度联结着地球上的每一个角落，将"地球村"由概念变为现实。

电视新闻伴随着电视的诞生而产生，它以声、画形象传播的独家优势促进了新闻传播领域的变革。电视新闻使得人们不出家门即可"目睹"天下事，缩短了地区之间、国家之间的距离，使得"地球村"里的居民，变成了"电视村"里的居民。有学者提出"电视的本体是新闻"的看法。暂不论这种提法是否准确，但它揭示了一个基本共识：在诸多电视节目中，电视新闻无疑占据着主体地位。电视作为大众传播媒介，具有传播信息的天然优势，其不同于传统媒介如报纸、广播的形象传播的特点，也使得电视新闻成为最受欢迎、影响最广的新闻传播形式。

第一节　电视新闻的定义和特征

什么是电视新闻？电视新闻有哪些特征？回答这些问题，必须从新闻的定义谈起，这也是我们解决一切新闻传播领域问题的出发点。

一、新闻的定义

关于新闻的定义，解释很多，主要有"事实说""报道说""信息说"和"功能说"。这些定义分别从不同的侧面概括了新闻的定义，具体包括：

（一）"事实说"

"事实说"将新闻看作某种事实。"新闻者，乃多数阅读者所注意之最近事实也""新闻者，是最近时间内发生的新发现与人类生存有关联的事实和现象"（徐宝璜），"新闻就是广大群众欲知、应知而未知的事实"（范长江）。"事实说"将新闻看作某种事实，肯定了新闻的真实性，并将新闻与虚构的文学、戏剧等区别开来，对新闻的本质属性做了规定。但"事实说"并未指出新闻与一般事实的区别，并非任何事实都是新闻。这一概念常见于早期的新闻学研究中。

（二）"报道说"

"报道说"认为新闻是对某种事实的报道或传播。"报道说"以陆定一的定义为代表。1943年，陆定一在《我们对于新闻学的基本观点》一文中指出，"新闻是新近发生的事实的报道”。几十年来，我国新闻界一直使用该定义。这一定义的特点是：（1）科学。该定义在新闻和事实的关系上坚持了辩证唯物主义的观点，强调新闻的本源是事实，即事实是第一性的，事实决定新闻，新闻是事实的反映，继承了“事实说”的内涵；（2）准确。这一定义在“事实说”的基础上指出了新闻的本质属性——报道，属于意识形态的范畴。新闻的特性包括真实、及时、新鲜、公开等，其中事实、新鲜和时效构成了新闻的基本要素，将其与文艺、哲学、历史、法律等其他学科区别开来；（3）普适。该定义以科学的世界观——辩证唯物主义世界观为指导，对新闻的本质属性和特性进行了高度概括，适合用来解释一切新闻现象；（4）简洁。该定义文字简约，详略得当，言简意赅。但该定义也忽略了科学技术的发展对新闻的影响。随着卫星技术、网络技术等的进步，我们不仅可以实现对新近发生的事件的报道，还可以对正在发生的事件进行报道，即新闻时效由“TNT”变成“NNN”——即由“今天的新闻今天报道”（Today’s News Today）变成“现在的新闻现在报道”（Now News New）。因此，新闻的本质属性得到了最大限度的发挥。

（三）“信息说”

“信息说”认为新闻是一种特殊的信息，如“新闻就是经报道（或传播）的新近事实的信息”（宁树藩）。该定义肯定了新闻的事实属性，但新闻并不等于信息。一般而言，信息的内涵比新闻大，信息包括客观事物发展变化的一切状态，而且信息未必要像新闻一样完全公开，有的信息，如机密情报等，要通过特定的渠道去发布。新闻信息区别于非新闻信息的基本特征主要是同时具备真实性、新鲜性、及时性和公开性。

（四）“功能说”

“功能说”把新闻归结为一种实现某种目标或达到某种目的和功能的手段，如“新闻是报道或评述最新的重要事实以影响舆论的特殊手段”（雷跃捷）。“功能说”指出了新闻的意识形态属性，对其本质属性——报道，做了进一步的延伸，并将评述也纳入新闻的定义内。该定义还对新闻的功能——影响舆论，做了界定，深入分析了新闻的特点，是对以上定义的总结和深化。

国内对新闻的定义都肯定了新闻的事实性，认为新闻是事实也好，新闻是事实的反映或传播也好，总之，新闻离不开事实，事实是新闻的基础，新闻是事实的反映。此外，这些定义都强调了新闻要新，是最近的事实，陈年旧事不是新闻。这些定义是我国学者和新闻从业者在长期的实践探索中所得出的成果，对拓展人们的视野、深化对新闻的认识大有裨益。

（五）国外的定义

国外学者对新闻的定义主要有两种：一种是将新闻的某个属性，如趣味性、反常性等夸大为新闻的本质属性，如“狗咬人不是新闻，人咬狗才是新闻”；另一种是将新闻工作者的主观意志当作新闻的本质属性，如“新闻就是编辑所能决定的一切事物”等。构成新闻属性的趣味性只是构成新闻的事实所具有的部分属性，而且是构成新闻诸多因素中的非本质因素，因此，前者犯了以偏概全的错误。新闻工作者在对事实作出价值判断之前，需要综合考察各方面因素；而后者则是主观唯心主义的新闻观在新闻定义上的反映，无疑会导致新闻失实，甚至给造谣者、说谎者提供借口。

纵观国内外对新闻的定义，可以得出新闻的确切定义：新闻是对新近发生或正在发生的事实的报道，通过报道或评述有重要意义的事实从而达到影响舆论的目的。

二、电视新闻的界定

1990 年 7 月，中国广播电视学会电视学研究委员会和中央电视台研究室，组织部分电视新闻学者和电视工作者，对电视新闻进行了一次科学的定义：

电视新闻是以现代电子技术为传播手段，以声音、画面为传播符号，对新近发生或正在发生、发现的事实的报道。①

1999 年，北京广播学院（现中国传媒大学）根据广播电视事业的发展变化，在原国家广播电视部的支持下，组织 30 多名专家学者，历时 3 年完成了《广播电视辞典》一书。书中对电视新闻的定义是：

电视新闻是以现代电子技术为传播手段，以声音、画面、文字为传播符号，对新近发生、发现或正在发生、发现的事实的报道。②

相较之前的定义，该定义将文字也纳入了电视新闻的传播符号中，这意味着电视新闻实现了广播、电视、报纸传播符号的整合，具有广播、报纸媒介的优点。此外，这一定义对报道时效也做了进一步的规定，把“新近发生或正在发生、发现”，扩展为“新近发生、发现或正在发生、发现”，扩充了新闻的报道范围。

从传播学的角度看，对电视新闻这一定义至少可以从以下两个方面理解：

第一，电视新闻的传播符号包括图像、声音和文字三大类，其中图像、文字诉诸人们的视觉，声音诉诸人们的听觉，它们都作用于人们的视听感官。相较报纸广播的单一传播符号而言，电视新闻的传播符号算是完整的符号系统。电视新闻图像，即新闻画面，是电视屏幕框架内所记录的、能表达一定信息的具体可视的运动影像，是电视新闻信息表达的最基本的符号。新闻画面由一帧一帧的画面或一个个运动镜头构成，是对客观现实的记录或对某种信息的物化表达。画面是电视新闻表现的基础，它传达的信息是最有效的，不仅能直观地解释新闻事实，而且能解释隐藏在新闻背后的情感和哲理。声音是电视新闻另

---

① 参见杨伟光主编：《电视新闻分类与界定》，北京：中国广播电视出版社 1994 年版，第 3 页。

② 参见赵玉明、王福顺主编：《广播电视辞典》，北京：北京广播学院出版社 1999 年版，第 98 页。

一种重要的传播符号，一般而言包括语言、音响和音乐三个部分。其中语言包括解说词、人物同期声、画外音等；音响主要指与电视新闻有关的现场音响和效果音响；音乐主要分为器乐和声乐，在营造氛围、渲染情绪方面效果显著。电视文字，也被称为字幕，是直接呈现在电视屏幕或新闻画面上的一切文字。字幕可以起到点题、强调、补充信息等作用，是对画面、声音信息的重要补充。在某种情况下，字幕还能起到加强电视传播的艺术效果。只有充分发挥画面、声音、文字等传播符号的优势，才能有效地实现电视新闻的信息传达。

第二，电视新闻的传播符号也决定了电视新闻传播的优势和局限性。其中优势体现在，声画结合的传播符号能够实现“现实的还原”，从而营造受众的“共时性体验”。这种“共时性体验”不仅能够实现新闻信息的传达，而且能够加深受众印象，尤其是对突发事件的直播报道，更是将这种优势发挥到了极致。另外，电视往往以家庭为单位，家庭式收视是电视传播的共性。电视新闻的家庭式收视，能够增强电视新闻的传播效果，而且利于家庭成员之间的沟通，较之于报纸、广播传播，电视新闻更能融入人们的日常生活。然而，这种传播符号也给电视新闻带来了转瞬即逝、不易保存的局限性。此外，由于电视新闻主要是按照时间顺序进行传播，线性传播的方式限制了受众的选择性，受众只能被动收看。有学者指出，电视画面本身就具有极大的局限性，它没有文字传播的深度，不适合做深度报道。这种提法也道出了电视新闻直观化、形象化和直接传播的特点及局限性。

三、电视新闻的特征

电视新闻是新闻中的一种特殊类型，除具有新闻传播共性特征之外，还具有电视媒介赋予的个性特征。其中，电视新闻的共性特征体现在：

（一）真实性

新闻是对新近发生或正在发生的事实的报道，事实是新闻的本源，新闻是事实的反映。新闻传播必须真实，这是新闻的本质要求。真实性主要体现在传播的事实必须有根有据，传播过程要实事求是，传播结果与事实原貌必须完全一致，新闻工作者不能添油加醋、歪曲事实。

新闻是人们获知信息的重要手段，也是指导人们生活的重要工具，国家的大政方针等也依赖新闻传播。一旦新闻失实，将给个人、群体，甚至国家带来巨大的损失和灾难。此外，新闻传播机构和新闻工作者的首要任务就是采集、报道和评述新闻，如果发生新闻失实，新闻机构和新闻工作者将会面临经济处罚、停职甚至受到法律惩治。因此，传受双方都要求新闻本身和新闻传播过程要实事求是。新闻必须真实，如实地报道新闻，也是新闻传播基本规律的要求。只有通过提供真实的新闻，才能完成新闻传播的使命，对于新闻工作者来说，这也是实事求是的认识路线在新闻传播领域中的具体运用，更是这一科学的方法论对新闻工作者的基本要求。

新闻工作者要确保新闻的真实性，就必须要确保每一则具体新闻报道中的每一项事实都必须完全正确，即实现微观真实。在做到微观真实的基础上，新闻工作者还要做到总体真实，这是对新闻工作者更高层次的要求，即不仅新闻传播的每一个具体的事件是真实的，报道的过程也要实事求是，而且要求新闻的全部事实与现实生活完全一致，不能增添任何附加的成分。我国部分新闻学者指出，新闻工作者在做到微观真实和总体真实的基础上，还要做到本质真实，即要能够通过对事实的报道揭示该事实发生、发展的原因及其本质。

近年来，新闻失实在国内、国际时有发生，国内方面，如2013年我国《新快报》记者陈永洲利用职务之便，曾发表了10篇有关中联重科"利润虚增""利益输送""畸形营销"及涉嫌造假等一系列虚假的批评性报道，引起了全民关注。2015年1月29日《南方周末》关于安邦保险的相关报道，也出现了信息不实之处……国际方面，媒体的新闻失实也是常事。日本朝日新闻社在2014年10月9日公布了其在8月5日就慰安妇问题进行的特别报道中，部分内容存在不实报道，该社也承认误报并撤销了16份报道中的12份报道的标题。美国老牌新闻节目——哥伦比亚广播电视台的《新闻60分》在2013年10月27日报道美国驻利比亚城市班加西领事馆2012年遇袭事件细节中，存在大量失实报道，这对向来以事实报道为立命之本的《新闻60分》来说，无异于一次重大的打击……新闻失实是国内外媒体的通病，如何确保新闻真实，是摆在新闻记者眼前的一道难题，更是一道亟须普及的常识题。

电视新闻报道也要以事实为报道的根本，尽力做到微观真实、宏观真实和本质真实，这也是电视媒体赢得公信力的基础。由于电视新闻具有直观、形象的传播特点，稍有不实就能被受众察觉，因此，电视新闻从业者更该重视真实性。

（二）客观性

新闻报道必须客观。新闻报道的是新近发生或正在发生的事实，事实本身就是客观存在的，是可以感知的，因此，报道者必须使自己的报道符合客观实际。此外，新闻的客观性也是实现新闻倾向性的基础。我们知道，新闻是对新近发生或正在发生的事实的报道，其本质属性是意识形态方面的属性。新闻报道在为人们传达最新重要信息的同时，还意在影响社会舆论，这也是新闻倾向性的具体含义。新闻报道讲究"用事实说话"，就是要求新闻工作者在做到客观报道事实的同时，通过有选择地报道新闻事实和组合事实来实现影响舆论的目的。离开了客观报道，新闻的倾向就是"隔空喊话"，不仅难以实现影响舆论的目的，也极大地损伤了新闻媒体的公信力。此外，客观地报道新闻，也是新闻工作者的一项基本功，是新闻记者成熟的标志之一。

新闻传播要实现客观性，就要做到内容和形式上的客观：就内容而言，新闻传播的事实必须是客观存在的事实或正在发生、发展的事实，不是被捏造、虚构和被添油加醋的“事实”；在形式上要求新闻的报道方式采用客观叙述等手段，运用新闻事实自身的逻辑力量来彰显新闻传播的倾向性，即作者的立场、观点是依靠对事实的客观陈述得出的，而不是记者直接讲出的，也就是要寓褒贬于客观叙述之中。

新闻报道的客观性与客观主义有明显的区别。针对新闻的客观性，有人提出客观主义的原则，认为新闻只能记录发生的事实，有闻必录，而不应该对新闻事实进行选择和组合。这种提法主张在新闻报道中，不分主次，不区别现象和本质，把一大堆不相干的事实材料罗织在一起，这歪曲了客观性的本质特点。新闻传播要客观，但不是有闻必录，而是要在尊重事实客观性和客观叙述的基础上，有选择地报道事实，从而实现传达信息和影响舆论的目的，其中选择的原则和具体的报道过程都要符合生活实际和事实自身的逻辑。

自 2014 年 9 月 28 日香港发生“占中”事件以来，西方媒体便对其进行了大量持续的报道。美国有线电视新闻网（CNN）、《纽约时报》、英国《独立报》《经济学人》杂志等西方媒体，以“颜色革命”（或“雨伞革命”）为“占中”事件定性，把“占中”者的非法行动标榜为“支持民主”，而把特区政府和警方依法维持秩序的行动污蔑为“压迫”和“武力”。这些媒体对现场新闻影像及图片进行别有用心的筛选，镜头中“占中”者的形象多是悲惨、无助和让人怜悯的，而反“占中”人士和特区警察的形象则是冷漠、凶狠和狰狞的。一些西方媒体还通过对少数激进分子的采访反映所谓的香港“民意”，制造香港大多数市民支持“占中”的假象。我们知道西方媒体一向标榜客观民主，但在对“占中”事件的报道中，足见其虚伪性，这和 2013 年对拉萨“3·14”暴力袭击事件的报道如出一辙。因此，我们在坚守新闻客观性的基础上，要警惕西方媒体打着所谓“客观民主”的幌子进行不实报道，并要以此为借鉴，增强我国新闻媒体在国际社会上的公信力。

（三）公正性

新闻传播的公正性是指新闻媒介要为新闻事实中的争议双方提供平等利用媒介的机会，因此公正性也叫“公平原则”或“平等原则”。公正性要求传播者对新闻事实持不偏不倚的中立立场。

新闻媒介肩负着重要的社会责任，这种社会责任具体体现在为受众提供客观存在的事实以及人们对事实的种种评价上。媒介是社会的公器，是社会的瞭望角和社会公众议论的平台，所以传播者有向公众提供平等地利用媒介的义务。公众这种平等地利用媒介的权利具体体现在：以同样的报酬条件获得媒介的使用权，包括通过传媒接受同样的咨询；在媒介上自由地发表负责任的意见和建议；利用媒介对政府、公职人员以及传媒的行为进行监督和批评等。

实践新闻的公正性要求新闻传播者不能站在自己的立场，只报道自己赞成一方提供的事实和意见，不报道、压制或者歪曲另一方提供的事实或意见。此外，新闻传播者也不能只考虑自身的立场选择、报道与解释和评价事实，并通过这种解释或评价误导受众，从而形成对不同意见者的压力与损害。更为重要的是，新闻传播者不能剥夺人们利用媒介传播自己赞同的事实与意见的机会和权利，致使媒介由“社会公器”蜕变为“个人私器”。

新闻传播的公正性是媒介与新闻工作者取信于民的基础，也是新闻倾向性得以发挥的重要前提之一。自新闻事业诞生之日起，公正就是新闻从业者的追求，如斯诺、邹韬奋、范长江等都是追求新闻公正的代表人物。我们强调的新闻公正性是对新闻媒介和新闻从业者的职业约束，也是坚持新闻传播规律的具体体现。新闻从业者违背新闻公正性原则，不仅有损媒介的公信力，甚至会引发新闻官司等严重的后果。在 2013 年 2 月的李天一一案中，各大媒体争相报道李天一受审的情况，披露了李天一的暴行，因新闻当事人敏感的名人身份，李天一一时之间成为舆论“炮轰”的对象。知名主持人杨澜因在微博上流露出对其母梦鸽的同情而遭到网友恶批。在报道这起事件的过程中，不少新闻媒体强行堵在法院门口，集体声讨李天一，甚至忽视了新闻主人公李天一未满 18 岁的事实。对这起事件的报道集中反映了我国大部分新闻媒体在专业素养方面的问题：忽视了犯罪嫌疑人的合法权利，违背了新闻报道的公正性原则。

（四）时效性

新闻传播必须迅速及时，即新闻传播具有快捷的特点与要求。这种时效性的特点，具体体现在两个方面：一是报道的迅速及时，新闻报道与事实发生的时间差越小越好；二是报道的时机得当，即根据实际情况选择是否报道或报道的深度和持续程度。

新闻报道的事实是瞬间变动的事实，如果不及时抓住，就会时过境迁，因此要求新闻媒体和从业者迅速反应，及时报道。此外，事实是层出不穷的，而且其暴露的层次也会逐渐深入，需要新闻媒体及时跟进最新的事实，所以这对其报道速度提出了更高的要求。作为新闻传播另一方的受众，也要求及时获取外界最新的变动信息，因此，“抢新闻”成为新闻业界的共识，即新闻工作者要尽量快捷地发现事实，并在第一时间报道事实最新的变动。但“抢新闻”并非新闻界的金科玉律，聪明的报道者往往更看重报道时机，即现实生活中存在的有利于某项报道获得最大传播效果的机会。新闻报道的时机得当，能够最大限度地引起受众的兴趣和关注，如果仅为了求快，不考虑报道时机，则可能使受众的兴趣减弱，甚至造成受众的误解和不必要的损失。

上述的真实性、客观性、公正性和时效性都是新闻报道的普遍特征，也是电视新闻需要坚持的原则。此外，电视新闻也具有媒体赋予的个性特征，具体体现在：

1. 传播符号的综合性

信息传播离不开符号，在传播学中，符号具有极广泛的定义。对符号及其相关要素做出了最全面介绍的是英国学者特伦斯·霍克斯。他认为，“任何事物只要它独立存在，并和另一事物有联系，而且可以被‘解释’，那么它的功能就是符号”[①]。因此，符号就是能够指代特定事物或表述特定意义的任何事物。它具有三个方面的基本功能：表述和理解功能、传达功能、思考功能。[②] 据此，在传播学领域中，尤其在新闻传播领域中，传播符号主要指那些能够表述或传播新闻信息的事物。一般而言，报纸以文字作为主要的传播符号，诉诸受众的视觉以实现信息的传达；广播以声音为主要的传播符号，诉诸受众的听觉以实现信息的传播；而电视主要以声画为传播符号，同时诉诸受众的视觉和听觉，完成信息的双向传播。

电视新闻要充分发挥画面的实证作用，同时也要重视同期声的拾取和运用。电视新闻中的同期声指的是新闻记者在实况现场录制画面的同时记录下的各种声音，包含出镜人员的话语、新闻人员的语言，现场的背景音、效果音等。[③] 有时候新闻画面本身就包含着同期声，这部分画面如果能建构新闻主体，将会深化观众的体验，使新闻传播达到最理想的效果。

获得了第二十四届中国新闻奖电视消息类一等奖的作品《超强农民：1=190》，以生动的电视语言，展示了中国农业合作化发展的必经之路。该消息综合运用了电视传播符号，对黑龙江省运行最成功的现代农机合作社——克山县仁发现代农机合作社分红这一事实及其重大意义做了极为生动的报道。其中，对同期声的运用是一大亮点：既有对社员的采访，如社员张军：“特好了，今年啊，一手没伸就挣了 3 万多块，加工我还挣了两万多。”也重点拾取了合作社理事长李凤玉的同期声：“2012 年我们的总收入达到 55,940,167 元，实现了总盈余 27,585,684 元，每亩效益 759 元。”还拾取了黑龙江省农机局局长郑联邦的同期声：“未来全省要力争用 5 到 8 年的时间，建设 2,000 个大型农机专业合作社，届时覆盖全省粮食主产区的 1.2 亿亩耕地，将提前实现粮食生产全程机械化的目标。”前者（社员张军和理事长李凤玉）的同期声意在阐述农机合作社分红的微观意义，即对广大社员的好处，这也是分红最直接、最根本的目标；后者（局长郑联邦）则重在表明分红的宏观借鉴意义，可以拓展到全省甚至是全国，这也从侧面反映了该消息的新闻价值。

2. 蒙太奇思维

蒙太奇思维本是电影中的术语，指根据影片所要表达的内容和观众的心理习惯，将一部影片拍摄多个镜头，然后再按照一定的构思和创意组织起来。这种构思和创意就是蒙太奇思维。

电视新闻和电影一样，要借助画面来叙事和传达信息，因此，蒙太奇思维也被电视新闻工作者适当地运用。这要求新闻工作者不仅要善于在现场捕捉形象，还要能用连续的画面来构思新闻报道的整体结构。蒙太奇思维有狭义和广义之分，狭义的蒙太奇思维是指后期画面编辑的技巧，是把前期拍摄的画面按照一定的逻辑（生活逻辑）、一定的原则（美

---

① 〔英〕特伦斯·霍克斯：《结构主义与符号学》，瞿铁鹏译，上海：上海译文出版社 1987 年版，第 132 页。

② 参见郭庆光：《传播学教程》，北京：中国人民大学出版社 2011 年版，第 38 页。

③ 参见韩俊丽：《论电视新闻中同期声的有效应用》，载《新闻传播》2013 年第 12 期。

学原则）组合起来，叙述一个事件、阐述一个主题的方法，要求符合观众的视觉习惯、思维规律和生活逻辑；广义的蒙太奇思维是指作为节目构成的行事方法的总称，不单指编辑的技巧，还包含编导、记者对现实生活、对事件的思考和解释，以及如何运用视觉形象来叙述事件的方法，其贯穿于电视记者工作的全过程。[①]

山东电视台的《廉价蒲草“编”出亿元淘宝村》，通过年轻大学生回村创业的经历和老年人对网络的观念转变，展示了电子商务在湾头村落地生根、蓬勃发展的独特现象，获得了第二十四届中国新闻奖电视消息类一等奖。该消息充分发挥了蒙太奇思维的优势，以画面来结构新闻报道，如以湾头村村民编织蒲草的工作场景开头，其中“在外东奔西跑，不如在家开淘宝”的村头横幅更是让人印象深刻。这条消息重点拾取了村民开淘宝店的画面，如年近 60 岁的村民张洪文，从 1 块钱买来的《幼儿汉语拼音字母表》开始，仅用了两个月的时间就学会了打字，这张《幼儿汉语拼音字母表》的特写画面生动地传达了湾头村村民开淘宝店的热情和信心，十分典型。可以说，这条消息对画面语言的构思和创新运用是其获得一等奖的重要因素。

蒙太奇思维就是要求电视新闻工作者时刻以画面为基础来构思新闻报道，不仅要从构图的角度选择最好的画面，还要从新闻事实出发，拍摄能够揭示新闻事实本质或深化新闻事实的画面，这是对新闻工作者的更高要求。在处理好画面摄制的同时，要时刻注意拾取有价值的同期声，这也是蒙太奇思维的应有之义。因为声音是实现画面信息传达的重要辅助手段，有时有价值的同期声甚至能代替画面完成叙事的任务，所以要时刻兼顾二者。

3. 现场体验

电视媒介的信息是“物质现实的复原”，电视具有再现性的本质特征，电视摄像机所摄取的画面、声音是客观的存在物。因此，纪实性的电视画面和声音被视为对现实的真实还原，能唤起观众的现实感和现场感，观众仿佛被记者和摄像机带入现场，去感受现场中的事件与人。[②]电视新闻通过现场的画面、声音、细节等，能够还原事实的发生过程，尤其在突发事件的新闻报道中，来自事发现场的第一手画面更能极大地调动观众的参与感。电视新闻区别于报纸、广播新闻的本质特征就是现场体验，不能被观众体验的新闻不能称为完全的电视新闻报道或者说没有完全发挥电视新闻的优势。因此，电视新闻从业者要及时深入新闻现场，将镜头伸向现场最敏感和信息源最丰富的地方。即使无法获得事实发生的具体画面，记者也要尽可能地接近和深入现场，选取最能反映现场的拍摄角度和画面。记者还可以通过适当地出镜，展现现场的信息和氛围等。

现场体验主要得益于电视形声传播的符号优势，最能体现电视新闻这一特点的就是直播报道。观众在收看汶川地震、芦山地震和台湾复兴航空坠机事件等直播报道时，能够在第一时间了解事故现场的状况。尤其是记者的现场报道，仿佛将观众置于灾难的现场，观

① 参见叶子：《电视新闻：与事件同步》，北京：北京师范大学出版社 2010 年版，第 73 页。
② 参见曾祥敏：《电视新闻学》，北京：中国传媒大学出版社 2012 年版，第 13 页。

众的思绪和情感也随着记者的报道而变化。这种体验感的产生，使观众对灾难的认识也变得更加理性、深刻。与灾难事件的直播报道不同，喜庆事件的直播，如2008年北京奥运会的直播、新中国成立60年庆典的直播等，将观众带入到喜庆的氛围中，画面外的电视观众变成了画面里的活动参与者，这种真实的体验感正得益于直播报道的即时传播。

4. 异地共时性

电视新闻常常能够实现即时报道不同时间、不同空间的事件发展进程，使信息的发生、发展、传播与观众的收看同步。这方面的代表就是电视新闻直播。尤其在对突发事件的现场直播中，事件本身的动态性、不确定性、过程感等通过电视媒介的优势得到了最好的展现，而且观众能够在第一时间获知事件的最新信息，获得共时性的体验。新闻节目也常常用分屏的方式展示在同一时间发生在两地的新闻事件的现状，这也有助于营造观众的共时体验感。然而，相较于电视新闻的直播，这种异地共时体验的感受层次要远远低于后者，因此，电视新闻直播的常态化将是电视新闻竞争的主要优势。

第二节　电视新闻节目的分类

狭义的电视新闻通常指的是消息类新闻报道，如中央电视台（以下简称为“央视”）和各级省电视台的《新闻联播》节目中播出的短新闻；广义的电视新闻概念则是指在电视屏幕上所有传递信息的新闻节目的总称。在“电视新闻分类与界定”的研讨中，理论工作者和实践工作者认真分析讨论，较集中的意见是把电视新闻节目分为三大类：消息类新闻节目、专题类新闻节目和评论类新闻节目。[①]

一、消息类新闻节目

消息类电视新闻节目，通常被称为电视新闻，即狭义的电视新闻。它以快速、简要、客观地报道事件为主，是电视台新闻节目最经常、最广泛使用的报道体裁。在表现形式上，消息类电视新闻有影像新闻、图片新闻、口播新闻、字幕新闻等。央视的《新闻30分》《新闻联播》《共同关注》，安徽电视台的《安徽新闻联播》《今日快报》等，美国广播公司（ABC）的《世界新闻》、哥伦比亚广播公司（CBS）的《晚间新闻》等，都是典型的消息类新闻节目。因此，消息类新闻节目可以界定为电视媒介迅速、准确、简短地报道新近发生或正在发生的事实的电视新闻体裁类型。[②]

消息类电视新闻一般不会超过4分钟，又可以分为长消息和短消息，长消息一般在2–4分钟，短消息一般在1分30秒之内。简练明确是消息类电视新闻的主要特点。从内

① 参见叶子：《电视新闻：与事件同步》，北京：北京师范大学出版社2010年版，第4页。
② 参见曾祥敏：《电视新闻学》，北京：中国传媒大学出版社2012年版，第105页。

容规模上看，消息类电视新闻常常是一事一报，即一条消息只报道一个事件或一个现场，要求在极短的篇幅内清楚地阐述一个事件。尤其在突发事件的报道中，消息类电视新闻常常最具优势，能够在短时间内引发极强的关注。消息类电视新闻简练明确的特点，要求新闻工作者以快制胜，能够在第一时间发布事件相关的信息或最新的动态。如 CNN，开创了全天 24 小时的全球新闻直播报道，其快速和高质量的新闻采制水平为其赢得了国际美誉。题材广泛是消息类电视新闻节目的又一特点，政治、经济、文化、生活、体育等方方面面的内容只要包含着新变化、新特点，就都能成为电视消息的内容。此外，消息类电视新闻多是事件类的反映新闻，其突出的事件性是电视媒介声画优势的集中体现。由事件性带来的现场感为观众营造了强烈的现场体验，这也是消息类电视新闻制胜的关键。因此，新闻工作者要争取在第一时间到达现场，采集来自现场的最新动态，合理使用同期声，适时地出镜，从而形成自身的优势。

做好消息类电视新闻要从以下几个方面着力：在题材选择上，注重那些关乎国情民生的事件，尤其要争取突发事件的及时报道；在角度确定上，要找准有价值的落脚点，体现出一定的新颖性和创造性，尤其是记者在现场的独家发现和独家思考往往能集中体现该记者的综合素质和核心竞争力；在消息的具体制作方面，要尽量在第一时间赶赴新闻现场，充分发掘现场的新动态，同时，要确保信息的准确性，包括背景材料和采访对象的引语等的准确性，对新闻事件尤其是突发新闻事件的跟进时长和深度也要有充分的思考和准备。

我们以获得第二十四届中国新闻奖消息类二等奖的作品——江西电视台的《南矶湿地“点鸟湖奖”新尝试》为例，来具体体会这种创作特点。该报道短小精悍，仅用了 200 多字的篇幅，1 分 30 秒的时间，就深入浅出地阐述了候鸟保护多个层面的问题。江西鄱阳湖是候鸟的重要越冬地，这里越冬的候鸟数量众多，种类丰富，世间罕有。但是由于湿地管理部门没有湖泊权属，无权调控水位，却肩负保护候鸟的职责，而当地渔民拥有湖泊权属，却碍于生计，常有“放水赶鸟”之举，杀鸟、捕鸟现象也时有发生，因此解决“人鸟争食”的局面，破解湿地生态补偿难题就成为当地政府部门的重要议题。鄱阳湖南矶湿地国家级自然保护区创新工作方法，在全国首次试行“点鸟奖湖”新政策。这既为候鸟赢得了极为宝贵的生存空间，也最大限度地提升了渔民保护候鸟的积极性，取得了政府、渔民、候鸟保护三方共赢的效果，同时，对湿地生态补偿机制的建立进行了有益的探索。这一题材本身就具有重大的新闻价值，而记者以“点鸟奖湖”为报道的突破口，重点突出了“点鸟奖湖”新政策的创新性、可操作性，将人与自然和谐相处的宏大主题融于其中，充分发挥了消息类新闻短而足的优势。在具体的拍摄过程中，记者与点鸟奖湖队员一起，先乘船走水路进入湿地，然后肩扛几十斤的摄像器材，脚踩十几厘米深的稀泥，深入湖泊中心进行采访拍摄，捕捉到了“点鸟奖湖”的第一手影像，营造了极强的现场感。该则报道是记者理性思考和艰难跋涉的结果，为做好消息类新闻报道提供了有益的经验。

二、专题类新闻节目

专题类新闻节目是综合运用各种电视表现手段和播出方式，详尽深入地报道某一新闻事实或者某些具有新闻价值，又为广大观众所关心的典型人物、经验、新出现的社会现象等的新闻节目。它从新闻报道的时间长度和报道深度两方面发展了消息类新闻。随着电视媒体的发展，电视专题的概念和表现形式也逐渐得到了发展和深化。

电视新闻专题要具备新闻性，强调对新闻价值的发掘，但和消息类新闻的以快制胜不同，它对时效性要求较为宽松，主要是对一个时期的重大社会现象和社会问题的报道。这意味着题材重大是电视新闻专题的主要特质。电视专题的选题一般着眼于社会关注的重大事件、焦点和难点，并通过一定时间的报道放大该事件或现象，因此，它注重对舆论的引导。在具体的制作方面，电视新闻专题要能够实现对信息的整合与梳理，建构缜密的逻辑链条和丰富清楚的段落层次。此外，电视新闻专题要求内容取材专一、集中，着重于社会问题中有影响力的重点、焦点、难点、疑点、热点，即“五点”，并对此进行深入详尽的分析与报道。

做好电视新闻专题要认真把握和构建叙事逻辑。电视新闻专题的时间长，包含的信息层次丰富，因此要讲求叙事的操作策略，对开端、发展、高潮和结尾等要有精密的设计和考量。一般而言可以从以下两个方面来把握叙事逻辑：一是时间线，即按照事件发展的时间顺序来叙事，在人物专题和对突发事件的报道中，这类模式运用最为普遍；二是主题线，即根据新闻专题预设的主题来构建叙事走向，可以是并列式的结构，从此地到彼地，从此人到彼人；也可以是由点到面，从个案到全体；甚至可以以记者或主持人的访谈来谋划整体的叙事布局等。专题的表现形式可以灵活多变，时间线和主题线两者也并非泾渭分明，在实际的专题新闻节目制作中，可以综合运用两者或在此基础上设计出一种全新的叙事模式，从而实现深入、全面报道的目的。如今，为了发挥电视专题的优势，电视台常常会设置标准化的操作模式，尤其是随着电视栏目的成熟化，这种趋势越来越明显。这样的操作模式有利于电视栏目的风格统一，令叙事逻辑清楚，从而保证稳定的节目质量和受众的关注。然而，标准化的制作模式也带来了创新的瓶颈，尤其是报道突发事件时，如果偏重传统的制作模式，很可能会遗漏重要的新闻信息。因此，为了适应日益白热化的电视新闻节目竞争格局，专题节目的标准化制作是必需的，但电视台必须有能力构建起整个电视新闻节目的动态操作流程，能够根据现实需要，在充分发挥电视台资源的基础上，实现对新闻事件的创意化整合和报道。

下面以获得第二十四届中国新闻奖电视专题类二等奖作品——央视的《头号难题》为例，来分析专题新闻节目的特点。该篇报道讲述了浙江省嘉善县的一起因强制拆迁引起的上访案。由于诉求没得到满足，熊海峰和老伴长年蜗居在拆迁办，并和女儿熊世兰从2006年起持续上访，成为让政府头疼的“嘉善第一难”。当地干部轮番上门做工作，2012 年 3

月又派出蹲点干部芮红卫走进熊家，最终促成了这起历时七年的信访积案的成功化解。《头号难题》是央视近年来首次涉足“强拆 + 信访”这个集中体现当下社会突出矛盾和尖锐问题的“雷区”，以高度的宣传智慧有效引导社会舆论，被观众称为“中国版的《拆弹部队》”。该节目拍摄时间跨越三年，是央视历时最长的一次“走转改”报道。从 2011 年 11 月到 2013 年 3 月，两位主力记者先后 10 次赴浙江嘉善进行采访，取得了当地政府和信访对象的充分理解和信任，全程跟踪拍摄了这起信访积案的化解过程。在前期采访和后期制作过程中，记者既没有预设立场，也没有主观判断，保持了最大限度的客观与中立，真实地呈现了复杂利益格局和信访处理过程，引发了全民思考，并推动了信访工作制度改革。在具体的报道过程中，节目以熊海峰、熊世兰父女的上访历程为时间线，从上访原因、经过、高潮和结局四个层面布局，充分发挥了时间线的叙事特点。之所以采用时间线，而不是主题线，一是新闻题材——上访本身就是“雷区”，难以用主题线叙事；二是时间线更显客观，是记者坚持新闻专业主义的生动体现。但这并不意味着时间线、主题线二者孰优孰劣，只是针对不同的题材，运用的范围和方式相异而已。在这则长达 45 分钟的报道中，记者以熊海峰、熊世兰母女与嘉善县西塘法院院长曹建强、嘉善县人大常委会原副主任宋柏枫、浙江省国土厅耕地保护处副处长沈国明、蹲点干部——嘉善县妇联副主席芮红卫的对话进行结构报道，创造性地设置了四个报道高潮。而这四个高潮本身就是对整体报道四个层面的反映，将拆迁问题从产生之初到最终解决的过程形象地反映了出来。该篇专题既具有题材重大的新闻价值，又创造性地发挥了电视专题的叙事特点，为做好电视专题报道积累了丰富的经验。

三、评论类新闻节目

电视新闻评论是新闻评论体裁与电视媒介结合的产物，指评论者、评论集体或电视机构对当前具有普遍意义的新闻事件、热点问题等进行议论、评价的新闻类节目。它反映了电视台、记者或主持人的观点和主张，是电视媒体引导舆论的重要手段，是电视新闻的旗帜和灵魂。

与报纸评论和广播评论一样，电视新闻评论也要有“论点”“论据”和“论证”，要有具体的新闻评论由头，要以事实为基础，要在评论中表明自己的观点。然而，电视评论是综合运用画面、字幕、实况音响和论述语言的新闻评论，同时诉诸受众的视觉和听觉，因此，电视新闻评论常被称为“形象化政论”。这种“形象化政论”有利于受众以最小的“费力程度”接受和理解新闻评论的内容。电视声画结合的传播特点也赋予了电视评论“双线互补”的优势，即声音直接表明评论者的观点，影响观众对画面内容的理解，而画面则有助于观众具体领会声音所传达的信息和思想情感。

一般而言，电视新闻评论可分为电视短评、电视述评、谈话式评论。

电视短评是电视评论的最早形式，一般配合重要的新闻信息播发，包括编前语、编后话、本台评论、主持人评论和评论员评论。除了评论员评论，编前语、编后话等一般由电视台记者先写好新闻稿件，再由播音员播送。评论员评论是电视评论中运用得较为成熟的形式，尤其在对重大突发事件的报道中，电视台常常会请评论员进行评论。

电视述评就是将叙事和评论结合，在讲述事实的过程中，通过严密的逻辑论证和深入的调查分析，让观众形成自己的判断，从而构成新闻评论的有力论据。电视述评和电视短评不同，电视述评不直接发表评论，注重叙述采访调查中的画面、声音和数据，充分发挥画面和同期声的实证作用，因而能够在潜移默化中向观众传达评论者的意图和观点。

谈话式评论是以电视谈话的方式播出的电视评论类节目。一般是记者（或主持人）主持，嘉宾、现场观众或当事人参与，在演播室或其他固定的场景，围绕某一新闻事件或大众关心的社会问题（话题），通过访谈、讨论等面对面的形式进行直接交流。谈话式评论主要有三种形式，即访谈式、辩论式和现场参与式。访谈式评论就是主持人（或记者）在演播室或其他固定场景就某一新闻事件或话题与谈话对象进行对话，以了解意见性信息为主的一对一或一对多的谈话式评论节目，如央视的《今日观察》、凤凰卫视的《新闻今日谈》。在这类节目中，主持人（或记者）以访问为主，谈话对象以发表意见、提出观点为主。辩论式评论就是以辩论为主要形式的评论节目，节目往往设置正反两方，就某一新闻事件或社会问题由持不同意见的评论员或嘉宾在节目中自由讨论，如凤凰卫视的《一虎一席谈》。不同观点或见解的碰撞是该类评论节目的亮点，通过观点的相互碰撞形成对事件或问题的全面深刻的认识。现场参与式评论是由主持人主持，由特邀嘉宾和演播室受众直接参与，就某一新闻事件或社会生活中公众关心及感兴趣的话题展开讨论的评论节目。这类评论能够充分调动现场观众的参与热情，而让现场观众参与评论也就是为了让其接受评论观点，从而最大限度地发挥电视评论的拟人化传播优势。近年来，随着新媒体的发展，谈话式评论也延伸出新的模式，如浙江卫视的《新闻深一度》开创了网络与电视实时互动的深度新闻评论节目，创造性地引入了网络评论员，这是我国电视新闻评论节目的新发展和新创造。

做好评论类新闻节目，要坚持为说理服务的原则，主题性是该类新闻节目最突出的特点。电视形声传播的特点，要求评论者充分发挥声画结合的优势，深入发掘画面和同期声的实证作用。在具体的操作中，评论类新闻节目要处理好评论语言与叙述语言的关系，尤其是述评式电视评论，要以说理引领叙事，通过事实和相关细节的组织和配合达到说理的目的，即“形象化政论”。和一般的评论相似，电视评论也要恰当地展开论证，充分调动各种表现手段和编排组合手段，加强论证的说服力。当然，对评论对象的选择和观点的提炼也是至关重要的，这往往关乎评论者甚至是电视台的整体传播力和影响力。

获得第二十四届中国新闻奖电视评论一等奖的作品《证难办 脸难看》，是对官僚主义作风的典型报道。作为中国电视新闻评论节目风向标的《焦点访谈》，始终坚持“用事实说话”的原则，聚焦社会热点、难点和疑点，适时引导舆论。记者聚焦“事难办”中群众反映最强烈的办证之难，通过大量深入细致的采访，真实生动地反映了北漂小伙小周为办护照往返北京和河北老家6次，徐州小伙小狄为办农业合作社的执照跑了十几次办证大厅无果的烦恼。同时，记者用电视化的语言和表现形式，鲜活地展示了一些单位窗口的工作人员态度粗暴，苛责刁难，相互推诿的官僚作风。新闻中小周和小狄的无奈，以及办证工作人员的蛮横和漠然的态度跃然纸上，记者充分运用了隐性采访的优势，将办证的难处表现得真实鲜活。该选题也是对时局的理性回应。2013年7月，正值党的群众路线教育实践活动深入开展之际，《焦点访谈》栏目针对群众反映强烈的“四风”进行曝光监督。记者从众多线索中选择了群众最为反感的证难办的现象，多次深入江苏徐州和河北衡水等地，还原了办证难的事实。节目播出后，除了节目中涉及的地方党委和政府迅速对事件当事人进行处理外，全国很多地方政府也把这期节目作为进行群众路线教育实践活动的活教材，下发文件，组织收看。相关部门也陆续出台了一系列简化办证程序、改变工作作风的规定，下了大力气要解决办证难的问题。可以说，做好评论类新闻节目，要坚持为说理服务的原则，充分发挥声画的实证作用，同时，要注重逻辑原则的创新运用，能通过有条理的叙事还原说理过程。新闻评论是电视台的灵魂和旗帜，办好评论类新闻节目对塑造电视台的公信力和传播力至关重要，从更深的意义上看，这也是利党、利国、利民之举。

第三节　我国电视新闻节目的发展情况

中国电视从20世纪50年代末起步，到现今形成拥有2,000多个频道、近13亿观众的潜力巨大的电视市场，与半个世纪以来中国的经济发展、政治体制、文化环境等多方因素息息相关。一般认为，我国电视新闻的发展从初创到现在一共经历了三个阶段：

一、我国电视新闻初创阶段（1958年至20世纪80年代初）

1958年5月1日，央视的前身——北京电视台的开播，拉开了中国电视事业的序幕。从电视事业创立到80年代初的20多年里，中国内地的电视机数量都非常少，国家没有力量大力发展电视事业，个人也没有经济能力购买电视机。在这一阶段的中国媒介生态中，电视还难以显示出其重要性。对于普通百姓而言，电视不仅是政治奢侈品，也是生活奢侈品。

1958年10月1日，北京电视台播出第一条记者摄制的电视新闻纪录片《首都庆祝建国九周年》，并进行了第一次新闻现场的直播——国家庆典活动的实况转播；1959年6月

18日，首次播出新闻性电视评论节目《谈西柏林近况》；1960年开始，央视有了每晚固定播出的《电视新闻》栏目。

从制作技术上看，这一阶段的中国电视新闻采用的是电影的技术体系。在此期间，电视制作“沿用了电影的手段和方式：拍摄用的是16mm电影摄影机，片长3分钟一盒，最多400尺，约12分钟，声画很难实现同步记录，前期拍摄画面在编辑时也采用了电影的剪接方式，全、中、近、特画面线性组合，后期配解说、配音乐，三条平行线组合成声画记录系统”①。

电影技术手段的局限极大地限制了电视节目制作的自由。一般而言，胶片拍电视新闻，后期要洗印、编辑、配音，时间较长。新闻片、纪录片也很难保证时效：影像素材点式摄取，声音和画面两条线，影像只涉及生活的表层，以及将点连成线的蒙太奇组接。这样很难做到客观、真实。镜头长度小、制播一体化、制作量小、摄制周期长成为电影手段在这一时期的电视新闻节目身上打下的明显技术烙印。

与电影技术手段相对应，早期的电视新闻工作者大多也来自新闻纪录电影制片厂和各故事片厂，他们熟悉并习惯运用电影的工作方式，制作手法和观念自然也来自电影。“早期北京电视台的摄制人员大都来自‘新影’厂和‘八一’厂……在观念和实践方面都深深影响了早期中国电视的电视新闻……创作手法如出一辙。”②由于能够看到的电视节目都是用电影手法拍摄制作的，观众也习惯了用看电影的方式来看电视，他们甚至直接把电视称作“小电影”。

从节目形态上看，这一阶段中国的电视新闻还远未形成具备自身特点的样式。在早期，电视新闻节目的形态主要有图片报道、电视影像报道（新闻片）以及口播新闻。其中，图片报道大多采用来自新华社的图片，在摄像处理的同时加配解说词；电视新闻片即新闻纪录片加解说，如北京电视台的固定栏目《电视新闻》，主要播放的就是这种节目；口播新闻就是广播新闻的电视版，稿件主要来自中央人民广播电台，如由沈力播报的《简明新闻》就是这类节目的代表。在此期间，由于电视新闻节目制作量小，各种节目形态之间的区分并不明显，各制作机构甚至将新闻片和纪录片合二为一。直到20世纪80年代初，真正有中国特色的电视新闻节目样式——新闻专题片才开始出现，这种节目样式改变了长期以来电视新闻模仿、照搬其他媒体内容样式的状态，成为很长一段时间里最为典型的电视新闻节目形态。

从传播方式上看，此阶段的电视新闻主要是“上传下达”。电视媒体在这一阶段的主要功能是“喉舌”“工具”，电视新闻“承担的是‘宣传教化’功能，扮演着党和政府的‘喉舌’角色，突出强调的是意识形态要求”③，电视新闻主要是“宣传品”，其新闻属性和

① 朱羽君、殷乐：《生活的重构：新时期电视纪实语言》，北京：北京广播学院出版社1998年版，第12页。

② 刘习良主编：《中国电视史》，北京：中国广播电视出版社2007年版，第34页。

③ 同上书，第31页。

媒体特性都还未真正展现出来。

二、我国电视新闻走向成熟的阶段（20 世纪 80 年代初至 90 年代中后期）

20 世纪 80 年代初，在国家走向开放的大背景下，中国电视界开始与日本同行合作，拍摄了《话说长江》《丝绸之路》《望长城》等一系列文化纪录片，给中国的电视荧屏带来了一股清新的空气。这些纪录片在技术和艺术上的尝试直接影响了一批国内的电视制作人，在随后的几年里，《沙与海》《最后的山神》《龙脊》等一批优秀纪录片相继出现在电视屏幕上。与以往“画面加解说”的方式不同，这些“新派”纪录片大量运用同期声、现场采访、跟踪拍摄等纪实风格的创作手法，令观众耳目一新。在这些运用新的技术手段和语言方式，充满浓厚人文气息的纪录片的引领下，中国电视新闻的传播范式开始发生根本的变化。

从制作技术上看，这一时期的电视新闻采用 ENG（电子新闻采集手段）作为主流设备，不再受到电影技术手段的局限，电视拍摄和制作获得了前所未有的解放和自由。70 年代以来，ENG 开始在新闻采摄工作中使用。ENG 设备使用磁带作为记录介质，画面和声音可以同步录制，镜头长度也不再受胶片和发条长度的限制，内容可以反复编辑，为这一时期电视新闻节目样式的创新提供了全新的技术基础。

在节目形态上，这一阶段中国电视新闻的明显特征在于各种栏目的大量出现。这些栏目以舆论监督、生活纪实为内容重点，节目风格追求平民化、个性化。很多节目不仅富于探讨的力度和思考的深度，在制作上也反复推敲，非常精良。电视新闻因而一改以附庸、传达为主要取向的“宣传品”面貌和属性，成为充满人文内涵和艺术表现力的“作品”。在这一时期风生水起的各种电视新闻栏目中，最具代表性的要算央视的早间新闻栏目《东方时空》。

《东方时空》开播于 1993 年 5 月 1 日早上 7 点，常常被视为中国电视新闻新一轮改革的发端。这一方面是由于《东方时空》开栏目化运作和制片人制度之先河，另一方面则因为这个栏目为中国电视新闻带来了新的杂志型节目形态，以及迥异于以往的制作手法和语言样式。此前的电视新闻，主要用解说词的方式呈现报道的结论，人们很少能在其中看到采访的过程，画面上也经常是一些万能镜头：一拍农村就是麦浪滚滚、农民在收割打场，一派丰收的景象；一拍工厂就是机轮飞转、纺织女工在忙碌，一派繁荣的景象。《东方时空》改变了这种千篇一律、老套死板的状态，节目中饱含着真实的生活、新鲜的细节和朴实的情感。当时有观众写信说，“看完《东方时空》，就像刚从南方的早市上拎回一条扑腾着的活鱼，一捆绿油油的青菜。”① 这正是观众对这种全新的节目形态

① 孙玉胜：《十年——从改变电视的语态开始》，北京：生活 · 读书 · 新知三联书店 2003 年版，第 51 页。

的积极回应。

《东方时空》子栏目《生活空间》的制片人陈虻曾说："我们刚开始去拍老百姓的时候，他们的概念就是我也没做什么，你们为什么要拍我，换句话说就是我也没做什么好事儿，你们怎么要拍我，所以我觉得老百姓是不了解我们的拍摄意图的。他们是对以前的电视应该播放什么、播放了一些什么有一种理解，在此基础上来习惯性地理解我们的拍摄行为。随着这个节目的不断播出，观众慢慢明白了，并不一定你要做了什么，而是你的生活本身就有一种值得人们关注的价值。"[①]这正是这一时期的电视新闻所发生的重要转变。从《东方时空》开始，电视新闻节目的制作者开始把镜头对准普通人的生活，用一种平视的眼光去观察和发现生活本身的价值，强调对象的个性化和素材的原生态，强调用生活本身的逻辑去结构节目的内容，从而使电视新闻逐渐摆脱了"形象化的政论"的窠臼。

继《东方时空》开播后，1994 年 4 月 1 日开播的《焦点访谈》，开始重视舆论监督。1996 年 5 月新闻评论性栏目《新闻调查》开播，对当前的新闻热点和社会现象进行了更加深入和全面的调查分析。

三、我国电视新闻的成熟阶段（20 世纪 90 年代末至今）

自 20 世纪 90 年代末以来，中国电视新闻传播进入了一个全新的发展阶段。一方面，数字技术、卫星技术的广泛应用和不断升级，使电视新闻所倚仗的技术基础再一次发生了颠覆和革新，同时也为电视新闻的发展提供了新的契机和前景。另一方面，传播格局的骤然跃升和传媒生态的急遽转化使得电视新闻的制作体系和电视节目的内容与形式都受到直接影响，电视新闻的传播范式再一次发生了根本性的转变。

从技术手段上看，20 世纪 90 年代末期以来，数字设备、SNG（卫星新闻采集系统）设备和高清设备的广泛采用使中国电视新闻在传播技术上发生了前所未有的升级和转换。在"决定人类生存"[②]的"第三次浪潮"中，作为电子媒体的电视也完成了数字化转换。数字化设备的普遍应用极大地改变了电视制作的状态，摄录设备小型化、后期设备非线化、存储设备虚拟化使得电视制作更为解放和自由。SNG 设备在新闻制作中的普遍采用使得电视具备了无可匹敌的跨越空间的能力，电视新闻进入"即时传播"时代。高清设备的大量使用改变了影像的基本属性和质量，每秒千帧的高速高清摄影机令 24 格 25 帧的电影画面格式成为过去时，清晰度和宽容度接近电影胶片的高清画质和 5.1 声道的环绕立体音效使电视带来的视听享受远超以往。

简言之，技术上的划时代变革不仅没有使电视这一"传统媒体"落伍，相反，电视良

① 参见文化系列片《我们一同走过》，中央电视台《见证》栏目 2004 年 10 月播出。

② 〔美〕尼葛洛庞帝："计算不再只和计算机有关，它决定我们的生存。"见《数字化生存》，尼葛洛庞帝著，胡泳、范海燕译，海口：海南出版社 1997 年版，第 15 页。

好地适应和融入了新的技术潮流，并在新的技术条件下将自身的媒体特征彰显得更为充分。电视机仍然是良好的媒体终端，电视媒介大众化程度仍然最高，它依然具有非凡的活力和巨大的潜力。在新闻传播业界，电视仍然是迄今为止最为强势的大众媒体，电视新闻的时效性最强，受众最广泛，影响力最大。

反观数字革命的另一面，随着技术革新带来的影响逐步走向深入，媒介融合的趋势愈演愈烈，传媒生态正进行深刻的调整，使得包括电视在内的传统媒体面临挑战。“由于数字化的缘故，全新的节目内容会大量出现，新的竞争者和新的经济模式也会浮现出来，并且有可能催生出提供信息和娱乐的家庭工业。”① 一方面，媒介融合趋势的发展使得网络、手机等新媒体在较短时间内取得了长足进步，迅速威胁到传统媒体的生存；另一方面，电视业在新技术平台上诞生和分化出了其他的行业类型与模式，网络电视、手机电视、移动电视、IPTV 等业态的发展，使传统媒体遭遇受众分流、收视下滑的险境。同时这又为传统电视业升格为新的内容产业提供了可能。受到新技术的解放与促动以及新的传媒生态的施压与抬升，从 20 世纪 90 年代末以来，中国电视开始向一个新的阶段转型，应该说，当前的中国电视正处在一个新阶段的起点上。

而自 20 世纪 90 年代中后期以来，中国电视新闻所依存的传播格局也发生了急遽的变化。“电视传媒市场化程度不断加深，电视的内容与市场、与观众的收视日益紧密地结合在一起。产业化、集团化、市场、效益、效率、收视率、受众需求以及成本核算、营销、广告等影响着电视实践。中国电视全面进入了以‘产品’为主导的阶段。”② 随着各省级电视台纷纷上星成为全国频道，电视业内的商业竞争迅速白热化。受收视率和广告效益的驱使，电视新闻内容走向多元化，社会新闻、娱乐新闻的比重加大；在形式上，故事化、差异化、刺激性成为明显的追求和取向。

从节目形态上看，由于电视跨越空间的能力和多种符号共用的优势在即时传播领域无可匹敌，这些优势又集中体现在直播形态上，因此，直播成为电视新闻在这一阶段最为重要的节目形态。这种变化，仅从《东方时空》由以前的纪实类杂志型栏目变身为直播消息类节目即可见端倪。由于数字技术带来的设备小型化趋势，电视的摄录设备更便于携带，更便于现场操作，现场制作逐渐成为电视新闻节目中最为核心的制作方式。甚至，电视节目编排和频道结构的方式也因直播而发生改变，不仅突发事件的直播会随时打破常规的节目编排，常规节目之间的过渡与衔接也越来越多地以直播的方式实现。一言以蔽之，对新闻频道而言，不仅节目是直播的，整个频道都是在直播状态中的。

---

① 〔美〕尼葛洛庞帝：《数字化生存》，胡泳、范海燕译，海口：海南出版社 1997 年版，第 28—29 页。

② 胡智锋、周建新：《从“宣传品”、“作品”到“产品”——中国电视 50 年节目创新的三个发展阶段》，载《现代传播》2008 年第 4 期。

要点小结

1. 新闻是对新近发生或正在发生的事实的报道，通过报道或评述有重要意义的事实从而达到影响舆论的目的。

2. 电视新闻是以现代电子技术为传播手段，以声音、画面、文字为传播符号，对新近发生、发现或正在发生、发现的事实的报道。

3. 电视新闻是新闻大概念中的一种特殊形式，在具有新闻传播的共性特征的基础上，还具有电视传播媒介赋予的个性特征。其中，电视新闻的共性规律体现为真实性、客观性、公正性、时效性，其个性特征体现为传播符号的综合性、蒙太奇思维、现场体验和异地共时性。

4. 电视新闻节目可以分为消息类新闻节目、专题类新闻节目、评论类新闻节目。

5. 专题类新闻节目是综合运用各种电视表现手段和播出方式，详尽、深入地报道某一新闻事实或者某些具有新闻价值，又为广大观众所关心的典型人物、经验、新出现的社会现象等的新闻节目。做好电视新闻专题要认真把握和构建叙事逻辑，一般可以从时间线和主题线两方面来把握。

6. 我国电视新闻的发展经历了初创起步阶段（1958 年至 20 世纪 80 年代初）、走向成熟的阶段（20 世纪 80 年代初至 90 年代中后期）和成熟阶段（20 世纪 90 年代末至今）三个时期。

思考与研讨题

1. 什么是电视新闻？它有什么特点和优势？
2. 我国电视新闻一般可以分为哪几种？国外又是怎么划分电视新闻的？
3. 怎样做好消息类新闻和专题类新闻？
4. 评论类新闻节目的优势体现在哪些方面？我国有哪些代表性的评论类新闻节目？
5. 查阅最近的文献，了解我国电视新闻节目的新发展和新创造，并概括出这种发展趋势。

延伸阅读

1. 杨伟光主编：《电视新闻分类与界定》，北京：中国广播电视出版社 1994 年版。

2.〔英〕特伦斯・霍克斯著，瞿铁鹏译：《结构主义和符号学》，上海：上海译文出版社 1987 年版。

3. 郭庆光：《传播学教程》（第二版），北京：中国人民大学出版社 2011 年版。

4. 叶子：《电视新闻：与事件同步》，北京：北京师范大学出版社 2010 年版。

5. 曾祥敏：《电视新闻学》，北京：中国传媒大学出版社 2012 年版。

6. 朱羽君、殷乐：《生活的重构》，北京：北京广播学院出版社 1998 年版。

7. 刘习良：《中国电视史》，北京：中国广播电视出版社 2007 年版。

8. 孙玉胜：《十年——从改变电视的语态开始》，北京：生活·读书·新知三联书店 2007 年版。

9.〔美〕尼葛罗庞帝：《数字化生存》，胡泳、范海燕译，海口：海南出版社 1997 年版。

第二章　电视新闻报道的理念与原则

本章要点

电视新闻报道的语言风格

电视新闻报道的理念

电视新闻报道的原则

在现代社会中，电视新闻报道在人类传播领域的重要性不言而喻。作为大众传播主要形式的电视新闻，结合了电视声画合一与新闻真实快速的特点，在人类社会活动的各个领域、各个方面具有举足轻重的地位。诚然，互联网等新媒体给电视新闻报道带来了挑战与冲击，但是了解电视新闻报道的语言风格、明确电视新闻报道的核心理念与重要原则，仍是做好电视新闻和现场报道的关键。

第一节　电视新闻报道的语言风格

一、我国电视新闻传播语态的演变

我国的电视事业发端于20世纪50年代末，在50多年的发展历程中，如果抛开外部因素不谈，仅从媒体传播“范式”[①]的转换和变迁来看，至少有三方面的因素在中国电视新闻半个多世纪的发展历程中起到了决定性的作用：一是制作技术，二是节目形态，三是传播“语态”。从传播语态上看，中国电视新闻业的发展历程可以简要地划分为三个阶段：“讲话”“说话”与“对话”。

在决定传播范式的这三大因素中，制作技术是物质基础，节目形态是表现方式，传播语态则是语言观念。这三者彼此关联，相互作用，共同推进或制约着电视新闻业的发展状态。在一定程度上说，电视新闻业从一个阶段向另一个阶段的转化，正是这三大因素同时或渐次变化的结果。

在传播范式的这三个方面发生变化的时候，制作技术与节目形态的变化常常表现为具体的物质形态转化，通常易为人察觉和识别；传播语态的变化则发生在观念和语言层面，往往隐藏于技术与节目的背后，不易被人发现和认识。由于语态是“表达和叙述方式”[②]，承载了传播观念和语言方式，其改变相对于制作技术与节目样式而言往往更为缓慢。不过，传播语态的改变也意味着电视新闻业的变化已经非常深刻，标志着一个阶段内传播范式的转换已经完成。因此，传播语态的特点可以代表传播范式的整体特征。

（一）“讲话”的阶段（1958年至20世纪80年代初）

1958年5月1日，央视的前身——北京电视台开播，拉开了中国电视业的序幕。这一阶段中国的电视新闻还远未形成具备自身特点的样式，在此期间，由于电视新闻节目制作

① 范式是指“特定的科学共同体从事某一类科学活动所必须遵循的公认的‘模式’，它包括共有的世界观、基本理论、范例、方法、手段、标准等等与科学研究有关的所有东西”。见〔美〕库恩：《科学革命的结构》，李宝恒、纪树立译，北京：北京大学出版社2012年版，第57页。

② 孙玉胜：《十年——从改变电视的语态开始》，北京：生活·读书·新知三联书店2003年版，第54页。

量小，各种节目形态之间的区分并不明显，各制作机构甚至将新闻片和纪录片合二为一。直到80年代初，真正有中国特色的电视新闻节目样式——新闻专题片才开始出现，并成为很长一段时间里最为典型的电视新闻节目形态。

从传播语态角度看，这一时期的电视新闻呈现出一种“讲话”的姿态。这一时期的中国电视在观念上深受苏联模式影响，其中最主要的观念就是“形象化的政论”。受到这种观念的束缚，电视新闻节目制作人员和机构鲜有“受众”的概念，在他们看来，观众是“被教育的对象”，电视新闻因而“强调艺术的教化作用，言必有意义，行必有倾向，思必有升华”[①]。电视新闻节目的口吻也是高高在上，一派“讲话”的姿态。

这种“讲话”的语态是当时的社会背景和客观的技术条件共同作用的结果。其时，由于新中国刚成立不久，百废待兴，迫切需要电视等新闻媒体发挥宣传动员作用，此外，以美国为首的西方国家对我国进行经济封锁，我国陷入外交孤立的困境，在此情况下，电视媒体就成了宣传我党政治主张和开展外交斗争的重要工具。另外，电视新闻在我国才刚刚起步，我国的电视新闻工作者对电视媒介特点的探索和研究也远远落后于西方，因此，照搬报纸正襟危坐的“讲话”语态就成了那时电视新闻工作者的首选。

（二）“说话”的阶段（20世纪80年代初至90年代中后期）

20世纪80年代初，在国家走向开放的大背景下，中国电视界开始与日本同行合作，拍摄了《话说长江》《丝绸之路》《望长城》等一系列文化纪录片，给中国的电视荧屏带来了一股清新的空气。这一阶段中国电视新闻的明显特征在于各种栏目的大量出现，这些栏目以舆论监督、生活纪实为重点内容，节目风格追求平民化、个性化。

这一阶段，纪实风格的制作手法与“说新闻”的主持方式，成为中国电视新闻在传播语态上的明显表征。从传播观念上看，这一时期的电视新闻最为重要的变化在于开始尊重受众，它比之前的任何时候都强调要考虑观众的接受心理、尊重大众的审美趣味，节目也因此显得更为人性化，电视开始了向大众传媒本质的回归。随着观念的变化，电视新闻传播者的姿态不再是高高在上，而是讲求与观众平起平坐，“平等交流”代替了“上传下达”，成为最重要的传播方式。与“讲话”时代的电视新闻相比，这一时期的电视新闻在传播语态上明显软化，呈现出一种“说话”的状态。

这种“说话”的语态得益于我国电视新闻工作者的主动探索和创新。在和国外同行的接触中，我国的电视新闻工作者逐渐认识到自身的不足，在广泛借鉴国外同行优秀经验的基础上，主动探索适合我国国情的电视新闻传播模式，他们的创新热情高涨。此外，当时正值我国实行改革开放之际，国家鼓励各行各业的人士“走出去”，学习国外的先进经验成为潮流，这也为我国电视新闻节目的创新提供了政策支持。随着我国经济的发展和社会进步，人民物质生活条件得到改善，对精神生活也越发关注，而收看电视新闻在当时是其

① 朱羽君、殷乐：《生活的重构》，北京：北京广播学院出版社1998年版，第12页。

中的重要内容。这种受众需求也直接刺激了我国电视新闻工作者的创新热情和动力，“说话”的语态就是这种创新的产物。

（三）“对话”的阶段（20 世纪 90 年代末至今）

20 世纪 90 年代末以来，中国电视新闻传播进入了一个全新的发展阶段。数字技术、卫星技术的广泛应用和不断升级，颠覆了电视传播的技术基础，为电视新闻的发展提供了新的契机和前景，电视新闻传播语态也随之发生了显著变化。

由于电视跨越空间的能力和多种符号共用的优势在即时传播领域无可匹敌，这些优势又集中体现在直播形态上，因此，直播成为电视新闻在这一阶段最为重要的节目形态。

随着直播时代的到来，电视新闻的传播方式和传播语态又一次发生了显著变化。在电视新闻直播中，主播与记者之间的连线交流成为最能体现电视媒体优势的传播样式。对新闻事件的报道在主播与记者的一问一答之间完成，新闻的传播方式变为“互动交流”。麦克卢汉曾说电视是“冷媒介”，具有“使人深度介入的特性”①，要获得好的传播效果必然需要观众的参与，但与观众的互动是电视传播最大的难题。只能是观众听电视上的人说话，观众的声音则无法让电视上的人听到，电视传播中的反馈链条是被切断的。作为大众传媒的电视只能通过抽样调查的方式获得收视率、忠诚度、美誉度等收视数据，而无法获得像人际传播那样实时的、在场的、鲜活的互动与反馈。

正是在这个意义上，连线直播报道改变了电视新闻的传播模式。主播与记者之间的实时连线实际上围绕观众展开，主播代表观众提问，记者回答主播也就是观众关心的问题，一问一答之间，观众被卷入到一个互动的交流过程中来，从而实现了“参与”。连线报道通过主播与记者之间实际、实时存在的人际交流，实现了观众与主播、观众与记者之间的互动。由于人际传播在所有的传播模式中效果最好，对人际传播要素的使用和对人际传播模式的模拟就非常有利于改善电视新闻传播的效果。在“人际传播的拟态”这种模式下，电视新闻的传播语态改变了以前以传者为中心的状态，开始以观众的参与为目标，以观众的取向为主导，呈现出一种“对话”的姿态。

直播并非一个新鲜事物，但它促进中国电视新闻良好地适应了这一时期传播技术、传媒生态和传播格局的变革，带来了电视新闻在节目形态和语言方式上的更新，并使电视新闻的传播方式和传播语态又一次出现了更替。在直播的推动下，中国的电视新闻正用一种新的“对话”语态迎接并参与到媒介融合的时代中来。

我国电视新闻传播语态经历了由“讲话”到“说话”，再到“对话”的三个阶段。这种演变与技术条件的进步和节目形态的改变相辅相成，也影响和塑造了变化中的电视新闻报道的语言风格。

---

① 〔加〕马歇尔·麦克卢汉：《理解媒介——论人的延伸》，何道宽译，北京：商务印书馆 2000 年版，第 51、380 页。

二、电视新闻报道的语言风格

"风格"是指由于作者的不同生活经历、艺术素养等形成的不同的创作特色。语言风格是作家通过作品表现出来的创作语言特有的格调。

承上文所述，我国电视新闻报道的传播语态历经了三个阶段，受其影响并同时衍生出了不同的电视新闻报道语言风格。电视新闻报道语言风格在不同时期主要呈现以下特点：

（一）第一阶段："模仿体"与宣告式

1958年5月1日，央视的前身——北京电视台成立。北京电视台是中国第一家电视台，经过四个月的试播，于同年9月2日正式播出黑白电视节目。建台初期，参加节目组织工作的只有四五十人。1973年5月1日，开始播出彩色电视节目。1978年5月1日，正式改名为中央电视台。央视办有三套彩色电视节目，并通过卫星和微波线路，与全国各省市电视台联通，经过各转播台、插转台，形成了全国电视覆盖网。1980年4月1日，央视开始通过国际通讯卫星收录英国和美国传送的国际新闻，丰富了国际新闻的内容。1984年，央视参加了亚洲太平洋广播联盟A区的新闻交换，同时收录了B区的新闻，至此，央视已经同80多个国家的120多个电视机构建立了业务联系，并同其中36个国家正式签订了合作协定。到1985年年底，央视已经有职工1, 600多人，办公条件和机房设备也在逐步改善。2004年，央视开播数字付费频道；2008年，开播高清频道；2009年12月28日，中国网络电视台正式开播。至2015年6月1日，央视综合频道等28个公共服务频道（其中新闻频道为凌晨时段的节目）全部改在新台址制作播出，但大部分频道的演播室仍在复兴路旧址。

从1958年至80年代初，在这一阶段，技术上的落后限制了电视新闻节目在语言形式上的发展，其语言风格僵化、统一，其自身所特有的电子媒介优势未能显现，主要是沿用其他媒介的语言样式，从而形成了大杂烩式的"模仿体"。比如，在影像上模仿纪录电影（"新影体"）；在文字风格上模仿《人民日报》（"人民体"）；在播报方式上模仿人民广播（"广播体"）；在报道体裁上则模仿新华通讯社（"新华体"）。有人形容说，在传媒系统当中，电视像是"新闻纪录电影的缩小版，《人民日报》的影像版，人民广播的图像版，新华通讯社的精简版"①。电视新闻的语言也就同报纸和广播的语言风格没有什么区别，基本上是照搬照抄。

（二）第二阶段：电视纪实与"说新闻"

20世纪80年代初至90年代中后期，随着技术条件的更新、国外节目的影响以及自身

① 胡智锋、周建新：《从"宣传品""作品"到"产品"——中国电视50年节目创新的三个发展阶段》，载《现代传播》2008年第4期。

经验的积累，这一时期的中国电视新闻在语言方式上发生了明显变化，形成了较为鲜明的语言风格。

同期声和长镜头的大量使用，日常生活细节的频繁出现，真实的时空结构，开放的情节叙述，意味着中国电视新闻开始真正发挥电子媒体的特色，并逐渐寻找到了中国观众喜爱的节目形态和语言方式。而在节目形态和语言方式发生“剧变”的背后，是制作理念和语言观念的深刻变化。

80年代，国外的电视语言观念不断影响着中国电视的理论和实践，其中最受重视、影响也最为深远的是“纪实”，这种观念的核心即将影像作为“物质现实的复原”。“巴赞的写实主义理论和克拉考尔的物质现实复原学说受到普遍重视，它与国内的纪实主义思潮合流，形成有中国特色的纪实美学。内容上注重对人和社会的关注，‘人被看作是一个社会关系总和的个体，不仅深化了人对于自身的认识，也深化了对于现实的理解和判断’。自然景观也为人文意识所关照，焕发出生命的美。”①

在ENG等新技术的基础上，纪实主义推动这一阶段的中国电视新闻在节目样式和传播语态上常创常新，进入了一个飞速发展的“黄金时代”。以“物质现实的复原”为核心的纪实观念尽管是一种源自于50年代欧洲电影领域的理念和方法，但在中国的电视新闻界，它一扫长期以来电视作为“小电影”的尴尬局面，不仅一举实现了对“形象化的政论”理念的超越，同时使得我们对电视媒体的本质、电视语言的方式有了全新的认识。

需要指出的是，在纪实主义的影响下，尽管这一时期的电视新闻从形式到内容都发生了彻底的改变，但由于电视新闻和纪录片站在同样的技术基础上，二者又在同样的观念引导下向前发展，导致电视新闻采用的是与纪录片类似的语言方式。整体而言，在这一阶段，电视新闻与纪录片在语言的边界上是异常模糊的，电视新闻还没有真正寻找到自己独立的语言方式。

与制作观念上的“纪实”相对应，这一时期电视新闻节目中另一个重要的改变是主持风格。90年代末，凤凰卫视主持人鲁豫在《凤凰早班车》的新闻播报中，一改过去正襟危坐、严正板肃、字正腔圆的播音风格，开始用一种“说话”的方式播报新闻，被业界称作“说新闻”。紧随其后，湖南卫视的《晚间新闻》等一批节目也开始用类似的方式报道新闻，亲和、自然的“说新闻”在中国电视新闻界蔚然成风。

下面以1999年12月14日由陈鲁豫主持的《凤凰早班车》为例，仔细分析这种语言风格，下面是该期节目的稿件摘录：

陈鲁豫：各位，早上好！欢迎乘坐《凤凰早班车》。

因为西方国家的强烈反对，俄罗斯对于车臣最后通牒的态度开始有所软化，俄罗斯军队

① 朱羽君、殷乐：《生活的重构》，北京：北京广播学院出版社1998年版，第14页。

里面一个高级将领表示，他们的最后通牒只是针对车臣叛军还有恐怖分子，并不是针对车臣百姓的。另外，车臣副总统说俄罗斯的军队礼拜一在格罗兹尼上空曾发射了一枚化学武器，造成 37 人死亡，还有两百多人受伤。而英国报纸事后报道说这是一枚芥子毒气。俄罗斯军队里面的高级将领还表示，目前在格罗兹尼城内还有大概有二千多名叛军困守格罗兹尼城。另外，俄罗斯总统叶利钦和白俄罗斯总理卢卡申科礼拜三在莫斯科的克里姆林宫签署了两国建立联盟国家的条约，这期间也发生了一段很有意思的小插曲，叶利钦在发表讲话时突然忘记该讲什么了，需要自己的助手提醒他，看来叶利钦的身体情况还不是太好。

…………

《凤凰早班车》是香港凤凰卫视中文台于 1998 年 4 月 1 日开办，在早上 7 点钟推出的一档新闻直播节目。该节目开创了“说新闻”的方式，颇具个性化。主持人以通俗的口语，讲述新闻摘要的内容，编辑将每天的报纸、广播、电视和网络的最新信息做集约化处理，借由主持人平实的语言向观众传递。本篇稿件的开场语简单亲切，稿件内容通过主播的讲述显得有条有理，通俗易懂，如“发生了一段很有意思的小插曲”，这种大白话式的新闻语言很少出现在以前的新闻节目中，但在《凤凰早班车》中很常见。这种“说新闻”的方式拉近了主持人、记者和观众之间的距离，增强了信息传播的“亲切感”，也易于观众对新闻理解和接受。

电视新闻报道通过声画结合的方式传递信息。主持人作为重要的信息传播者，对“说新闻”这一方式的要求不能简单地理解为语气亲和，它需要主持人在阅读、分析、记忆原新闻稿件，明了事实之后重新编排内容、组织语言、合理表达。主持人手中也往往只有卡片或提纲，这种样式更为灵活自然，交流感也更强（图 2-1，图 2-2）。

图2-1　凤凰卫视《凤凰早班车》标志

图2-2　湖南卫视《晚间新闻》标志

（三）第三阶段：交融性与可听性

20世纪90年代末至今，在激烈竞争的业态压力下，电视新闻利用新的技术手段和平台，实现了语言样式的更新。在这一时期的电视新闻制作中，共时性的一体化制作代替了多工种分时制作，多机位分工合作代替了单机的“挑等抢”，非线性编辑替代了线性编辑，在线切换代替了后期剪辑，非常规画面替代常规画面成为影像的主体，声画分录代替声画同录形成了新的声画关系。在数字平台上，感性、离散的思维方式与影像的非语言属性相吻合，理性、线性的思维方式则与口语和文字的语言属性相匹配，电视新闻的各种语言要素都找到了各自对应的思维方式，并呈现出一种整合、交融之势。在“形象化的政论”阶段，画面屈服于解说的“物质现实的复原”阶段，语言让位于影像。在新的技术系统与思维观念下，电视新闻的制作者不再纠结于画面与声音、文字之间孰轻孰重，电视语言要素之间的关系不再紧张，语言符号与非语言符号之间的组合与对位也就更加自由和谐调。至此，电视新闻终于摆脱了电影语言和纪录片样式的束缚，找到了更为独立也更具活力的语言方式。

在这个电视新闻发展的黄金期，越来越多内容丰富、编排科学、类型多样的新闻节目如雨后春笋般涌现，出现在电视荧幕上，丰富了人民的生活，同时也拿下了宣传阵地。电视新闻节目质量的提升赋予其更多的话语权，同时也增强了电视新闻语言的可听性。

《南京零距离》是江苏电视台在2002年开播的一档新闻节目，是我国电视新闻又一开先河之作，带动和引发了电视新闻节目与报道的改革——不断提升节目质量，更加关注民生与百姓生活，新闻语言更加多元与自由，语言的可听性显著增强。该节目在短时间内就获得了观众的肯定与喜爱。随着生活、工作节奏的加快，广大电视观众已经很难坐在电视机前专心致志地收看电视新闻节目。他们更喜欢边做其他事情边看新闻，这更像是“听”新闻，因而，电视新闻可听性的增强也就提升了其宣传效果。

电视新闻可听性的提升主要表现在以下几个方面：

1. 电视新闻解说词的优化

首先，电视是声画结合的传播媒介，电视新闻则是传达时事的重要载体。现在电视新闻报道已经逐渐降低了使用生字、怪字、难懂字和书面用语的频率，转用那些观众一听便知其含义的通俗词语，同时辅以词义解释或运用修辞手法等进行说明。例如，用“深沉幽远”“意味深长”来解释“隽永”，用“到来”替代“莅临”等。其次，电视新闻解说词很少再堆砌使用官话、套话，而是以越来越贴近生活与群众，平实而真诚的语言，拉近了与观众的距离，使新闻更具人情味。

我们以央视《新闻联播》2007年4月2日的一篇报道《863计划节水农业重大专项5年省下北京两年半用水量》为例，来细细体会这种特点。

该篇报道中提到，“在位于四川的国家 863 计划节水农业的示范基地，可以看到这些桃树上面都挂了一些塑料袋，它是用来提高果树的抗旱能力的，就像是给人输液一样，它随时为桃树提供水分和养分”。这里运用比喻的修辞手法让观众更好地理解了树上挂一些塑料袋的效用与功能，这种直观的感受也有助于观众了解整个节水农业专项计划的实施。

此外，央视《新闻联播》在 2011 年 4 月 2 日的一些新闻中也体现了解说词的这种优化趋势。如在关于国家领导人出席植树活动的报道中写道：“植树现场，一片忙碌的劳动景象。领导同志有的挥锹给树坑填土，有的用力将填好的土培实，有的俯身为新种下的树浇水，有的连种几棵树后脱下外套接着再种，有的边种树边同大家谈如何应对气候变化、谈生态环境保护。在植树点上，不时传出阵阵欢声笑语。刚种好的一株株树苗沐浴在和煦的春风中，展露出勃勃的生机。”在介绍几位领导人的植树过程时，运用了排比的修辞手法，还用拟人手法展现出“沐浴”在春风中的“株株树苗”的勃勃生机，这种接地气的解说，更易于观众对新闻的理解和接受。

解说词的优化也增强了电视语言的感染力，如 2013 年 3 月 3 日，《新闻联播》节目中主持人讲到中国梦时，说了这样一段话：“前方路上难免有沟有坎、有石头，但只要理清路线图，不停步、不走偏，铆足劲儿向前去，就没有什么能阻挡我们实现中国梦的脚步。”这段话运用了老百姓生活中的话语如“有沟有坎”“铆足劲儿”等，极具亲和力和感染力，把严肃的大道理解读得深入浅出，这种新闻话语风格一下子拉近了与观众的心理距离，取得了很好的传播效果。

2. *有声语言传播效果的提升*

电视新闻解说词的优化，增强了电视新闻语言的可听性，拉近了与观众的距离。与此同时，电视新闻的画面语言也在不断改进，力求画面新鲜、活泼、生动，给人耳目一新的真实感受。电视新闻报道中越来越多地使用现场同期声，直接展示现场的氛围，而不是单纯地通过播音员播读稿件的方式来传达。

2010 年 8 月 9 日甘肃电视台新闻联播中关于舟曲泥石流灾难报道中的一段同期声，很好地体现了该特点。以下是部分实录：

温总理：家里好么？（俯身安抚小女孩儿）
小女孩：不好。
温总理：不好？怎么了？
小女孩：奶奶（不在了）。
温总理：哦，奶奶。不难过。妈妈在不在？（侧耳倾听）
小女孩：在，只有奶奶不在了。
…………

2010 年 8 月 9 日的甘肃电视台新闻联播，报道了温家宝总理俯身拥抱在舟曲特大泥石流灾害中失去亲人的小女孩的新闻。其中，有近 28 秒的电视画面为温总理和小女孩两个人的对话，虽然没有画外音的渲染和解说词的配合，观众依然可以从两个人的对话中感受到国家对救灾工作的重视和对受灾民众的关心，这些真实的画面语言和声音带给了观众最直观的感受和最真实的力量。（图 2-3）

图2-3　习近平主席同鼓手们一起敲击钢鼓

2013 年 6 月 1 日，央视《新闻联播》头条报道了习近平主席抵达西班牙港开始对特立尼达和多巴哥进行国事访问的新闻。电视上呈现了现场乐队进行演奏的画面，他们用欢快的乐曲欢迎中国贵宾。习近平主席在欣赏演出时还同鼓手们一起敲击钢鼓，现场气氛友好热烈。一直以来，《新闻联播》总给人严肃、庄重之感，在可听性上也饱受争议和诟病。而这条新闻使用了大量新鲜活泼和真实生动的画面，给人耳目一新的感觉。这意味着《新闻联播》也开始逐渐摆脱以往严肃的、呆板的、模式化的画面语言，追求鲜活的、立体的画面语言，试图给观众一种轻松愉悦的心理体验。

第二节　电视新闻报道的理念

现代电视新闻理念的建立是与电视技术、电视采制手段、传播方式的变革相联系的。电视新闻工作者在采、编、播各环节中，要树立时效意识、现场意识、受众意识，进而增强策划意识、品牌意识，这也是现代电视新闻传播理念在操作层面上的具体体现。

一、时效意识

（一）时效意识的概念

时效性是新闻的生命，也是衡量新闻价值的首要因素之一。作为新闻价值的重要标准之一，电视新闻的时效性要求电视新闻工作者能在第一时间对发生的新闻事件进行准确的报道。电视新闻是以现代电视技术为传播手段，以声音、画面为传播符号，对新近或正在发生、发现的事实的报道。现代电视新闻理念对时效性的认识，已经从过去的“今天的新闻今天报”（TNT），转变为“现在的新闻现在报”（NNN）。

“NNN”新闻就体现了新闻事件发生与报道之间的零时差、零误差、零损耗。在新闻直播的状态下，传受双方同步，新闻传播的过程就是新闻接受的过程，所以“NNN”新闻能够最大限度地满足观众对电视新闻的效性的要求。

（二）时效意识的实现方式

1. *新闻滚动播出*

新闻滚动播出生动地体现了第一时间的时效意识，要求及时报道新闻的最新动态，做到事件发生与报道的零时差。央视新闻频道自 2003 年 7 月正式开播以来，通过不断地进行频道改革和改版，已经形成了全天候滚动播出的模式，最大限度地发挥了时效性的优势。新闻频道 24 小时都在播新闻，其中，首播新闻总量达到 1,360 条，是 2009 年改版前常态周均首播总量的近 3 倍，首播率达到 52.01%。根据表 2–1 央视新闻频道的节目时间表 1，我们可以发现，最具规模优势的《新闻直播间》每天安排了 13 个时段，几乎占据了白天的每个整点，再配合《朝闻天下》《新闻 30 分》《新闻联播》等节目，可以说新闻频道的节目将全天新闻一网打尽，一旦有新闻发生，就会在第一时间进行报道（表 2–1）。

表 2–1　央视新闻频道节目时间表

<table>
<tr><th>时间</th><th>星期一</th><th>星期二</th><th>星期三</th><th>星期四</th><th>星期五</th><th>星期六</th><th>星期日</th></tr>
<tr><td>00:00</td><td>《午夜新闻》</td><td colspan="5" rowspan="2">《午夜新闻》</td><td>《午夜新闻》</td></tr>
<tr><td>00:15</td><td>重播《面对面》</td><td>重播《新闻调查》</td></tr>
<tr><td>01:00</td><td>《新闻直播间》</td><td colspan="5" rowspan="2">《新闻直播间》</td><td>《新闻直播间》</td></tr>
<tr><td>01:15</td><td rowspan="2">重播《世界周刊》</td><td rowspan="2">重播《新闻周刊》</td></tr>
<tr><td>01:30</td><td colspan="5">重播《焦点访谈》《法治在线》</td></tr>
<tr><td>02:00</td><td>《新闻直播间》</td><td colspan="5" rowspan="2">《新闻直播间》</td><td>《新闻直播间》</td></tr>
<tr><td>02:15</td><td rowspan="2">重播《面对面》</td><td rowspan="2">重播《新闻调查》</td></tr>
<tr><td>02:30</td><td colspan="5">重播《新闻1+1》</td></tr>
<tr><td>03:00</td><td colspan="7">《新闻直播间》</td></tr>
</table>

续表

时间	星期一	星期二	星期三	星期四	星期五	星期六	星期日
03:20	重播《焦点访谈》《每周质量报告》	重播《焦点访谈》					
03:35	重播《法治在线》						
04:00	《新闻直播间》	《新闻直播间》					《新闻直播间》
04:15	重播《世界周刊》						重播《新闻周刊》
04:30		重播《环球视线》					
05:00	《新闻直播间》						
05:10	重播《面对面》	重播《新闻1+1》					重播《新闻调查》
05:55	晨曲、国旗、国歌						
06:00	《朝闻天下》						
08:30	《朝闻天下》（此时段不与央视综合频道并机）						
09:00	《新闻直播间》	《新闻直播间》					《新闻直播间》
09:15	重播《世界周刊》						重播《新闻周刊》
10:00	《新闻直播间》						
11:00	《新闻直播间》						
12:00	《新闻30分》						
12:35	《法治在线》						《每周质量报告》
13:00	《新闻直播间》						
14:00	《新闻直播间》	《新闻直播间》					《新闻直播间》
14:15	重播《面对面》						重播《新闻调查》
15:00	《新闻直播间》						
16:00	《新闻直播间》						
17:00	《新闻直播间》						
18:00	《共同关注》						
19:00	《新闻联播》及《天气预报》						
19:40	《焦点访谈》						
20:00	《东方时空》						
21:00	重播《新闻联播》						
21:30	《新闻1+1》					《新闻调查》	《面对面》
22:00	《国际时讯》						
22:15						《新闻周刊》	《世界周刊》
22:30	《环球视线》						
23:00	《24小时》						

2. *多视窗连线报道*

为了突破画面传输对时效性的影响，电视新闻更多采用连线报道的方式来赢得时效，一般与多视窗或双视窗结合使用，由新闻节目主持人和新闻现场的主持人或记者与采访对象通过对话来共同完成，这样能够第一时间赢得新闻的时效，同时能够更好地将人际传播的优势融入电视新闻的大众传播中。①

我们以江苏电视台城市频道《南京零距离》的子栏目《绝对现场》在2004年6月18日的新闻节选为例，具体分析这种连线报道的特点。

这是一条对于南京市内突发的汽车自燃事件的新闻报道。在这则新闻中，除了演播室的主播是直播状态以外，其他的内容都是在演播室与记者的连线报道中传递给观众的。而在不同的环节，节目还用字幕清楚地标明了是"卫星连线"还是"较早前录影"。汽车自燃的过程是"较早前录影"，在播出的时候已经是录播了，但记者站在烧焦的汽车旁进行报道还是能给人强烈的现场感。这种"演播室直播 + 现场连线报道 + 录制内容"的节目形态创造性地运用了双视窗连线报道，给观众最佳的新闻时效体验，这种连线报道方式操作起来比较简单，减少了信息传播过程中的时间损耗，增强了新闻传播的时效性（表2–2）。

表2–2 《绝对现场》2004年6月18日对南京市内汽车自燃事件的连线报道实录

画面	声音
分屏："演播室"在左，"车自燃现场"在右。	（主持人）冯凯你好。
现场切到全屏。 记者出镜于报道的中景，背景是车的近景。 插入另一个机位的机器拍摄被烧汽车的全景。 摇镜头：由记者出镜于报道的中景摇到方向盘的特写。 摇到地面的近景。	（记者冯凯）主持人你好，我现在就是在清凉门大街公交车站中心南村这一站附近。今天下午五点半，我们在采访的途中突然发现，这里有一辆夏利车自燃。那么现在这辆夏利车正在我的手边，大家看整个车已经被烧得面目全非了，就像一个被剔除了鱼肉的鱼骨头一样，只剩下空壳。我们看这个方向盘现在只剩下一个铁圈了。那么除了在此能闻到很浓重的胶皮烧焦的味道，我的脚踩在地表上，温度也是非常高的。那么当时车上只有车主吕先生，吕先生幸好非常及时地从车上下来了，所以身上没有什么大碍，只是烧焦了一些汗毛。那么当时我们是第一时间赶到了现场，并且拍摄下了自燃的全过程。来看一下这辆车是如何变成如此惨状的。
较早前录影： 车上拍到的车自燃画面。 拉镜头：从自燃车拉回到陈浩的中景。 推镜头：推到自燃车的全景。 摇镜头：摇到天上的浓烟全景。	（记者陈浩）观众朋友，现在是下午的五点四十分左右，我正在河西的管子桥附近，路边上的一辆轿车正在自燃，我们注意到由于车停在人行道上，所以并没有给交通造成影响。但是这辆车现在冒出的浓烟和熊熊火焰确实让周围的人感到非常的恐惧。

① 参见叶子：《现代电视新闻学》，北京：中国广播电视出版社2005版，第7页。

续表

画面	声音
记者街头采访的中景。	同期声： （记者陈浩）从哪开始先烧起来的呢？ （轿车车主）从前面那个油管开始漏油，漏油后开始烧起来的。我想去买那个配件，才开到这边来的。 （记者陈浩）你什么时候烧的？ （市民）大约是10分钟前。 （记者陈浩）10分钟以前。怎么烧的你看到了吗？ （市民）自己燃烧起来。 （记者陈浩）司机呢，当时？ （市民）司机出来了，出来找灭火器。 （记者陈浩）找灭火器往外跑。
中近景：陈浩站在画面黄金分割点处做现场报道。 切到车燃烧的全景。	（记者陈浩）在火烧起来将近10分钟后，火势仍然非常大，所以目前我们即便是手边有灭火器，也不敢上前对这辆车进行施救。
消防员灭火的全景。	（记者陈浩）到了下午的5点47分，我们的消防队的消防车终于赶到了现场，但是看到这辆车仍然是大火不断。
分屏："演播室"在左，"车自燃现场"在右。	（主持人）真是好大的火，陈浩，我好像头一回看到轿车自燃能燃起这么大的火。
切到现场全景。 中景：记者站在事故现场出镜报道。 摇镜头：摇到清凉门大街的全景。	（记者陈浩）是的，那么其实我们作为可以说是碰巧第一个赶到现场的媒体，亲历了这场大火，也刚刚从恐惧中走出来。现在我身后的清凉门大街可以说是恢复了一片平静，而消防队员的施救，整个过程20多分钟就把这个大火给扑灭了。可以说这辆车是面目全非。我们在对这个车主深表同情的同时，提醒我们所有的驾驶员，一定要注意这类事件。据说当时吕先生是从其中的一家汽配店到另外一家汽配店50米的过程中间，这辆车就发生了自燃，而且是烧成这样惨重。 （主持人）那么现在对这个轿车自燃的原因能不能探究出一点呢？ （记者陈浩）现在据吕先生介绍呢，事先就是为了修他这个水管漏油这样一个情况，来这条大街上来寻找汽配店的，那么可见所有的司机我们都不能大意，仅仅在50米的过程中间，发生这样一个惨祸，这辆车就被付之一炬。所以在夏天临近时，类似这样的自燃事件还会增多起来，每位驾驶员一定要多多检查自己的车辆，小心为妙，现场情况就是这样。
分屏："演播室"在左，"车自燃现场"在右	（主持人）好的，谢谢前方记者冯凯和陈浩。

3. 字幕新闻

电视媒体是一种典型的线性传播媒体，字幕新闻则是"电脑控制字幕发生器，在电视屏幕上打出字幕，用简洁的文字向观众传播最新消息，它是电视新闻最简便的报道方式”①。电视新闻报道中，字幕新闻指的就是出现在屏幕下方、以平行飞出的方式与其他正在播出的节目同时播出的一种新闻样式。字幕新闻具有以下特点：

（1）时效性强。字幕新闻本身具有时效性，相对于线性传播、播完即止的口播新闻，字幕新闻不受时空限制，可以及时播出、快速更新。

（2）语言简洁、精炼、生动，关键信息突出。

（3）适应滚动播出的需求。字幕新闻可以以字幕的方式反复在屏幕下方滚动播出，对受众要求及时获取新闻信息的适应性强，还可以重复收看，以加深受众对感兴趣的新闻的了解。

（4）字幕新闻还具有一定的预告功能，即告知将要发生的新闻事件。

图 2–5 央视新闻频道《新闻直播间》在 2015 年 2 月 23 日 17 点 55 分播出的一条新闻。图 2–4 的屏幕下方即组成一条字幕新闻，实际展示时长为 21 秒。此条字幕新闻的内容是：据尼日利亚媒体报道，尼日利亚东北部约贝州波蒂斯库姆市一个市场 22 日遭自杀式炸弹袭击，造成至少 5 人死亡，多人受伤。电视屏幕主新闻是关于乌克兰局势的新闻报道，字幕新闻则报道了其他新闻事件，丰富了信息的传播。字幕新闻既能及时地传播信息，又能增加新闻的信息量，具有时效性强和信息量足的集合优势

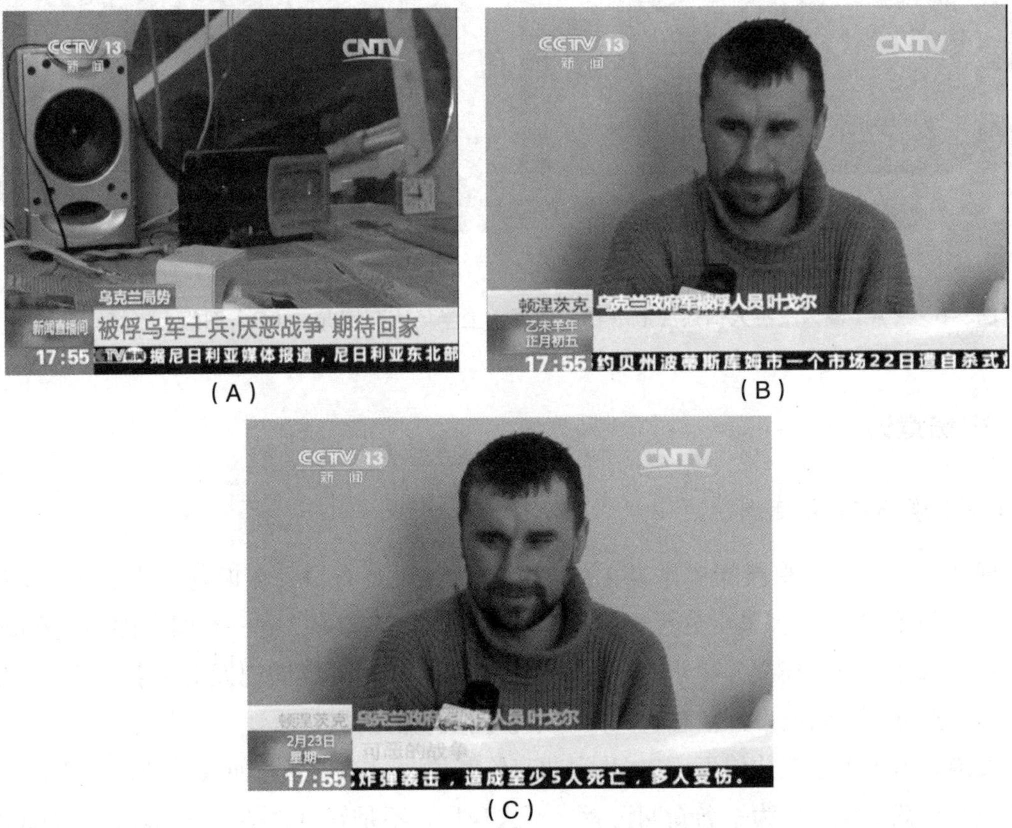

（A）　（B）

（C）

图2–4　乌克兰政府军被俘人员叶戈尔接受记者采访

① 叶子：《电视新闻节目研究》，北京：北京师范大学出版社 1999 年版，第 155 页。

4. 新闻现场直播

新闻现场直播最能体现电视新闻报道的时效性。由于现场直播能够直接新闻现场的人物、事件、印象和环境，与正在发生的新闻事件同步，保持事件发生的延续性、过程性和不可预知性，所以已经成为当代电视新闻节目最具生命活力的一种形态。①

以下以央视体育频道《体育世界》在 2015 年 2 月 25 日 24 点播出的节目《亚冠征途》部分片段为例，探究电视新闻的时效特点。

主持人在 24 点口播了亚冠联赛广州恒大上半场的比赛情况，22 秒之后，播放了编辑好的上半场比赛画面，之后主持人口播，引出了记者的现场报道。记者的现场报道采用直播的方式，时长约 3 分 20 秒，之后回到演播室，以主持人的短评结束。

在本期时长 5 分 30 秒的《体育世界》节目中，其中 3 分 28 秒进行的是新闻现场直播。可以说随着直播技术的发展和进步，我国电视媒体的现场直播能力也在不断增强（图 2–5）。

（A）

（B）

图2–5　（A）图为主持人口述亚冠联赛广州恒大上半场比赛情况，（B）图为上半场比赛画面

二、现场意识

（一）现场意识的概念

现场意识要求电视新闻工作者在新闻报道过程中要有“我在现场”的观念。电视新闻的现场是新闻“5W”里十分重要的一个“W”，即“Where”——新闻事件发生在哪里。电视新闻工作者只有树立并追求“我在场”的现场意识，才能够把握新闻事件发生、发展的环境，充分获取新闻事件信息，完美展示新闻现场的情况。

美国著名记者索尔兹伯里说，“我渴望身临其境，只有现场才使我激动，才使我自在，才使我有用武之地。作为一名新闻记者，不去现场，不是好事之徒，不如改行去搞成本会计。”这是新闻界一位前辈讲的话，他在 70 多岁时，要求沿着当年中国红军两万五千里长

① 参见叶子：《现代电视新闻学》，北京：中国广播电视出版社 2005 年版，第 7 页。

征的路线进行采访，到现场去感受和了解这段历史，完成他的采访和写作。可见，现场意识也是激励新闻工作者不断深入事实、了解事实的动力，是电视新闻报道中的重要理念。

（二）现场意识的作用与效果

电视新闻记者能够最大限度地接近现场和深入现场，维护并如实报道新闻事实，以带给受众最高的视听满足。记者在新闻发生后的第一时间进入现场，最有利于时效性的实现，同时也能最大限度地体现现场意识，是现场意识的最高境界。有经验的记者往往能够预判到一些重大事件的发生，从而在报道中抢占先机。虽然这种预判往往先于现场意识，有些“预现场”的意味，但这两者往往是紧密相连、相继发生的。

“在现场”增加了电视新闻报道的真实性、权威性、说服力，也提高了记者新闻直播报道的能力，体现了媒体的权威性。我国电视媒体之所以国际影响力较小与我们的记者，与我们的记者现场意识低、对突发新闻报道不及时、现场直播报道能力弱有很大关系。电视记者不在现场、不具备强烈的现场意识，是我国电视媒体难以提升自身新闻传播能力与报道权威性的主要原因。尤其是在国际新闻报道和对外宣传过程中，“我”在事发现场，是一国媒体权威性和综合实力的体现。

（三）现场与直播的辩证关系

新闻直播的核心内容来自新闻现场，但直播的内容又不是原始的现场情景；直播要尽可能地传递事件的原貌，但它又不可能原原本本地呈现一个原生态的现场。直播是电视制作者经过对现场信息的甄别、判断、选择、淘汰、组合之后呈现在电视屏幕上的一种叙述过程。一句话：直播来自现场，但直播不等于现场。

在 2008 年北京奥运会的电视转播中，央视与美国全国广播公司（NBC）的报道方式有很大不同。

首先是开场的部分。中央电视台在开场时采用的方式是由广告直接切入开幕式现场，NBC 则在开幕式正式开始前播放了一个 15 分钟左右的短片，对于大多数不太了解中国的美国观众来说，这是一个必要的铺垫。从象征中国的万里长城到夜幕下的北京，从北京申奥成功的沸腾画面到城市中随处可见的奥运条幅，从中国运动员赛场上拼搏的身影到郭晶晶、刘翔这些知名运动员的运动宣言，这个短片融中国历史、人文与奥林匹克精神于一炉，带领观众逐渐进入到具有中国文化特色的奥运会开幕式的氛围之中。在这个精彩短片播出之后，NBC 用演播室与现场主持人、解说员的连线以及记者在现场的采访来引入开幕式，中央电视台则是采用直接由解说员配解说词的方式切入现场。

第二个比较明显的区别是在运动员入场式的处理上，主要体现为二者在镜头切换方面有着较大的差别。运动员的入场是北京奥运会开幕式中最后的一个大手笔，运动员在入场时鞋底会沾上颜料，用他们的脚步来完成巨幅画作，这被称作是开幕式中的“最大规模行为艺术”。为了表现这种独具匠心的艺术设计，央视用了很多镜头来呈现这一点，但由于镜头拍摄和切换不到位，屏幕上不断出现的是拍摄运动员腿部的镜头，观众很难一下子明白拍摄者到底要表现什么内容。相比较而言，NBC 则用一系列的镜头组合表现出了运动员沾上彩色墨迹走上巨大画卷的过程，让观众理解了这种行为艺术的用意并受到感染。

另外一个较大的区别是在中国运动员入场时的细节呈现上。在中国运动员入场的过程中，旗手姚明身边的孩子成了观众注意的一个焦点。这个孩子代表的是坚毅的精神和未来的希望，安排他走在这里有非常特殊的意义。央视对他的呈现比较简单，只用了两句解说词和很少的几个镜头就完成了对他的介绍。NBC 却对这个孩子给予了格外的关注，所有镜头加起来近 5 分钟。在不断给他特写镜头的同时，着重介绍了他的情况，还将他在接受记者采访时的那些朴实感人的话语翻译成英语，即使是在点燃主火炬时，镜头和解说依然关注了这个孩子。应该说，这一段呈现是美国 NBC 的转播中的一个非常感人的段落。

两家电视台对奥运会开幕式转播的这些不同之处非常清楚地说明了一个问题：即使对同一个现场进行直播，也可能有不同的呈现方式。事件的现场有多种信息并且往往非常混乱，直播则需要对现场的信息进行选择并形成一个清晰的叙述过程，它与原始的现场是有区别的。

记者要培养现场观察的能力，注重环境和细节的表现。现场采访是一种搜集资料、调查事实、印证问题的方式。在新闻现场，记者必须要有敏锐的观察力，对主要新闻事实发生、发展、变化的过程及结果进行观察，从现场发生的事件或人物活动中捕捉到本质的、富有新闻价值的信息。这也要求记者多进入现场，锤炼自己的业务能力和现场意识。

三、受众意识

（一）受众意识的概念

电视新闻报道的受众意识指的是在新闻生产的各个流程中，将受众的需要摆在最突出的位置，即在新闻采写、编辑、播报的过程中，都要明确以“满足受众最大新闻需求”为第一要义。

培养受众意识、满足受众需求，能使电视媒体更好地占据新闻市场，在竞争中胜出。受众意识的觉醒是伴随着市场竞争的加剧而出现的，一切媒体的竞争归根到底都是为了争夺受众的注意力。受众的需要指引着电视新闻报道的众多方面，无论是追求时效性还是现场感，都是为了更快、更好地提供给受众新闻事实，满足其知晓、了解、学习、娱乐等各方面的需要。受众意识是电视新闻报道的重要理念。随着受众这一主体在传播过程中重要性的提升，受众意识的增强也成了电视新闻传播理念的鲜明特征之一。

（二）培养受众意识

记者要了解受众的结构特征。我国拥有世界上最庞大的电视观众群体，其年龄、性别、地域、收视习惯等均体现出一定的结构性规律。了解不同人群的情况，才能更好地把握受众意识。

了解受众的收视习惯。不同观众群体有不同的收视习惯，在新闻内容、风格、频道选择、收看时间等方面都有自己的特点。全面了解收视习惯，合理安排和规划节目的播出，有利于更好地吸引观众。

了解受众的需求。受众意识最本质的要求就是满足受众的需求。有创意的节目往往更能够吸引观众，观众对创新节目的追求也相应地刺激了新闻工作者受众意识的培养和提升。

四、策划意识

（一）策划意识的概念

策划是电视新闻生产流程中非常重要的一个环节，随着受众欣赏水平和知识能力的提升，受众对新闻的要求也越来越高。电视新闻策划是策划这门现代科学介入电视新闻业的结果，是策划人遵循的基本规律和电视纪事特性，它以事实为基础，以创意为核心，对已占有的信息进行充分的分析研究，确定可能实现的目标和效果，策划相关报道，规划、设计报道的方式、方法和技巧，以获取最佳采访报道效果。[①]

（二）策划意识的培养

好策划的实现需要创新。创新是电视新闻报道取得成功的重要动力，好的创意能够给新闻报道增色，守旧则难以吸引受众。创新体现在很多方面：选题、报道形式、报道角度、拍摄风格等。

好策划的实现需要全方位的准备，包括软性积累和硬性条件两方面。软性积累主要指记者对基本新闻事实的了解和对相关新闻报道的横向把握，以及从现实和历史的角度对所报道的新闻事件作纵向整合。硬性条件主要指电视台进行报道的专业制作水平和播放水平，尤其是电视新闻直播报道能力，这直接制约着电视台策划意图的实现。

好策划的实现需要记者具有较强的综合能力。随着电视制作设备趋于数字化和小型化，其便携性、移动性越来越强，现场制作设备的功能越来越强大，很多以前需要在演播室和制作机房中完成的工作现在已经可以在现场制作完成。因此，现场制作在电视新闻节目采制中所占的比重越来越大，记者的现场报道在电视新闻直播中的分量也越来越重。

① 参见姜公映、易祥：《电视新闻策划谈》，载《现代传播》2002年第2期。

以下以BBC记者本·布朗对黎巴嫩工业部部长被暗杀事件的直播报道为例，来做具体分析。

2006年11月21日，黎巴嫩工业部部长皮埃尔·杰马耶勒的车队在贝鲁特北郊久达伊德地区遭枪击，杰马耶勒中弹身亡，邻国叙利亚被指与此事件有关。就在此前的2005年2月14日，时任黎巴嫩总理的拉菲克·哈里里在贝鲁特发生的汽车爆炸事件中遇难，此后黎巴嫩局势一直处于动荡之中，杰马耶勒被暗杀更使得局势动荡加剧。

11月23日，参加葬礼的哀悼者们在贝鲁特市中心举行大规模游行示威，抗议叙利亚参与暗杀黎巴嫩工业部部长。BBC记者本·布朗在贝鲁特对这起事件进行了现场报道，在完成的现场综合报道中，本·布朗不仅有出镜报道，还完成了连线采访和现场采访等多项工作，这次直播报道反映出了电视新闻报道在当前的变化。整个报道分为五个段落，我们来看看记者在现场都完成了哪些方面的工作，具体的流程和环节又有哪些。

第一个段落，记者本·布朗在黎巴嫩首都贝鲁特圣乔治教堂附近进行现场报道。本·布朗在报道中介绍了刚刚在这里发生的事件概况，并对事件的背景进行了简单介绍（表2–3、图2–6）。

表2–3　本·布朗在圣乔治教堂附近进行现场报道的实录

画面	声音
近景：本·布朗在画面正中间做现场报道。	（本·布朗）你好，这里是贝鲁特,这条街道现在平静下来了。刚才有几十万人涌到贝鲁特街头。仅仅是几天之前，年仅45岁的工业部部长皮埃尔·杰马耶勒在贝鲁特郊外被暗杀。葬礼就在我身后的圣乔治大教堂举行，在这个教堂外面，街道末端是××广场。据估计，有80万示威者，80万支持皮埃尔·杰马耶勒的人谴责叙利亚，谴责他们的总统，因为这些示威者认为叙利亚是这次政治暗杀的幕后操纵者。皮埃尔·杰马耶勒的父亲强烈谴责暗杀，称这是××的暴行，并将会导致内战重新爆发。我的同事在现场目睹了葬礼举行。

图2–6　本·布朗出镜进行现场报道

接下来，他引出葬礼现场记者的报道。这位记者用“短片 + 出镜”的方式，对葬礼和整个游行示威的过程以及事件产生的影响进行了报道。从传统意义上看，这已经是一次完整的报道了，不过在这次报道中，它只是本·布朗现场报道内容的一部分（表 2–4、图 2–7）。

表 2–4 葬礼现场记者报道的实录

画面	声音
贝鲁特人游行的空镜头。	（画外音）有时候，宗教、政治、死亡看起来是黎巴嫩人生活的很大一部分。再一次，××广场名字的命名充满了悲伤。人们来纪念这个年轻的政治人物，他是反叙利亚的倡导者，并影响了这个国家，这个星期早些时候他被暗杀，如果暗杀他的人想得到回应，那么今天他们得到了答案。
近景：采访女士。	（女）我们要彼此联合起来，我们需要和平。
近景：采访男士。	（男）我们是黎巴嫩人，我们喜欢黎巴嫩，不喜欢叙利亚，只喜欢黎巴嫩，只有黎巴嫩。
贝鲁特人游行的空镜头和教堂里的葬礼。	（画外音）他的遗体被送到圣·乔治大教堂——带着荣耀，这是人们对一个政治家庭出身的儿子自发的感情。他是个马龙派基督教徒，他的去世给已经存在分歧的这个小国家带来了更多的压力。
中近景：记者2做现场报道。	（记者2）今天涌向贝鲁特大街上的人群的数量显示了这个国家的力量和情感，但是对他们来说，问题是接下来会发生什么？领导者号召人们不要对此事有回应，但是实实在在的愤怒已经产生。
贝鲁特人游行的空镜头和当地的军队部署。	（画外音）至今为止，人们的反应还是特别激动，但是在控制之中，军队在首都街上待命，关于政治危机更坏的说法会是错的吗？

图2–7 本·布朗引出另一位记者的报道

在通过自己的出镜和另一位记者的现场报道完成了对当天事件情况的报道之后，本·布朗接着在贝鲁特直接与叙利亚首都大马士革的一位记者克里斯·莫里斯现场连线，了解与此事直接相关的叙利亚一方的反应。在连线过程中，本·布朗还与莫里斯就这一事件的国际影响进行了深入分析和交流（表 2–5、图 2–8）。

表 2–5　本·布朗与克里斯·莫里斯的连线报道实录

画面	声音
近景：本·布朗（B）在画面正中间做现场报道。	（记者）皮埃尔·杰马耶勒的遗体已经被送到在贝鲁特以东几公里的他的家乡，并在那里下葬。声势浩大的集会刚刚在大教堂举行，那里有演讲和谴责，总统说有些黎巴嫩人烧毁了他的照片，是他离开的时间了。这个事情结束后事态怎么发展呢？我们将采访在叙利亚首都大马士革的记者，克里斯·莫里斯，面对这个也是反叙利亚的街头游行，你认为叙利亚官方的反应是什么？
近景：记者克里斯·莫里斯（C）在画面正中间。 字幕： 左边：BBC World 。 头条 右边： 第一行——贝鲁特葬礼。 第二行——工业部部长周二遭到暗杀。 第三行——滚动消息。	（C）大意：给叙利亚政府带来了很多压力，今天下午叙利亚政府对此有更多的回应，它们否认与此次暗杀有关。黎巴嫩的政治家将矛头指向叙利亚，并声称得到了证据。
本·布朗和记者克里斯·莫里斯分屏。 左边字幕：贝鲁特。 右边字幕：大马士革。	（B）克里斯，有消息称美国和英国都在一定程度上谴责叙利亚和伊朗，来帮助……在这里发生的一切，放在世界格局来看，这会产生什么影响？
近景：记者在画面正中间。 字幕： 左边：BBC World 。 头条 右边： 第一行——贝鲁特葬礼。 第二行——杰马耶勒的遗体被送到乡下的家中——皮埃尔·杰马耶勒是一个反叙利亚的政客——很多黎巴嫩人谴责叙利亚的暗杀行为——叙利亚否认和暗杀事件有关。 第三行——滚动消息。	（C）大意：为什么叙利亚在这个时候做出这种反应，他们感到了国际上大多数人认同一个观点，那就是依据伊朗的实力、黎巴嫩的实力来看，叙利亚一定与此事相关。
本·布朗和记者克里斯·莫里斯分屏。 左边字幕：贝鲁特。 右边字幕：大马士革。	（B）克里斯·莫里斯，非常感谢你对叙利亚方面的报道。

图2-8　本·布朗连线大马士革记者

在连线完成对这一事件的相关反应的分析之后，本·布朗又在现场采访了一位政治分析人士，由她来分析这一事件的政治意义和历史意义（表 2-6、图 2-9）。

表 2-6　政治分析人士接受本·布朗采访的实录

画面	声音
本·布朗（B）在画面正中间做现场报道。	（记者）好的，我们今天看到的这个反叙利亚的大游行，看起来是去年游行的翻版，在黎巴嫩的大臣被暗杀后……有上百万人……军队从黎巴嫩撤出。今天，××谴责叙利亚，并声称：来到这里反叙利亚的，你们正支持一个新的改革，你们是黎巴嫩的大多数。让我们来对黎巴嫩的未来做进一步的分析，××中心的××是一位黎巴嫩政治分析员,来到我们中间，又一反叙利亚的大游行，这么多人上街反对叙利亚，在黎巴嫩历史上的意义是什么?
镜头摇向政治分析家阿马尔·萨德·格拉耶布（A），停在近景。	（A）当然，它有它的政治意义在这里，同时我认为，这也把我们带入了反美游行，同样有重大的意义，现在的问题是，我们去向哪里？与反叙利亚的计划对阵的还有一个反美的计划。 （B）那么对于反美计划，你认为还会有游行来反对这次反叙利亚的游行吗? （A）我不能说这个游行是对反叙利亚游行的回击，因为这个反美游行计划是在今天，无论之前的反叙利亚游行有没有发生，但据我所知，在现在的政治背景下，有很多的声音是反对当地对手的，这样就导致出现了更多敌人。

图2-9　本・布朗在镜前采访政治分析人士

在现场完成对事件的报道和深入分析之后，本・布朗又结合葬礼的进展，对整个报道进行了总结（表 2-7、图 2-10）。

表 2-7　本・布朗作总结报道的文字实录

画面	声音
镜头摇回本・布朗，停在近景。穿插贝鲁特市民游行的镜头。	（B）非常感谢你！皮埃尔・杰马耶勒的棺木已经回到了它的家乡，然后就会下葬。这个日子可以说是一个政治悲剧，同样对他的家庭来说也是一个悲剧，同样对于45岁的皮埃尔・杰马耶勒也是一个悲剧。这个悲剧发生在我身后的教堂里，这就是发自贝鲁特的报道，现在请把信号切回演播室。

图2-10　本・布朗作总结报道

在上面这则直播报道中，BBC 记者本·布朗在现场完成了以前需要在演播室完成的所有内容，出镜、连线、采访、分析，都在现场完成。这样的报道方式已经成为当前世界上主流电视新闻机构经常采用的方式之一。尤其在突发事件报道中，电视台没有机会进行前期策划，这就需要记者具有超前的策划意识，能在现场胜任各式工作，并能与编导、制片等积极配合，实现全面迅速的信息传达。

五、品牌意识

（一）品牌意识的概念

所谓品牌意识就是指一个企业对品牌和品牌建设的基本理念，它是一个企业的品牌价值观、品牌资源观、品牌权益观、品牌竞争观、品牌发展观、品牌战略观和品牌建设观的综合反映，当一个企业非常清楚地知道它的产品和所提供的服务在市场上、在消费者中间的影响力，以及这种影响力所带来的认知度、忠诚度和联想度，并能够采取适当的战略将品牌融入消费者和潜在消费者的生活中时，它也就在一定意义上培育了自己的品牌意识。电视新闻报道的品牌意识指的是媒体以频道本身、栏目或记者主持人为标识建立起的新闻信誉或能力。

下面以凤凰卫视、《南京零距离》、央视新闻频道等为例探讨电视媒体如何构建自己的品牌。

凤凰卫视位于香港，是中国同西方联系的重要枢纽，同时也是东西方文化的交汇处，因此逐渐建立起“以全球华人为收视群”的品牌定位，该媒体大力支持形象策略建设、创新管理建设、人文理念建设，获得了“三名”策略的成功。国内民生新闻节目的开山鼻祖《南京零距离》，将栏目本身打造成了品牌，提出“民生新闻”的理念，在业界得到了广泛认同，并掀起了节目改革的浪潮。节目名称中含有“南京”，其节目内容也是面向江苏省省会南京的，节目以报道南京事、服务南京人、宣传南京城为报道宗旨。央视电视新闻节目，诸如《新闻周刊》（白岩松）、《面对面》（王志）、《小崔说事》（崔永元）、《小丫跑两会》（王小丫）等节目则是以打造记者主持人为节目标识，也都曾在我国电视新闻领域产生巨大影响。很多观众都是认准了节目主持人这一品牌，从而选择某一档节目的。

（二）电视新闻报道实现品牌战略的途径

一般而言，电视媒体可以通过以下途径构建自身的品牌：设定正确、符合需求的品牌定位；创造权威、有说服力的媒体环境；培养忠实、善于反馈的收看群体；进行科学、发展力强的品牌延伸。

与此同时，我们要积极开展品牌的国际化建设，争取形成有国际影响力的媒体品牌。这就要求媒体工作者培养国际意识，积极借鉴国外优秀媒体品牌的发展经验，在立足于我国国情的基础上，创造性地构建有中国特色的媒介品牌。

第三节　电视新闻报道的原则

一、电视新闻的共性规律

1. 及时

新闻事件发生后，要求记者能够迅速介入现场，熟悉现场环境，搜集信息，对新闻事件的来龙去脉和现场情况做出最为快速的报道。随着电视新闻制作能力和报道技术的不断进步和发展，人们对电视新闻及时性的要求也越来越高。

2. 真实

真实性是新闻的生命，对电视新闻来说同样如此。坚持真实性是新闻工作最起码的要求，也是最高要求。新闻必须真实，这是新闻工作的第一信条。它要求媒体能够通过声音画面，完全如实地进行新闻的展现和报道，严防新闻失实。

3. 客观

新闻中“客观性”原则的提出应该归功于美国人塞缪尔·鲍尔斯（Samuel Bowles），他最早提出“独立新闻学”的概念，认为新闻应该在事实（fact）和意见（review）之间划清界限。新闻应该向受众展示最原始的材料，然后让受众自行判断，这正是“客观报道”的中心要求。其他有关坚持客观性的论述，如报道事实而不报道观点。新闻报道不应该掺杂观点和任何偏见。切不可将意见掺杂于新闻之中迷惑读者。只有事实，可成新闻。事实登载后，读者自然自有主张。在环境中赋予每日事件以意义，对其进行真实、全面、睿智的报道。仅仅真实地报道事实是不够的，现在需要报道事实和真相！

客观性就是新闻报道中的每一项具体事实都必须符合客观实际，要求媒体做到不偏不倚，客观公正，重现事实。新闻的客观性原则是指“新闻报道要尊重客观事实，按照事物的本来面目来反映它”①。

4. 公正

政府、社会、大众新闻传播媒体都有责任来共同构建“公正、公平、公开”的舆论平台。坚持真实性，坚持社会责任，坚持公平、公正，这也是媒体树立社会公信力的基本原则。为了实现公正报道，大众新闻传播媒体要摈弃偏见和私欲，创造性地发挥“议程设置”功能，努力促进整个社会的公平。

---

① 余家宏等编写：《新闻学简明词典》，杭州：浙江人民出版社1984年版，第80页。

二、坚持以人为本、坚持“三贴近”原则

坚持“以人为本”是党中央领导集体的重要执政理念，该理念认为，经济社会的发展不仅是物质财富的积累，更重要的是人的价值的实现和全面自由的发展。坚持“以人为本”是新闻报道的出发点和落脚点，主要有以下三个原因：

以人为本是马克思主义新闻观的题中之意。坚持和继承马克思主义新闻观要求新闻工作者树立受众意识，深入群众生活，虚心听取群众意见，并能在同人民群众的交流中获取有利于新闻报道的营养和经验，想人民之所想，报道人民之所需，充分满足群众需求。

以人为本是新闻工作的本质特征。人物是新闻“5W”要素的重要内容，新闻报道的对象离不开具体的人。电视新闻报道不与人紧密联系，脱离群众，是不可能获得群众的认可的。

以人为本是反映现实的必然要求。新闻传播媒体是党和人民的“喉舌”，电视媒体又是新闻报道的主力军。因此，反映现实情况、彰显时代精神、满足人民需要是电视新闻报道的又一重要原则。

坚持“三贴近”原则就是要坚持贴近实际、贴近群众、贴近生活。坚持“三贴近”也是在坚持电视新闻的共性规律，即坚持及时、真实、客观、公正的原则。坚持“三贴近”也是践行“以人为本”的指导思想。

为使新闻报道做到“三贴近”，新闻工作者应该在以下几个方面着力：在工作观念上，树立电视新闻报道要为人民服务的理念，严格按照新闻规律办事；在业务能力上，无论是拍摄、写稿、采访，还是后期编辑制作、报道播出，都要尽力报道党、政府和人民关心的事，做好上传下达工作，践行好电视新闻应承担的沟通党和政府与广大人民群众的纽带工作，发挥正能量；在职业道德上，电视新闻工作者要努力锻造个人意志品质，提升职业道德水准，认真做好新闻自律和新闻他律，完善自己，也监督他人；在考核方式上，要建立起完善、科学、合理的评价体系，真正把“三贴近”原则作为电视新闻节目质量考核的重要标准和主要原则，并且坚定不移地发展开来。

要点小结

1. 我国电视新闻传播语态演变三阶段及语言风格特点：1958 年—20 世纪 80 年代初期：“讲话”阶段——“模仿体”与宣告式；20世纪80年代初—90年代中后期：“说话”阶段——纪实性与说新闻；20 世纪 90 年代末至今：“对话”阶段——交融性与可听性。

2. 电视新闻可听性的提升表现在：电视新闻解说词的优化；电视新闻有声语言传播效果的提升；电视新闻语言感染力的提高。

3. 电视新闻报道的理念体现在时效意识、现场意识、受众意识、策划意识、品牌意识

等五个意识中。

4. 时效意识的实现方式有新闻滚动播出、多视窗连线报道、字幕新闻、新闻现场直播等。

5. 电视新闻报道的原则主要表现为电视新闻的共性规律——及时、真实、客观、公正和坚持以人为本以及“三贴近”原则。

思考与研讨题

1. 如何理解“讲话”“谈话”和“对话”？
2. 我国电视新闻的传播语态经历演变的主要原因都是什么？都是怎样影响的？
3. 结合实例，谈谈如何理解电视新闻可听性的提高？
4. 电视新闻报道理念中的时效意识有哪些具体的实现方式？
5. 试论述直播与现场的关系。
6. 谈一谈当代电视新闻工作者应遵循的报道原则。

延伸阅读

1.〔加〕马歇尔·麦克卢汉：《理解媒介——论人的延伸》，何道宽译，北京：商务印书馆2000年版。

2. 叶子：《现代电视新闻学》，北京：中国广播电视出版社2005年版。

3. 叶子：《电视新闻节目研究》，北京：北京师范大学出版社1999年版。

第三章　电视新闻现场直播

本章要点

电视现场直播的发展　　现场直播的优势及特性

电视直播的技术应用

第一节 电视现场直播的发展

电视观众对直播一点都不陌生，直播是观众司空见惯的一种电视节目形态，包括重大新闻事件的现场直播、各种体育赛事的实况直播，以及文艺表演的现场直播等。直播，在当今的电视节目中已经成为一种主流的节目样态。

那么对于电视节目制作者而言，直播意味着什么呢？仅仅是节目播出方式的改变？或者仅仅是把前方的画面通过卫星信号即时传送到后方？为了真正了解直播对于电视新闻和电视媒体的意义，我们首先从电视现场直播的定义谈起。

一、电视现场直播的定义

关于直播和现场直播的定义有很多，目前常见的有以下几种：

《辞海》中指出，“广播电台或电视台不经过录音、录像，从现场直接采播，称直播”。

《广播电视词典》对直播的界定为“广播电视节目的后期合成、播出同时进行的播出方式”。

《中国应用电视学》认为，现场直播是指“在现场把新闻事实的图像、声音及记者报道、采访等转换为电视信号直接发射的即时播出方式，就新闻事件来说，它既是报道方式也是播出的节目”。

另外，电视新闻研究领域的一些学者也纷纷给出了电视新闻直播的定义：

高世明认为：“新闻直播就是在现场把新闻事实的图像、声音及记者的报道、采访等转化为电视信号直接发射的即时播出方式。”①

孙宝国认为：“电视新闻直播是以现代电子技术为传播手段，以图像、声音、文字等为传播符号，将新闻演播室和（或）新闻现场承载的事实性信息、意见性信息、情感性信息即时同步传递给观众的电视新闻节目形态。”②

张君昌认为：“电视新闻现场直播节目是以新闻现场的多机位拍摄、现场编辑与卫星传播直接相连的现场新闻即时传送为主体，综合背景资料、相关知识介绍、演播室的串联、评述、现场记者采访，以及多个现场之间的交流为一体的电视新闻节目形态。”③

欧阳宏生认为：“电视新闻现场直播就是以新闻现场的多机位拍摄、现场编辑与卫星传播直接相连的现场新闻即时传送为主体，是集综合背景资料，介绍相关知识，串联演播

① 高世明：《实用电视新闻》，北京：中国广播电视出版社 2000 年版，第 516 页。
② 孙宝国：《中国电视新闻节目形态研究》，北京：新华出版社 2008 年版，第 193 页。
③ 张君昌：《超媒体时代——新世纪电子传媒经营与创新》，北京：新华出版社 2003 年版，第 177 页。

室，评述新闻事实，现场记者采访及多个现场之间的交流为一体的综合报道系统。”①

由此可以看出，电视现场直播既是一种常用的、运用电视技术进行报道的方式，又是一种特殊的电视节目形态。它的主要特点是时间的同一性和叙事的同步性。然而，这样的概念仍不能准确地定义电视现场直播，于是便有了这些年来一直困扰中国电视新闻界的一个话题：真直播与假直播。

如今我国绝大多数电视台都有自己的新闻中心，他们大都号称自己制作的新闻节目是直播状态的。这些新闻节目在播出时，主播首先说的一句话都是：“这里是正在直播的XX新闻，欢迎收看”。其中，最具代表性的节目要算每天晚上7点在全国各卫星频道和央视新闻频道播出的《新闻联播》。

无论在观众中的口碑如何，毫无疑问，《新闻联播》是中国受众最多、收视率最高、最具权威性也最有影响力的电视新闻栏目。由于这档节目在中国电视新闻业中的特殊地位，其丝毫的改动都能得到业界的重视，被视为业界发展的风向标。比如这几年节目改版过程中主持人的年轻化，就被视作其更“亲民”的标志。

而这档老牌的电视节目在这些年里更加重要的改革之一，就是将节目的播出形式由以前的录播改为现在的直播。那么，这档节目的“直播”是“真直播”吗？

我们以2008年5月29日《新闻联播》播出的一条新闻《各地齐心协力发展经济，以实际行动抗震救灾》为例，分析什么是“真直播”（表3–1）。

表3–1　《新闻联播》2009年5月29日《各地齐心协力发展经济，以实际行动抗震救灾》新闻实录

画面	声音
演播室。	（主持人郭志坚）一手抓抗震救灾，一手抓经济建设。全国各地正以百倍的努力投入经济生产中，力争把地震造成的损失减少到最小。
现场报道：记者刘茁野的中景。	（记者刘茁野）这里是青岛港四期工程的施工现场。在这里我们看到，从上海订购的4台集装箱吊车已经运到了这里，很快它们就将被陆陆续续卸下来，安装在这几条已经铺好的轨道上，投入生产。
记者采访青岛港建设指挥部指挥苏建光，背景是四台桥吊的中景。	（苏建光）这4台桥吊是当前世界最大的也是最先进的桥吊，他们起吊的能力达到100吨，可以同时吊起4个集装箱。 这些设备的安装意味着四期工程将提前一年完工。工程建成后，青岛港集装箱吞吐能力将翻两番，而在四期工程对面的集装箱码头上，今天有300多部装卸机械和400名职工投入到紧张的装卸作业中，创下日装卸新纪录。
记者采访青岛港职工边清河的中景。	（边清河）我们多抢运一吨物资，就是对灾区人民多一分支持。

① 欧阳宏生等：《电视文化学》，成都：四川大学出版社2006年版，第249页。

续表

画面	声音
记者采访： 青岛港职工国立生。	（国立生）虽然我们不能人人都到一线去参加救灾，但是我们觉得在自己的岗位上干好自己的本职工作，就是对国家最大的贡献。 在各地努力发展经济支持灾区的同时，灾区企业也不等不靠，加紧恢复生产。
记者出镜报道，背景是汽轮机的近景和特写。	（王威）我现在身处一个汽轮机的低压模块当中，这个重达250吨的大家伙是由东方汽轮机厂为大亚湾核电站生产的，东方汽轮机厂受地震影响，曾经一度停工，复工之后，他们加班加点工作。这套设备目前已经进入最后的总装阶段，即将于10天之后发运。 东方汽轮机厂是我国最大的电力设备生产企业之一，在地震中受损严重，经过全力抢修，其位于德阳市市区的车间已大部分恢复生产，而在汉旺基地，工人们正冒雨把受损厂房中的设备抢运到德阳临时租借的厂房里，陆续开始生产。
记者采访： 东方汽轮机厂总经理张志英。	（张志英）我们在德阳的风力发电、我们的核电、我们的百万机组，包括我们的燃气轮机，都已经全部开工了。
记者采访： 东方汽轮机厂职工夏宇。	（夏宇）能早一日投产，早一日恢复正常生产，我们也就早一天迎来我们美好的生活，正常的生活。 在都江堰市的科技园区，40多家企业中已有14家基本恢复了生产。
记者采访： 宁洒机床附件有限公司总经理江新。	（江新）（这次灾害）政府给我们解决了很大困难，但是如果一味地依靠政府，那还要我们这些人做什么？所以我们必须要生产自救。

这是一条关于抗震救灾的组合式新闻报道，在这则新闻中，演播室的主播明显处于直播状态，但除此之外的内容都是录播的。尽管节目中记者在新闻事发地做了出镜报道，但观众一眼就能看出这个“现场”并不是直播中的现场，而是在节目录制时候的现场。那么，这种“演播室直播 + 节目录播”的状态能够被称作“直播”吗？显然不能，这种状态只能被称作“演播室直播”。

那么，什么样的节目能够称得上是真正的“直播”呢？我们再来看看江苏电视台城市频道节目《绝对现场》在 2010 年 3 月 2 日播出的新闻《关注无锡地铁施工》。

《绝对现场》是江苏电视台城市频道的著名民生新闻栏目《南京零距离》的一个子栏目。从栏目的名称上就可以看出它主打的是“现场直播”。下面我们以这个新闻报道为例来看看这个栏目的“直播”与之前《新闻联播》的“直播”有什么区别（表 3–2）。

表 3-2 《绝对现场》2010 年 3 月 2 日《关注无锡地铁施工》新闻实录

画面	声音
演播室。	（主持人周瑾）刚刚我们的卫星信号不太稳定，接下来我们继续连线正在无锡的记者张倩，来了解一下无锡地铁施工的出行情况。
分屏： “演播室”在左，“无锡地铁施工现场”在右。	（主持人周瑾）张倩，你好。 （记者张倩）周瑾，你好。现在我们所在的位置就是无锡的商业中心三阳广场。
画面切至无锡地铁施工现场。 摇镜头，镜头从人民路摇至嵩山路。 摇镜头，摇回人民路，记者入镜。 切至路面情况。	（记者张倩）从昨天开始，地铁一号线就是在我身后的这条主干道——人民路上进行了全幅路面的完全封闭施工。同时，和人民路同时进入封闭状态的还有和人民路十字交叉的另外一条主干道——嵩山路。那么这两条分别是东西、南北走向的主干道进入封闭状态，几乎是将整个无锡市中心的商业区都包含在内。那么这除了对交通造成一定的压力之外，很多商家也受到了不小的影响。我们可以来看一下这两天我们了解到的情况。
稍早前画面： 崇安寺商业街外貌。 切至崇安寺商业街内部全景。 商业街广场中景。 切至路面的地铁施工现场。 工人砌砖的近景。	（记者张倩）现在我们是在无锡的崇安寺商业街，本来崇安寺商业街是整个无锡地区非常繁华的商业中心，可是今天在晚饭的时间段，在我身后的这个商业区的广场非常地冷清，和以前完全不一样。 而我们了解到这样的情况和从今天开始的整个无锡地区的地铁一号线施工有关，眼前的人民路是一条主干道，可是从今天开始，整条人民路实行全面的封闭状态，机动车辆已经完全不能够通行，所以这多少影响到了整个商业区的经营状况。
稍早前画面： 围栏区域内商家近景。 摇镜头：摇向该商家周围其他商铺以及围栏。 切至商业街内部全景。	（商家）非常大，我觉得。像以前一天（像那两天）至少、至少一天可以做到三四百。今天我才做到40多块钱。（笑）一般逛这里的人，那边有个15路车嘛，（人家）很多车就是不通了，人家不愿意来这里。 没想过，也没听他们说什么，只想到把它转让拉倒。
稍早前画面： 围栏区域内另一商家中近景。	（商家）因为这边都围起来了嘛，里面就是有些人可能不愿意走进来。（就可能会去）就是那边其他商场，可能就是像八佰伴（商场名）那边没有围住的地方。这个反正看老板的决定，我们就是来多少人做多少生意。
稍早前画面： 崇安寺商业街外，临近马路，记者入镜报道。 切至施工围栏中景。 切至施工围栏特写，有“地铁一号线 前期改迁工程”字样。 切至施工路面。	（记者张倩）据我们了解，无锡地铁一号线施工工程将会持续十个月的时间，也就是说整个这条路段，公交改道以及人流量减少的情况也会持续到今年年底。 那么大小商家目前为止，给他们所带来的损失只能是自己承担，他们也希望有关部门能够考虑到这样的情况，为他们提供一些扶持政策。

续表

画面	声音
切到现场全景。 切至记者出镜报道的中近景。 切至路面车辆、行人以及协调交警的中景。 摇镜头，摇到记者入镜。 切至路面围栏特写，有“前方施工 车辆绕行”字样。 切至记者现场报道的中近景。 摇镜头，摇到记者出镜报道的中景。	（记者张倩）那么虽然说地铁一号线施工的这种全封闭状态为我们的市民出行以及很多商家的经营造成不小的冲击，但是我们发现，在整个无锡地区很多部门还是在极力地将这种给市民带来的不便程度降到最低。比如说现在已经到了一个晚高峰的时间段，但是在这个市中心区域，很多车辆已经在解放环内路内，在很多路口和节点，在我们交警部门增派警力的协调和引导下，已经分流了出去。虽说现在在这个时间段，整个市中心广场区并没有出现很多车辆拥挤的情况。而对于商家来说，虽然说这段时间地铁施工可能会对经营造成一定的损失，但是当地铁正式建成通车以后，肯定也会给他们带来更多的商机，以前的一些损失都是能够补回来的。而我们也了解到，这样的施工状态要持续到今年的年底，在这段时间内，很多的便民措施，比如说围绕着市中心的摆渡巴士和我们的这些便民引导员，都会为我们的市民提供很多的方便。而我们的市民在进出这个主城区的时候也可以了解一下一些公交改道的信息，方便自己的出行。那么，我们现场了解到的情况就是这样。

这是一条关于无锡市中心地铁一号线施工的新闻报道。在这则新闻中，除了演播室的主播是直播状态以外，其他的内容都是在演播室与记者的连线中报道给观众的。而在不同的报道环节中，也清楚标明了是“卫星连线”还是“稍早前录影”。与上面《新闻联播》的报道相比，这则新闻好像只多了一个演播室与现场记者连线的环节，其他部分都是一样的，而且其中最核心的内容——工人在现场施工、商家的经营受到地铁施工的影响等都是“稍早前录影”，在播出的时候已经是录播了。但记者在冷清的商业街广场报道，采访生意惨淡的商铺店家的景象给人强烈的现场感。这种“演播室直播＋现场连线报道＋录制内容”的节目形态就跟《新闻联播》的“直播”状态不一样了，这样的电视新闻可以被称作是真正的直播了。

通过上面两则新闻的对比，我们对什么是真正的直播应该更加清楚了。一般而言，真正的直播由这样几个要素组成：

第一，有现场才叫直播。现场是直播的第一生命，它具备吸引观众的核心力量。直播的过程中必须要有来自事件发生现场的实时信息，无论这种信息是正在发生的事件过程，还是记者站在事发地点进行的连线报道。

这里需要对“现场”这个概念涉及的两种状态做一点区分。有人可能会说，在上面《绝对现场》的例子中，记者与演播室进行“卫星连线”时，事件已经结束了，这种报道也不能算是真正意义上的直播了。如果从绝对的、狭隘的角度来看，这种说法是正确的，但在电视新闻的实际操作过程中，对于不同的新闻事件而言，“现场”这个概念有着不同的内涵。按照电视新闻报道的实际过程来说，它可以分成两个方面：一个是事件正在发生的“现场”，这种“现场”是观众最想看到的，也是电视记者最需要去呈现的；另一个则是进入报道过程中的现场，意味着记者站在事发地点进行报道的“现场”。因此，上述《绝对现场》的例子中的“现场”就属于后者，也就能被视为现场直播。

有的事件持续时间很长，记者就有充分的时间赶到现场，在镜头前对事态进行实时的直播报道，这对于记者来说是最理想的情况。比如“9・11”事件发生之后，BBC 的记者站在曼哈顿的河对岸，背景就是正在冒着浓浓黑烟的世贸大楼，这就是非常典型的直播报道。但是，也有很多突发事件的持续时间很短，记者赶到时事件已经结束了，这时记者所能够利用的“现场”，就只能是站在事发地点进行连线的直播报道。

其实大多数电视新闻的直播报道都只能是后者。由于事件发生总是在前，新闻报道总是在后，所以很多时候记者赶到事发地点时，最重要的新闻事件过程已经结束了，记者能做的只是在事发地点与演播室实时连线。这是新闻报道的遗憾，也对记者提出了挑战。这要求记者在第一时间赶到现场，并能根据事件的具体情况进行灵活的调整，尽可能使自己的报道更加具有现场感。

第二，有连线才叫直播。看起来好像非常简单的连线，对于电视新闻直播节目的效果却会产生非常重要的影响，它是节目获得“现场感”的重要环节，也是电视新闻节目直播日常化的关键环节。连线报道这种形式将后方（演播室）与前方（新闻事件现场）联系起来，使得观众产生了同时共享异地信息的强烈感受。

对于观众而言，“直播”的核心内涵就在于“异地同时的信息共享”。直播将电视新闻报道的时效性发挥到极致，即在最短的时间内向观众报道事件的直观信息。

在这里需要指出的是，时效性其实并不是一个单纯的时间概念，而是一个速度概念，是空间与时间的比值，空间为分子，时间为分母，空间相隔越大，时间相隔越小，时效性就越强，因此，时效性最终的诉求是要让信息在短时间内跨越空间。从节目形式上看，正是连线报道这种方式让“时效”和“速度”可观可感。上述两个电视报道在节目形式方面最大的不同点，其实就是《绝对现场》有演播室与现场的卫星连线，《新闻联播》则没有。

第三，演播室直播不同于现场直播。仅仅是演播室播报的环节处于直播状态，这样的电视新闻节目还不具备直播的真正内涵，它只能被看作是我国电视新闻节目向真正的直播迈进过程中的一种过渡形态。

以《新闻联播》为代表，在我国电视新闻业界广泛存在的“演播室直播”现象也是一种中国特色。这种现象的背后有着多方面的复杂原因，不是简简单单的一个“假直播”就可以概括的。从客观上说，央视从 1997 年香港回归直播报道以来，在重大新闻事件的直播报道方面逐渐成熟，但对于突发事件的日常直播却一直难以突破，原因在于央视在各地方的力量薄弱，除非发生影响全国的重大事件，否则事发之后从北京总部派记者赶过去进行直播报道并不现实。

另一方面，央视的新闻节目覆盖率高、影响力大，尤以《新闻联播》为甚，中央电视台在日常新闻直播方面就会非常谨慎。同时我国的新闻宣传制度又是直接管理的方式，事件发生之后要等报上级管理部门批复，一来二去，也就错失了直播的时机。

在种种因素的制约下，尽管我们明知直播是电视新闻报道的大势所趋，但也只能"从实际出发"，让演播室等一个个环节先行"练兵"而不是"实战"，让可能改变的环节先做准备，为日后实现全方位的直播化改革打下基础。而自从2008年汶川地震后，央视就推进了日常新闻的直播化运作，应该说这也是建立在之前多年"练兵"基础之上的。

通过对"真直播"与"假直播"的探讨，我们对"现场""直播"的基本定义应该更加清楚了，明白了真正的直播意味着什么。不过，这还只是对于电视现场直播的定义的解答。对于中国电视新闻业和电视新闻节目制作者而言，直播显然还具有更多意义，它是彻头彻尾、翻天覆地的全方位改变。

二、电视现场直播的发展

（一）电视现场直播在美国的发展

1. 最早的直播

最早的电视直播画面可以追溯到20世纪20年代，是苏格兰发明家约翰·L·贝尔德（John L. Baird）于1926年1月16日在伦敦主持的。图像从一个房间被传送到了另一个房间，虽然图像很暗而且常常模糊不清，但是已足以让人在一个只有几平方英寸的屏幕上看到。两年后，贝尔德利用短波波段，把一位妇女的图像从伦敦传送到纽约州的哈茨代尔，此外他还把一些图像传送到了1,000英里外的海洋上的一艘远洋班轮上。1932年，贝尔德在伦敦一家电影院把英国德比市赛马活动的电视画面投放在大银幕上，当时有4,000多人观看。[①]这可以被视为最早的直播。1936年11月2日，BBC创建了世界上第一座电视台，并开始正式播出电视节目。

2. 美国电视直播发展的初期

第二次世界大战结束后，随着广播电视传播技术的发展和政府管理政策的放宽，电视迎来了其发展史上的第一个黄金时期，并且从那时起颠覆了广播在第二次世界大战中形成的传播优势地位。由于受战争影响较小，美国当时在电视技术方面有着相对的领先优势。1941年4月30日，美国联邦通讯委员会同意采纳扫描线可达525行的NTSC电子电视系统。与此同时，电视技术发展突飞猛进，电视领域的竞争态势也逐渐形成，各大电视网为了在竞争中立于不败之地，殚精竭虑，在电视节目的样态与表现形式方面不断推陈出新，电视媒介发布信息和提供娱乐的两大功能在这一时期正式得到确认。

1960年9月26日，8,500多万美国人在电视上看到了肯尼迪与尼克松的竞选辩论。

① 〔美〕迈克尔·埃默里等：《美国新闻史：大众传播媒介解释史》，展江译，北京：中国人民大学出版社2004年版，第413页。

其中，首场辩论由CBS的新闻记者霍华德·史密斯（Howard Smith）主持，美国三大电视网（CBS、NBS、ABC）进行了现场直播。最终肯尼迪以118,550张选票领先并取得最后的胜利，肯尼迪也因而被称为美国史上的首位“电视总统”。除此之外，电视辩论还开创了电视与广播现场直播总统记者招待会的先例。

20世纪50年代末60年代初，以美国为代表的西方发达国家就已经开始了电视新闻直播。第二次世界大战以后，在肯尼迪遇刺案、人类首次登月、越南战争等一系列重大新闻事件中，美国各家电视网提供的新闻直播都令观众难以忘怀，成为美国乃至全球观众共同的时代记忆。在这些新闻事件中，肯尼迪遇刺案的直播影响了电视直播历史。

1963年11月22日，肯尼迪在达拉斯遇刺，事发之后的10分钟之内，美国三大电视网全部中止了正在播出的游戏和肥皂剧节目，开始对这一突发事件进行直播。CBS的资深记者沃尔特·克朗凯特（Walter Cronkite）表情严肃地出现在电视屏幕上，向全国通报了总统遇刺的消息，成为那个年代的新闻经典，在达拉斯现场抢发这条新闻的年轻记者丹·拉瑟（Dan Rather），后来也成为CBS知名的主持人之一。[①] 在对肯尼迪遇刺案进行直播报道的过程中，电视新闻在传播时效性和影响力上均明显超过了报纸和广播，从而确立了对这两大传统媒体的竞争优势。

1963年11月24日，也就是肯尼迪总统遇刺的第三天，美国三大电视网都在国会圆形大厅前对此次事件进行了直播。12时30分，被指控暗杀肯尼迪总统的李·哈维·奥斯瓦德（Lee Harvey Oswald）从达拉斯警察局被送往县监狱，于是NBC决定立刻转向达拉斯，并安排记者汤姆·佩蒂特（Tom Pettit）在距离疑犯仅几英尺的地方进行现场报道。然而，一位名为杰克·鲁比（Jack Ruby）的某夜总会老板忽然挤进人群、穿过众记者与警察，向奥斯瓦德开了一枪，这是有史以来电视上第一次直播的谋杀。CBS和ABC都将这段影像录制了下来，三大电视网在当天都将其在电视上反复进行了播放。[②]

无论在政策方面还是在机遇方面，人们都有理由相信，20世纪五六十年代美国电视新闻直播正赶上了天时、地利、人和的发展时期，而事实上他们也恰到好处地抓住了这个时机——当时还处在“少年”时代的电视新闻在短短的几年间迅速提升了公信力和影响力，而这一页历史在以后的数十年间仍在被不断续写着。

3. 美国电视直播走向成熟

真正带领全球电视新闻直播走向成熟的是CNN，这家媒体的崛起改变了电视新闻的历史，使得电视新闻的报道和传播方式发生了根本性的变化。CNN开播于1980年6月，是美国第一个只播放新闻的频道，创立之初只有200万家庭看得到。当时的批评人士认为，美国观众对24小时的新闻频道不会感兴趣，他们给CNN起了一些充满嘲笑意味的名字，

---

① 王纬主编：《镜头里的“第四势力”》，北京：北京广播学院出版社1999年版，第17页。

② 〔美〕迈克尔·埃默里等：《美国新闻史：大众传播媒介解释史》，展江译，北京：中国人民大学出版社2004年版，第507页。

如“视觉墙纸”或“鸡汤面频道”。但 20 年以后，CNN 已经成为在全球电视新闻版图中举足轻重的媒体，全世界有 20 亿人可以看到它的节目。

1991 年对海湾战争的直播报道让全世界对 CNN 刮目相看。在美国展开对伊拉克的军事行动之后，CNN 第一个发出现场报道并连续 17 个小时直播了巴格达遭空袭的画面，其收视率一举打败了三大传统电视网；而在平时，其收视率很难达到三大电视网的十分之一。《华尔街日报》报道说，由于 CNN 报道海湾战况既迅速又充分，它的收视人数激增，在欧洲的收视率从 15% 飙升至 85%，成为与美国三大广播公司并列的第四位电视传媒巨人。

CNN 的崛起彻底改变了电视新闻的传播模式，从此，直播成为电视新闻的主要呈现方式，也成为各大电视新闻媒体竞争的焦点。CNN 的成功催生了一批 24 小时新闻频道的诞生，英国天空新闻频道（1989 年）、BBC 世界新闻频道（1995 年）和半岛电视台（1996 年）等纷纷建立，欲与 CNN 一争高下。在 20 世纪八九十年代的西方，各主要媒体都开始了在电视新闻直播领域下的竞争。即使是后来崛起的半岛电视台，也是在直播技术与直播模式的直接推动下，在卡塔尔这一中东小国成长为影响全球的媒体巨人。

半岛电视台成立于 1996 年，在短短的几年时间里迅速成长为阿拉伯世界和全球范围内重要的电视新闻媒体。在“9·11”事件之后的阿富汗战争中，半岛电视台几乎垄断了人们最关心的有关这场战争的讯息，这家媒体自身也成为全球关注的焦点，被称为“海湾的 CNN”“阿拉伯的 BBC”。

而早已誉满全球的 CNN 在阿富汗战争期间却深陷美国的官方舆论中不能自拔，在这次战争的新闻报道上完全败给了半岛电视台。在之后的伊拉克战争等重大国际事件中，半岛电视台因其提供的新闻报道而备受关注，成为世界电视新闻版图中的重要一块，开始与 CNN、BBC 平起平坐，成为国际电视新闻内容的重要提供者。

半岛电视台的成功，除了其所处位置的地理优势和它能够提供一些特殊的内容（如本·拉登的录影带）等因素之外，其直播手段同样是不可或缺的重要因素。有学者在分析其成功经验时曾谈到，“半岛电视台以快速播送全球各地的即时新闻和组织主题尖锐的国际政治辩论为主，它的特点是时效性非常强，节目覆盖面广，坚持放眼全球的原则，以互动性极强的直播节目吸引观众参与”①。

无论是早已成名的 CNN，还是新近崛起的半岛电视台，都让我们看到，近半个世纪以来，直播的加强是电视新闻传播实践领域最重要的变化之一，它深刻地改变了世界电视新闻业的竞争格局、盈利模式和发展方向。

（二）电视现场直播在我国的发展

与媒介发达国家相比，中国电视新闻业对直播技术的应用相对较晚，但即便如此，直播已经令中国电视新闻业产生了翻天覆地的改变。除了制作技术和节目形态上的明显改变

① 苏克军，赵彬：《小国家 大媒体》，载《读书》2003 年第 5 期。

外，直播给中国电视新闻业带来的更深刻的变化在于传播“语态”的嬗变以及传播“范式”的升级。当我们回望中国电视新闻业半个多世纪以来的发展轨迹时，就能更清楚地了解这种“语态”和“范式”的变化。

1958 年 5 月 1 日，我国第一座电视台——北京电视台（也就是现在央视的前身）开始试播。半个世纪以来，中国电视现场直播作为一种特殊的节目形态，在中国电视新闻业中占据着越来越重要的位置。其中，作为中国电视媒体的龙头，央视一直非常明确地将直播作为新闻改革的方向和主轴。与地方电视台的以民生题材为主的新闻直播不同，央视的直播更多地集中在重大事件领域，也就具有了绝对的权威性。

从中国的经济发展、政治体制、文化环境等社会因素带来的影响，以及传播“语态”和传播“范式”发生的转变来看，中国电视现场直播从 1958 年开始至今，可以简要地划分为三个重要发展阶段。

1. 萌芽时期

1958 年至 20 世纪 80 年代为电视现场直播的萌芽阶段。

首先，从外部的社会因素来看，当时中国经济不太景气，加之“文化大革命”的影响和冲击，我国的舆论环境较为封闭，电视技术也受到很大限制，直播几乎只在演播室中进行。其次，从传播方式和传播语态来看，此阶段的电视新闻主要是“上传下达”，电视新闻节目的口吻也是高高在上。电视新闻主要是“宣传品”，其新闻属性和媒体特性都还未真正展现出来。

因此，萌芽时期的电视现场直播是“原始的直播”，基本以重要的体育竞技、文艺晚会、会议进程为主，新闻类直播节目数量极少。1958 年 10 月 1 日，国家庆典活动的实况转播是第一次新闻现场直播，[①] 但直至 1973 年美国总统尼克松访华，我国才租用了外国卫星进行电视直播，这才是真正意义上的电视新闻现场直播。

2. 探索时期

20 世纪 80 年代至 20 世纪 90 年代初期为电视现场直播的探索时期。

由于改革开放不断推进，中国社会发生了翻天覆地的变化。我国的经济、政治、文化等领域都得到了较大的发展，社会环境的改变也带来了宽松的舆论环境，中国的电视工作者正是在这样的环境中开始探索属于中国的电视现场直播的新道路。

1981 年，我国开始对在北京举行的国际马拉松比赛进行直播。

1983 年，春节晚会的播出形式从提前录制并制作的方式改为除夕夜当天进行现场实况转播的方式进行直播。

1984 年 10 月 1 日，为庆祝中华人民共和国成立 35 周年，首都人民在天安门广场举行了盛大的阅兵式、群众游行和焰火联欢晚会。央视全力以赴，出动了 200 多人，动用 5 辆转播车、23 套摄像机、14 套微波设备，采用二级导播方式，利用微波干线和卫星全国直

① 叶子：《电视新闻：与事件同步》，北京：北京师范大学出版社 2007 年版，第 13 页。

播庆典实况，并通过印度洋、太平洋、大西洋上空的国际通信卫星向世界传送阅兵式和群众游行的实况。①

1985 年 3 月，央视首次对六届全国人大三次会议开幕式的实况进行了同步直播报道，1988 年，央视不仅对七届全国人大一次会议和全国政协七届一次会议的开幕式分别进行了现场直播，而且还首次对会议期间的四次记者招待会进行了现场直播报道。这是我国媒体首次对“两会”内部进程的直播，也为全国观众了解国家领导人提供了窗口，满足了观众的知情权。

1992 年，央视对党代会新的中共中央政治局常委与中外记者见面的活动进行了直播，这场直播具有里程碑式的意义。央视的现场直播与中国重大事件的同步，使得党和国家领导人与观众的距离大大缩短，也为现场直播未来更广阔的发展奠定了坚实的基础。

3. 繁荣时期

20 世纪 90 年代至今，我国电视现场直播进入新的发展时期。进入 20 世纪 90 年代后，电视新闻直播进一步延伸到了更广阔的领域，我国的电视改革也已经步入了一个相对成熟的时期。20 世纪末 21 世纪初，一系列电视新闻现场直播节目的推出充分说明了我国的电视新闻事业走向了一个繁荣的阶段，迎来了一个收获的季节。②

其中，最具标志性的年份是 1997 年。这一年，央视先后进行了 6 次大规模的直播活动，分别为：3 月 9 日“日全食——彗星天象奇观”直播、3 月 18 日“南昆铁路全线铺通”直播、4 月 24 日“中、俄、哈、吉、塔五国边境裁军协定签字仪式”直播、6 月 30 日至 7 月 3 日“香港回归”直播、10 月 28 日“黄河小浪底水利枢纽工程截流合龙”直播，以及 11 月 8 日“三峡工程大江截流”直播。以这一系列大型直播节目为标志，中国的电视新闻直播开始活跃起来，这一年也因重大事件直播的频繁出现而被称作中国电视的“直播年”。

在 1997 年央视的 6 次重大直播中，“香港回归”直播报道最具代表性。央视对此进行了 72 小时的连续直播，创造了我国电视新闻直播时长上的一个新纪录。整个直播对香港回归进行了持续性的综合报道，实现了以主会场为载体、事件背景和新闻“故事”为支撑的直播新形式，使央视的直播报道迈上了一个新的台阶。

尽管这次直播过程留下了不少缺憾，但央视为这次规模空前的“香港回归”直播所做的技术准备，使其迅速迈入世界电视技术最高水平的行列。在央视为“香港回归”直播购置的一系列设备中，最核心的是两台 8 讯道的大型地面移动卫星上行站，而在央视拥有这两台设备之前，世界上同样的设备一共只有 9 台。央视香港回归直播的内容组织虽然还与世界一流水准有一定的差距，但从此中国的电视观众对重大事件发生时的电视新闻直播开始有了期待，这种期待也成为此后中国电视新闻直播发展的强大动力。

---

① 参见孙宝国：《中国电视新闻节目形态研究》，北京：新华出版社 2008 年版，第 125 页。

② 参见陈博：《寻求电视新闻直播的可持续发展之路》，载《当代电视》2006 年第 11 期。

1997年以后，中国电视新闻业开始进入直播发展的时期，直播逐渐成为重大事件发生时新闻报道的常态。1999年，堪称经典的50周年国庆盛大阅兵式的直播报道；1999年12月19日，“澳门回归”连续48小时的直播报道；进入21世纪后，共迎千禧年、伊拉克战争、珠峰登顶、神舟飞船升空、春节两岸包机直航、连战大陆行、汶川地震、北京奥运会开幕式直播报道等纷纷与观众见面。

2003年5月1日，央视新闻频道试播，这一年，央视新闻频道直播报道累计达到了700个小时，比前一年全年的新闻直播60多个小时增加了10多倍。在2003年伊拉克战争打响时，央视反应迅速，立即开始了多个频道的联合直播。伊拉克战争爆发于北京时间2003年3月20日10时33分，央视第四套节目在10时41分40秒就开始直播，报道时间只比CNN晚了不到1分钟，比香港凤凰卫视则快了1分钟，一举拔得华语电视媒体报道伊拉克战争的头筹。央视一套也于10点43分19秒开设了战事直播窗口，甚至一反常规，破天荒地取消了当天中午的《新闻30分》。

新闻频道的设立和伊拉克战争直播的实践为央视新闻直播的常规化发展创造了条件。央视新闻频道之后的多次改革都以突发事件直播作为主要方向，这种努力直到2008年终于取得实质性的突破，即汶川地震直播。这次突发灾难事件于5月12日14时28分发生后，央视在15点整点新闻中第一次播报了地震发生的消息。15点20分央视一套综合频道和新闻频道中断其他节目的播出，开设“抗震救灾众志成城”大型专题，对地震灾情和全国军民抗震救灾的英勇壮举进行24小时的直播。这次直播不仅创造了中国电视新闻直播的历史纪录，也使得直播成为央视新闻报道的常态。在2009年新闻频道的改革中，其中的一个关键举措便是整合上午9点至12点和下午13点至18点这两个时段，打造出两档时长分别为3小时和5小时的《新闻直播间》。这种调整也是基于新闻频道在汶川地震期间长达568小时的《抗震救灾 众志成城》特大型直播报道的经验制定的。这种大篇幅、长时段的新闻直播有利于灵活调整节目编排，随时插入最新消息，从而更好地体现电视新闻的时效性，并且改变了过去因栏目容量所导致的新闻报道必须有某一固定长度（比如《焦点访谈》的报道必须为13分钟）的条框束缚，形成了由一组新闻来构建新闻深度的新格局。至此，新闻直播真正成为央视新闻报道的常态。

谈到直播的发展，除了央视，凤凰卫视这个特殊的媒体也不得不提。与央视相比，成立于1996年的凤凰卫视可谓资历薄、根基浅，由于凤凰卫视从管理属性上被划为境外媒体，其落地受到限制，节目覆盖的观众数量远低于央视。但是，凤凰卫视利用自己所处的特殊地理位置和政策优势，在一系列国际、国内事件的直播报道中迅速崭露头角。甚至可以这样说，对国际、国内重大事件的直播成就了凤凰卫视。

凤凰卫视在1997年同样对香港回归进行了直播，但真正使凤凰卫视声名远播的是其对“9·11”事件进行的直播报道。2001年9月11日美国东部时间上午9时，两架客机分别撞向纽约的世贸中心。“当时，凤凰卫视中文台与资讯台并机直播的《时事直通车》接近尾声，值班主播吴小莉已经准备结束工作，值班编辑递给她一张纸条，要求她留在主播台，先用口播的方式报道并且配以纽约传来的直播画面，第一时间向观众报道纽约以及华盛顿发生了惊人的恐怖袭击事件，由此揭开了凤凰卫视连续 35 个小时直播‘9 · 11 事件’的序幕”①。在“9 · 11”事件报道过程中，凤凰卫视成了多家华语媒体的报道来源，树立了在全球华语观众中的声誉。“9 · 11”事件的直播对凤凰卫视而言可谓名利双收，在这次直播之后，凤凰卫视的广告总额上涨了 5%。

在这之后的一系列国际、国内突发事件中，凤凰卫视广泛采用了直播的报道方式。阿富汗战争、伊拉克战争、连战大陆行、伊斯兰人质事件等直播令凤凰卫视声名鹊起，赢得了“有大事看凤凰”的口碑，直播也逐渐成为凤凰卫视新闻报道的常态。到 2010 年，凤凰卫视资讯台在一年中就进行了 115 次突发新闻直播和 67 次焦点事件直播，几乎每 3 天就有一次突发新闻直播或焦点直播。

除了央视和像凤凰卫视这样特殊的媒体外，各地方台也在此期间纷纷开设了直播节目。如江苏省广播电视总台城市频道倾力打造的《南京零距离》是一档日播类新闻直播栏目，节目以报道南京、服务南京、宣传南京为宗旨，以“民生新闻”为主打，对地方突发性事件的现场直播也达到了专业水准，真正实现了与电视观众“零距离”。再如安徽广播电视台经济生活频道的大型直播民生新闻资讯栏目《第一时间》。从 2003 年 7 月 28 日开播至今，该栏目一直以最新最快的突发事件和动态消息、实用的生活服务类资讯、广受关注的热点话题，以及日常生活的烦恼琐事为主要内容。为了充分体现“第一时间”这一新闻理念，首先，栏目将演播厅与新闻现场结合起来，随时插入最新的重大新闻和突发事件的报道；其次，在演播室现场开通热线电话、手机短信和网络热线三个通道，与观众即时互动；最后，新闻热线电话 24 小时值班，全天候不间断接听观众反映和提供的报道线索。该栏目以平民化的视角提供本土化的新闻服务，赢得了广泛的赞誉，在当地的收视率一直稳居第一。

从 2006 年到 2009 年，仅用了 3 年的时间，电视现场直播就成了全国各级媒体新闻报道的第一选择。首先，国内很多县级电视台都配置了卫星转播车，就技术而言，卫星连线在多数地区成为一件非常容易实现的事情。其次，为了应对地方电视新闻发展的强势状态，弥补自己在国内新闻直播报道方面的弱势，2008 年 12 月 21 日，央视牵头成立了“中国电视新闻直播联盟”(英文简称为 CSNG)，包括一些县级电视机构在内的全国 50 家电视机构加入其中，成为国内最大的单体电视新闻资源收集与播放平台。由此，国内地方电视台对于支援央视现场直播的积极性大大高于从前。设备的完善和机制的建立都为今天新闻频道现场直播报道的成熟奠定了不可或缺的基础。

经过以上的梳理我们可以看到，无论地方台、央视还是作为境外媒体的凤凰卫视，最

① 何亮亮:《凤凰卫视的新闻运营》，载《电视研究》2011 年第 4 期。

近十多年来都在现场直播方面取得了飞速的发展，它们共同见证着中国电视现场直播日趋成熟，走向繁荣兴旺。

三、电视现场直播的三种形式

通常情况下，电视现场直播有实况转播、现场报道和连线三种形式。“这三种方式在实际操作中经常互相穿插，但根本上是有区别的。由于长期认识不到位，做得也不到位，最常见的错位就是将连线等同于现场报道，把现场报道等同于实况转播”。[①]这几个概念很容易混淆，下面我们通过一些实例将三个概念梳理清楚。

（一）实况转播

实况转播的新闻事件的“发生时间”往往具有唯一性。比较常见的实况转播多以非突发性活动为主，这类活动往往比较重大且在事发前具备一定的知名度。

2008 年 8 月 8 日 20 时，北京第 29 届奥林匹克运动会开幕式在国家体育场隆重举行。从气势恢宏的开幕式到 302 个运动小项的赛事，再到和谐圆满的闭幕式，一场场精彩的实况转播为世界人民带来了强烈的现场感，得到了国际奥委会主席罗格的好评。为取得最佳的直播效果，北京市建立了面积约为 14 万平方米的广播中心，使用了约 60 辆转播车、1,000 余架摄像机，制作了 3,800 小时的奥运公共“原生”信号。若将公共信号上传至卫星，一些不发达国家或地区也能收到公共转播信号，这不仅提高了传播效率也大大节省了费用。

正如奥运会开幕式这类活动，时间是具有唯一性的，因此事情的发展趋势也是未知的，没有人知道下一刻将发生什么，那么对此进行的直播才是真正同步的，才称得上实况转播。

（二）现场报道

现场报道是最常见的直播方式，这类直播方式在时间方面不如实况转播严格，所以直播价值也不及实况转播，最常见的是事故救援。

2015 年 1 月 2 日 13 时 14 分，位于黑龙江省哈尔滨市道外区太古头道街的北方南勋陶瓷大市场的三层仓库起火，过火面积 1.1 万平方米。2015 年 1 月 4 日，央视新闻频道《新闻直播间》对该事故救援过程进行了现场报道（表 3–3）。

① 张鸥：《直播幕后：电视突发直播一线手记》，北京：北京师范大学出版社 2013 年版，第 2 页。

表 3–3 《新闻直播间》2015 年 1 月 4 日对哈尔滨仓库大火现场报道的实录节选

画面	声音
演播室	（主持人）1月2号下午1点多，哈尔滨市北方南勋陶瓷大市场仓库发生火灾。晚上9点多，火场所在居民楼发生大面积坍塌。正在2层救援的消防官兵瞬间被埋。事故造成5名消防官兵牺牲，14人受伤。有关现场的扑救进展，来看本台记者王跃军稍早前发回的报道。
全景：火场所在居民楼的坍塌现场。 中景：切至挖掘机将废墟装入大型车辆。 全景：切至消防官兵清理现场，扑灭残火。 切至挖掘机清理废墟的特写。 镜头从坍塌废墟摇至周围楼体的全景。 全景消防官兵扑灭残火，现场浓烟滚滚。 切至居民楼坍塌现场的全景。	（记者王跃军）从现场，我们现在看不到特别多的消防车辆，看到的大多是这样的挖掘机，在把这边倒塌的楼进行拆破。然后，再看到有这样的一个大型车辆，将这些废墟（这些我们说垃圾吧）清离这个现场。主要目的是什么呢？倒塌之后楼里面有空隙的话，里面的残火就容易死灰复燃。现在的办法就是将这个楼体彻底打碎，把里面能够燃烧的东西压在下面，然后再通过打水把它彻底熄灭。应该说，从整个今天下午到目前的情况来看，取得了相对比较好的效果。所以说（相对来讲），如果比较乐观的话，今天晚上将这场火基本扑灭，应该说还是存在这样的可能的。到现在这么晚，我们注意到（实际上）刚才周围还有很多的人在围观，据我们了解，这些是当地的（就是现在）这些倒塌的楼以及周边的楼的居民。倒塌的（这个地方的）这个楼一共涉及150户，整个这个楼区一共是540户。实事求是来讲，（他们）有的失去了自己的家，有的家（现在）存在着很多不确定性。因为涉及大约2,000余人，所以说（现在）当地针对能够投亲靠友的这些人，每家（如果是三口人的话）每个月要补助2,000元；如果再增加一个人的话，每月再增加500元。对于不能够投亲靠友的，就近由政府来帮助解决住的问题，比如便捷一点的宾馆等等。但是大家（晚上）这么晚来看自己的家，很大的程度上，（是关心）下一步的理赔工作怎么办。我们了解到，（就是）要针对目前这次火灾的真正原因展开全面的调查，得出一个公正的结论，责任究竟在谁。同时要分清所有房产的属性本身之后才能够采取一些措施，进行相应的理赔工作。对于后续的所有问题，我们将继续跟踪报道。

结合上面这则事故救援的现场报道以及实况转播的例子，我们可以发现，两者最大的不同在于，现场报道的核心事件部分是完成时，而实况转播则一定是现在进行时。所以现场报道也需要记者对于现场情况的解读，将自己目击得到的以及提前获取的事件背景等信息尽量详细、生动地传达给观众，从而营造一种现场感和卷入感，实现理想的信息传播效果。

（三）连线

连线是直播的一种特殊方式，它虽然不能为观众展示核心事件的现状，甚至连线的现场也不再是事件发生时或刚刚结束时的现场，但从某种意义上来说，连线依然可以给提供观众一种现场的真实感。

2014年8月3日16时30分，云南省昭通市鲁甸县(北纬27.1度，东经103.3度)发生6.5级地震，震源深度12千米。2014年8月6日，央视新闻频道《东方时空》栏目报道了震区安置点的老人和孩子的情况（表 3–4）。

表 3–4 《东方时空》2014 年 8 月 6 日对云南鲁甸地震现场报道的实录节选

画面	声音
演播室 （主持人背景的屏幕显示云南鲁甸震区地图）。	（主持人张羽）地震发生之后，震区的救援和安置一直在紧张地进行着。今天是震后的第四天，我们将重点关注在灾区的老人和孩子。那么下面就让我们连线前方记者刘庆生，庆生您好。
分屏：“演播室”在左，“云南鲁甸”在右。	（记者刘庆生）您好，张羽。 （主持人张羽）给我们介绍一下你现在是在什么位置，老人和孩子生活的怎么样？
切到地震事发地的全屏。 近景：刘庆生介绍安置点的情况，身后有灾民在走动。 全景：切至稍早前白天拍摄安置点的画面，四处安扎着帐篷。 切至现场跟拍刘庆生的中景。	（记者刘庆生）我现在是在震中一个镇子上最大的受灾群众安置点。那么可以说在这个安置点里头，我们可以看到的（像你刚才提到的），最多的还是老人和孩子。因为在农村，大量的青壮年是外出打工的。所以前两天我们在山上采访的时候，基本上，山上留在家里的也都是老人和孩子。 那么真正从山上转移下来的，在居民点里的，（现在）更多的还是孩子。大家可以看，每个帐篷里面我们刚才都看了一下，基本上都有老人和孩子。 这有一个老爷爷，这个小宝宝才五个月大。我们来看看这边，现在正好已经到了八点多钟，吃过晚饭之后，每家每户已经开始准备睡觉了。而且每个帐篷的孩子（大家可以看），人数都还不少。（看，这有一帮小伙子刚才在商量什么呢？准备商量怎么玩呢。）你看像这个帐篷，（哎哟，这么多人呢）又有老人，又有孩子。
记者在帐篷中采访灾民。	同期声： 记者刘庆生：你们这个帐篷一共住了多少人？ 灾民：5家，5户人，22个。 记者刘庆生：22个人，就这么个帐篷？ 灾民：对呀。 记者刘庆生：有多少孩子呀？ 灾民：有5个孩子。 记者刘庆生：5个小孩，老人呢？ 灾民：两个老人，年龄最大的就是这个老人，60岁左右。 记者刘庆生：那平时，是不是像你们都一般在外头打工啊？没有在家。 灾民：对、对，我们都在昆明打工，没在家。就是这次地震的时候，我们从昆明连夜赶下来的。 记者刘庆生：现在家里的东西都在？ 灾民：（摇头）都被淹没了，都被埋了。 记者刘庆生：那现在在这儿生活安置的情况怎么样？比如说吃，现在吃饭怎么样？ 灾民：吃饭，现在只是说能填饱肚子，有稀粥，有方便面。其他的，今天还没发，水没有了。还有被子，我们的被子不够，最少的，我们每个人要有一条被子。 记者刘庆生：有一些生活上的困难，孩子们情绪怎么样？ 灾民：孩子们还可以，情绪还可以，孩子们没事。 记者刘庆生：老人们呢？ 灾民：（方言）我连住处都没有，一样都没有，我家四口人连住处都没有。

续表

画面	声音
近景：镜头跟随刘庆生到帐篷外的土路中间。 切至稍早前白天拍摄的安置点画面。	（记者刘庆生）其实呢，因为救灾才（可以说是）刚刚开始，就这么几天的时间，（灾民）生活上的困难并没有完全得到解决。这几天在这儿我们也有一种感觉，普遍大人会心焦一些，但是孩子们是最无忧无虑的。在救灾点，我们能看见，小孩们在水塘里玩，看见直升机下来就往直升机上冲，他们还是（对一切）对生活都充满着这种新奇，这还是非常好的一件事情，张羽。
分屏："演播室"在左，"云南鲁甸"在右。	（主持人张羽）好，多谢庆生，来自于安置点的报道。

由上面的例子可以看出，记者可以在白天或在晚上采访老人和孩子，连线直播对于时间的要求并不如前两种方式严谨，也不具备唯一性。在多数情况下，实况转播的内容是现在进行时，现场报道的直播内容是完成时，连线直播的内容则是过去时。记者往往把已经掌握的情况，已经发生的事情，通过连线的方式介绍给观众，而正是因为连线的记者所处的环境是事件现场，或者说比观众更接近现场，所以连线可以算作一种特殊的直播方式。一旦在连线的过程中发生了新的值得报道的内容，那么直播方式便由连线转换为现场报道或者实况转播。实况转播、现场报道和连线的具体区别见下表。

表 3–5　实况转播、现场报道和连线三者之间的区别①

类型	时间属性	事件属性	现场属性	记者价值	直播价值
1.实况转播	特定时间唯一性、共时同步	核心事件正在发生，往往直播呈现事件全过程	现场唯一	记者表述不重要	直播＞现场
2.现场报道	特定时间不唯一、共时同步	核心事件已经发生，只能直播呈现事件的局部	现场不唯一	记者表述比较重要	直播≤现场
3.连线	无特定时间、共时、不同步	核心事件已经发生，只能录播呈现事件的局部	现场可替换	记者表述非常重要	直播＜现场

第二节　电视直播的技术应用

媒体的本质是处理和传播信息，信息科技的本质则是提供快速的资料传输、运算与处理。而在新闻采访与处理的制作流程中，信息科技的特性便是要把新闻时效性发挥到极致。早期通过计算机或传真机的连线，记者可以在报社外直接把新闻稿或图片传回报社。而电视属于影像媒体，因此对其信息质与量的处理更为复杂。电视新闻除了定时播送外，

① 参见张鸥：《直播幕后：电视突发直播一线手记》，北京：北京师范大学出版社 2013 年版，第 6 页。

对于那些24小时的专业新闻频道，电视工作者每天以空运或快递的方式将各区录制的地方新闻提供给卫星电视台。因此，现场直播的新闻报道最大的特性是要以速度终结空间，也就是要通过最快的速度进行传播，使得距离不再是新闻传播的阻碍。

现场直播对于观众来说至少有两层意义：一为实时，即直播内容未经后期制作，真实感远胜于传统新闻；二为现场，并且一定是实时的现场，这样使事件更加靠近观众，两者之间的距离仅在于沙发与电视机之间。

自从科技与媒体结合后，媒介的传播方式也发生了革命性的改变。著名传播学者麦克卢汉（Marshall Mcluhan）数十年前提出的“地球村”的概念，如今看来，这早就实现了。

在电视新闻方面，自SNG（Satellite News Gathering）正式问世以后，地球上任意两点的新闻传递通过两颗卫星即可完成。对新闻时效的掌握，卫星科技是最有效的工具，但科技运用是否得当、直播成败的关键仍在于人的运用方式，也就是说新科技的运用与新闻内涵的进步之间不一定可以画上等号。这项新科技的出现，更被部分观察家评论为一场新闻革命，象征着新闻界迈入了一个新纪元。

SNG即卫星新闻采集，是一套利用卫星传输电视讯号的系统，可以立即将正在发生的新闻传回台内播出，对突发事件能够做到迅速出发采访。

1957年，苏联发射史上第一颗人造卫星(Sputnik1),卫星的历史便由此展开，也因此改变了未来的电视传播技术。1965年国际通信卫星组织委托美国太空总署发射“Intelsat 1”，又名晨鸟卫星(Early Bird)，正式开启了国际商用卫星通信服务。

20世纪70年代，罗克韦尔（Rockwell）公司的两位工程师安格拉·布莱德（AI Bride）和约翰·蒂利（John Tilley）把装设备的小机房及天线放在卡车平台上实验，后来西方电视公司（WTCI）买下该设备后，在1978年8月转播了卡特总统的旅行消息，这是第一个利用卫星新闻车的SNG转播。1980年的世界通信组织（World Communication）将该设备飞上天，该设备包括4.6公尺的天线和两个700瓦行波管放大器，总共11箱4,100磅，要用一部DC-9载运，需要4名技术人员花10个小时设置。SNG的名称是在1980年开始使用的，人们先前称其为卫星ENG(Electronic News Gathering)。ENG即“电子新闻采集”，其最大特点是摄录同步，它可以将记者在新闻现场的采访、报道，直接同步地展示在荧幕上，让观众看到采访过程和新闻现场。1980年4月，CBS用SNG车转播高尔夫球赛，但是因为效果不佳而成为历史，这是第一个可携带型(Flyaway)的SNG。1982年，英国与阿根廷发生马尔维纳斯群岛（英国称“福克兰群岛”）战争时，英军首先利用这一技术传回了现场画面。

1984年Ku频的车载型SNG问世，因为它利用一个转频器传送两个以上的载波，所以会产生互调噪声而使信号噪声比降低。对新闻来说，这倒是可以接受的，但是对长时间的体育及娱乐节目而言，大多数的电视工作者无法接受。现在电视工作者运用了讯号压缩的新技术，使SNG可以用在大型晚会或体育竞赛的转播上。

然而SNG技术真正受到世人瞩目，是在1990年海湾战争期间，CNN将战争画面实时传送到全球观众面前，创造了新闻直播史上的新纪录，这突显了 SNG 技术对现场直播的重要性，该技术成为日后新闻直播广泛运用的技术形式。

现场直播是电视新闻最具魅力和影响力的形态，也是当今新闻频道最重要的构成部分。CNN 在 1980 年开播时，美国电视界质疑怎么可能找到塞满 24 小时的新闻，除非拿些鸡毛蒜皮的小事来填充。CNN 创始人特纳（Ted Turner）认为，电视是一般民众获取新闻和信息的主要来源，通信卫星技术加快了新闻的传送速度，这使他坚信一个全新的新闻网绝对有市场。CNN 一开播，就接连不断地报道重大新闻，一次次打响了 CNN 的名号。其迅速崛起正说明了要建立传媒的公信力与品牌，最快的方式就是“抢”新闻——可遇不可求的震撼性独家报道和大量的实时现场报道。这也是 CNN 大量采用现场直播的主要原因。观众观看 CNN 新闻台节目时，印象最深的莫过于荧幕上不时打出的“LIVE”字样，表明此时看到的是来自全球各地的 CNN 记者发回来的实时现场报道。

2001 年 9 月 11 日，美国纽约世贸大厦遭到恐怖分子袭击时，美国和各国、各地区的电视新闻台几乎全部中断正常播放，同时进入了对此事件的连续直播报道，“LIVE”字样频现。香港凤凰卫视因对此进行了 36 个小时的直播而大出风头，它的现场直播采用的是美国福克斯（FOX）新闻台的信号，这让中国观众同步看到了纽约世贸大厦惊心动魄的燃烧和倒塌画面，看到了在场人们惊恐万分的奔逃，看到了消防队员奋不顾身进行抢救的身姿，看到了布什总统、美国高官乃至多国领导人的一次次紧急讲话。

在我国，央视于 1997 年率先引进 SNG 车，后用于一系列重大直播活动。2000 年，广州电视台率先引进内地第一台数字卫星新闻采访车（DSNG）。近两年来，不少地方电视台亦纷纷购买 SNG 车（当然全部是 DSNG），为本台新闻节目的制作和播出添加了传播利器。2005 年 11 月，以齐鲁电视台、湖南经济电视台为代表的地方电视台，以及香港凤凰卫视、台湾东森电视台等 13 家电视台成立了“SNG 协作体”。厦门广电集团于 2006 年 11 月引进了加入“动中通”系统的 SNG 车，它第一次使用“移动卫星通信”技术，可以在移动过程中，通过卫星实时传递电视信号。

电视现场直播技术给电视新闻带来的最大变化是实时、实况的报道，超越时间和空间的限制，让新闻记者有能力在几乎世界的每个角落报道新闻，而观众也有机会成为目击者，得以同步见证新闻事件的发生。简而言之，现场直播实现的是新闻发生和新闻播出的零时差，让观众在第一时间共享此时此刻的新闻，“您现在看到的，就是正在发生的”。

一、关键名词释义

SNG 的相关设备

SNG 是电视现场直播的重要技术手段，下面列出一些卫星传输名词的释义。

（一）SNG（Satellite News Gathering）：卫星新闻采集，是一套利用卫星传输电视讯号的系统，可以立即将正在发生的新闻传回台内播出。其中包括了可以上链（Uplink）Ku 或 C 波段卫星的转播车、卫星频道，以及地面接收设备。车顶的碟型天线可以对准太空中的某一颗卫星，把新闻画面声音经由卫星传回公司，比传统的微波设备轻巧方便，还不会被地面的障碍物或距离所限制。而车内也会有剪辑设备等基础设备，对突发事件具有迅速出发采访的优势，将新闻事件迅速传到观众面前。

（二）SNV（Satellite News Vehicle）：卫星新闻转播车，就是装载卫星直播科技的交通工具，像是一个可以移动的发射站，车内装设传送与接受电视讯号的设备。它的作业过程是一辆装备齐全的卫星转播车，PD（导播）坐镇车内，监看讯号，监听声音，运用车内通信设备与现场记者、台内联系。很多时候 SNG 与 SNV 彼此相通互用，指的就是卫星传播科技。

（三）Uplink：上链或上卫星。SNG 将现场拍得的画面借由车顶上的卫星小碟子，由车内遥控，甚至自动追踪调整其天线仰角、方位，将讯号送上租用的卫星频道。

（四）Transponder：卫星上的接收器，讯息从地球上链到卫星上，就是由接收器接收将讯号加以扩大防止减损，然后再把讯号下链到地面站。

（五）Downlink：下链或下卫星。SNG 将讯号送上租用的卫星频道，再经由卫星传回电视台，电视公司再将此讯号立即播出。

（六）Footprint：脚印，其实卫星接收器下链的讯息，并不是只有承租的电视台才能收到，只要是卫星所能涵盖的区域都可以接收到讯息，这个卫星所能涵盖的区域我们通常称之为脚印。

（七）微波系统：电子摄影机 (ENG) 让现场直播成为可能，除了本身的方便，最主要是微波设备可以把这些立刻播出的新闻送回台内，再由台内传到每一位观众的电视机前。微波是一种无线传输系统 (wireless transmission system)，将视觉与声音的无线讯号由新闻现场传送回电视台，这种高频率的无线电讯号是以天线 (transmitter antenna) 发射，另一端则以碟型天线接收。无线电视台在电视节目制作完成后，利用无线电波将节目传送，电波向空中发射出去，用户以接收天线收受空中传送的电波，从而观赏节目。微波以直线距离传送，如遇高山、大楼阻挡，必须在中间设置中继站，利用微波逐站将电波接送下去。无线电视的原理就是以微波传送无线讯号。

（八）OB 车：在 SNG 还未使用之前，现场新闻是利用“户外转播车”（OB：the outside broadcast van）进行的，除了微波发射天线，车内还有各项设备，视讯切换器、剪辑设备、监看设备、对讲机及电话等，OB 车因为体积大，设备多，所以不及 SNG 机动、方便，所需的人员也比较多。

卫星新闻转播车原本仅为新闻传输工具，但它不断发展从而衍生出的多功能应用使其具备主控、副控、制作等功能，俨然已成为一座机动的小型电视台。其内部具有的主要装备如下：

（一）主控部分(卫星发射与接收部分)。

（二）副控部分。

（三）对外通话及内部通话（Intercom）系统(如有必要可运用卫星通讯)。

（四）制作播放部分：效果、成音、剪辑、混音、影音压缩设备。

1. 效果设备：可制作影像分割、翻页、开框、飞出、旋转等影像效果。

2. 剪辑设备：可播放、录制或剪辑影像。

3. 混音设备：调整音色、音量。

4. 影音压缩设备：将类比或数位的声音与影像讯号编译成电子讯号后，再调变成 70 MHZ 的中频讯号输出。

（五）发电设备部分：发电量 10KW，提供转播车内所有设备用电。

（六）频谱：监测卫星讯号。

（七）示波器：提供校正影像讯号依据。

（八）发射设备：天线、升频器、功率放大器。如有必要可加接微波。

1. 控制器：操作天线展开、收藏等动作。

2. 升频器：将已经调变成 70 MHZ 的中频讯号，调变成 RF 讯号输出，输出频率范围为 14.0 GHZ~14.5 GHZ。

3. 功率放大器：输入 RF 讯号，将 RF 讯号转变成电波，再经由导波管到天线并将其发射至卫星，发射功率可达 400W。

（九）接收设备：卫星译码器，接收卫星讯号并将讯号译为影像及声音讯号。

卫星新闻转播车机动性强，并拥有发电设备，不需依赖外界支援即可独自作业，故对突发性的新闻，如空难、地震、台风、火灾等重大社会事件及临时记者会，均有立即反应的能力，能在最短的时间内将现场画面传送到观众的眼前（见图 3–1 至 3–4）。

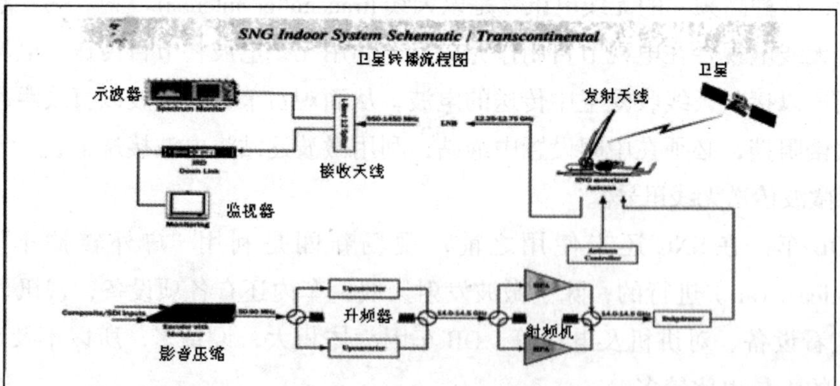

图3–1　卫星转播流程图

图3–2　卫星新闻转播车

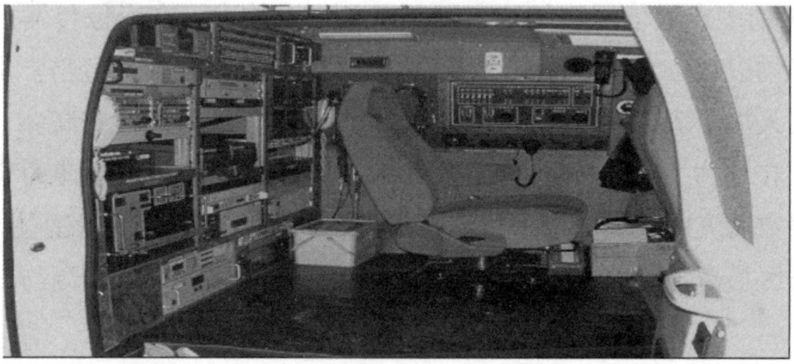

图3–3　卫星转播车内装结构

图3–4　3M卫星接收天线

电视台制播人员利用转播车或转播设备，离开公司摄影棚进行的节目或新闻录制工作，皆称为户外转播。而现场直播是户外转播的类型之一，因此其画面的呈现是立即传送至观众眼前的，在技术的使用方面比现场实际作业的程序更加严谨。

从技术层面来看，SNG 卫星制播作业利用“点—卫星—点”的原理传输讯号，这种传播方式可以将新闻声音与画面实时且快速地自地球上任一点传递至观众，因而改变了过去电视台以微波系统进行现场连线的作业模式。传统的电视现场直播多依靠微波系统传送讯号，然而微波的使用受限于空间距离，转播站与转播站间不得超过 50 英里，并且要求中间不得有障碍物阻挡。

卫星讯号传送可克服微波传送距离短、易受阻碍的缺点，特别适用于地区辽阔及长距离的转播作业；另外，卫星线路设定容易，卫星频谱仪定位容易，从而可以节省传统作业的时间（减少传统微波对准发射台的时间），使讯息传递更快速，新闻时效性得以充分掌握；在使用地域的优势方面，若采用移动式与可搬式的卫星地面台——如 SNG 车，只要位于卫星服务区 (footprint) 内，任何地区都可以相互通信；在服务对象方面，能适用于 1 对 N，或 N 对 N 的多点通信网络结构，服务对象得以扩大；在影像传输方面，SNG 卫星制播作业的影像均以数位方式传输，与传统类方式相比更加稳定而经济。另外，传统传输工具易受到天灾人祸所造成的破坏，相对而言，卫星通信的可靠性更高。

举例来说，在台湾“9・21”大地震发生时，媒体组织动员，迅速而有条理地进行采访，其现场直播在震灾中表现出以下特点：提供现场真实画面，迅速建立纵向和横向的联系网络，提供灾区最新状况以及持续的灾情报道，汇集更多的救灾资源与信息。

二、SNG 的优势和局限

SNG 技术出现后，便成为支援现场直播的重要技术手段。装载全套 SNG 设备的卫星新闻采访车是一个移动式发射站，电视台工作人员可以随时将所在现场的信号通过卫星传送到电视台，电视台再从卫星接收信号播出，因而 SNG 成为现场直播重要的技术手段，尤其是实现了与事件相关的多点现场直播。

相对于传统转播车，SNG 技术还有非常显著的优异性，即实时性、互动性和跨平台性。

（一）实时性

SNG 技术具有得天独厚的“实时性”优势。与庞然大物般的“转播车”相比，SNG 车显得小巧玲珑，一旦有新闻事件发生，它就能迅速赶赴事件现场。并且一个操作成熟的 SNG 小组到达新闻现场后，只需短短几分钟就可以做好完成定位、播出准备、传输信号等工作。

新闻采访科技的发展减少了传播过程中时间与空间的障碍，新闻可以在很短的时间内从任何地方被传送到观众眼前，只要新闻时间一到就可以被传送出去，省略了胶片时代冲片、剪辑等过程，因此速度更快、机动性更强。

（二）互动性——引入了 SNG 技术，电视台棚内、外交流可以轻松实现

2002 年 5 月 25 日华航空难发生后，两岸电视台便首开 SNG 卫星电视连线直播的纪录。5 月 27 日央视赴台记者通过东森新闻台协助，在澎湖首次利用 SNG 与央视连线；另外央视《东方时空》主持人也在同日下午与东森电视台主播连线，节目内容都通过 CCTV-1、CCTV-4 等频道对内地及全球华人播放。15 分钟的《空难牵动两岸人心》节目产生了良好的传播效果。此外，厦门广电集团首先尝试在 SNG 直播报道中引入广播热线，为这组报道增添了吸引人之处。一方面，这是广播电视整合优势资源的最佳体现。广播和电视的联手作业，优势互补，将广播热线中直播与听众互动交流的优势引入到了电视直播节目中，从而丰富并完善了电视与观众的互动形式。另一方面，资源的共享节省了财力和物力。总之，SNG 设备为广播和电视媒体工作者提供了强大的技术支援，大大加强了电视现场直播节目的互动性。

（三）跨平台性

电视台利用 SNG 技术可实现多地点的现场联播。2005 年抗日战争胜利 60 周年，湖南经济电视台特别联合大陆各重点城市电视台，包括南京电视台、上海东方卫视、山东齐鲁电视台、福建电视台新闻频道以及香港凤凰卫视和台湾东森电视台，进行联合直播。新浪网、湖南经视网、金鹰网也在网上同步进行直播。在这次长达 5 小时的直播中，多个城市的电视台 SNG 组担当了重要角色。

SNG 卫星制播作业给现场直播带来的便利是毋庸置疑的，持续 24 小时的新闻报道也威胁到了平面媒体，因为社会大众会不想再看报纸上那些“以前”发生的新闻，而是要看电视上“现在”的新闻。美国《时代》（*Times*）杂志指出，现场直播对电视新闻产生了深远影响，地方电视台因为 SNG 卫星科技得以采访更多新闻，通过电视台间的交流，获得更多新闻来源，新闻节目的时段也得以延长。

SNG 虽然给现场直播带来了诸多便利，但也有自身难以克服的局限。技术的发展总会经历一个不断发展的过程，目前 SNG 的局限性主要体现在以下几个方面：

1. 现场直播技术受自然因素的限制，下列两种现象会对其产生影响：

（1）日食 (solar eclipses)：卫星被地球遮掩，无法取得太阳能作为系统运作的动力，必须倚靠备用电池支持卫星运作。

（2）其他大自然现象：阳光通过卫星时强烈辐射的杂音干扰、雪、雨或云等大自然现象的影响。

2. 现场直播受人为因素的限制，有下列三方面的影响：

（1）硬设备：地面台仰角不足，卫星讯号就容易受干扰。

（2）法令政策：政府主管当局管理政策未明朗，也限制了未来整个娱乐节目与新闻制播作业的发展。

（3）作业费用：卫星作业费用太高，使得一些电视从业者在评估效益之后，有所取舍。

除了硬件设备、法令政策与作业费用等方面外，现场直播也会受到现场直播的使用次数与时机限制的影响。

鉴于 SNG 的局限性，现场直播适用于以下范围：

（1）紧急重大新闻事件发生，需要以快报方式播出。

（2）需要进行现场转播的新闻活动。

（3）各新闻时段播出时，某新闻事件处于持续发生中或正在进行时的状态。

（4）新闻事件事发地地处偏远，记者需要以最快方式传送现场拍摄画面到电视台剪辑并播出。

克服了上述自然与人为限制，现场直播卫星制播作业利用卫星传输讯号，不仅快速，也能减少地形地物的干扰。如果使用 SNG 卫星转播车进行采访，更能增加新闻采访的机动性，传播过程中时间与空间的障碍都被打破，新闻可由任何地方实时同步传给广大观众。除此之外，使用 SNG 可以采访更多新闻。电视台增设 SNG 设备后，舍弃传统微波中继传输讯号的方式，改以卫星作为传输中介，采访范围将得到大幅扩张，搜集到的新闻可通过卫星由地球上任一点传回电视台，新闻数量因此增加，也就使得 24 小时的专业新闻台可以增加新闻直播时段。

第三节　现场直播的优势及特性

现场直播表现出三大特性：零时差，这是速度终结空间的极致表现；未经编辑加工，新闻事件和新闻人物更加真实地走近观众；更多表现为动态直播状态。

现场直播强调的是随新闻事件的进程而进行的现场直播，播出时间长短和播出空间转换完全视播出需要而定。现场直播的报道方式，让电视台能够更“快速”且大量地处理新闻事件，由此可以让过去因为路途遥远、制作困难而无法顺利完成采访或必须舍弃掉的新闻能够实时播出。

“Seeing is believing”——眼见为实的真实感，对观众的吸引力远胜于传统的重要时段新闻。对观众来说，现场直播的意义在于扭转了电视新闻留不住观众视线、新闻寿命短暂且容易被观众遗忘的局面。特别是那些在阵阵空袭警报声响起时依然勇敢地站在战场上的记者，使电视新闻的重要性大为提升。现场直播让观众看到的是现场、真实的现状、战争的最前线，观众可以通过卫星传输的画面，亲眼目睹这些真实的事件。

一、现场直播的优势

现场直播与录播全然不同，在传播过程中强调直接报道与即时播出，也就是说报道、摄录以及播出等不同环节全部在同一时间、同一现场进行，所以在我国现场直播也是重大事件最常用的报道方式。有了技术手段的支持，现场直播可以将电视传播的优势发挥到极致，并颠覆传统的传播形式，将新闻以最快的速度和最“原汁原味”的样子展示给广大观众。具体而言，现场直播的优势有以下几点：

（一）现场感强

现场感是新闻现场在观众心里引起的主观感受，现场感一方面来自对现场空间的感受，另一方面来自对时间的同步体验。现场直播发挥电视视听兼备、声画结合的优势，通过对时空的连续展现，把新闻现场发生的事件、人物、氛围、细节等诸因素进行组合，作用于观众的视听器官。[①]

在电视现场报道中，记者不仅拍摄现场情况，也对现场进行口述解说，从而让观众有亲临现场的感觉。一方面，现场直播的摄录是多机位完成的，不同的机位设置从不同角度带给观众不同的现场感受，通过巧妙的机位调度和画面切换，现场直播还可以给观众带来比在现场更强烈、更清晰的感受。比如在震后的灾区现场，观众通过现场直播不仅看到了记者眼前的灾区人民和正在施救的队伍，也可以看到其他机位拍摄的灾区的全貌和从远处赶来的赈灾物资车队，掌握了更多、更全面的信息。另一方面，现场报道中记者的解说也是十分重要的。记者在现场就像是观众的眼睛，他们不仅口述此时此刻在现场发生的事情，还要将掌握的背景信息和相关资料进行整理并在报道中传达给观众，甚至对事件发展的脉络进行梳理，并将事件后续发展的预测告知观众，从而使得报道更具现场感。

（二）共时同步

现场报道以纪实的手法使得报道与播出同步进行。在录播时代，一条电视新闻在播出前需要经过画面拍摄、文字解说的撰写、播音员播出等繁琐的步骤。而今，电视现场报道改变了过去的电视新闻制作模式，省略了编辑与合成的步骤，将报道过程与新闻事件的发生、发展过程同步进行，从而使现场报道具有很好的同步性。

不仅如此，它还带来了传播观念的变化，使“TNT（Today's News Today）”——“今天的新闻今天报道”的新闻时效观改变为“NNN（Now News Now）”——“现在的新闻现在报道”，最大限度地满足了观众在新闻发生的第一时间获知新闻的需求[②]。现场报道缩短了观众与事件发生的时间距离，使观众产生了与事件进展的同步感，这是电视较其他媒体的独家优

① 参见叶子：《电视新闻：与事件同步》，北京：北京师范大学出版社 2007 年版，第 404 页。

② 参见饶立华等：《电子媒介新闻教程——广播与电视》，北京：中国人民大学出版社 2000 年版，第 303 页。

势。

（三）可信度高

现场报道以多种符号将信息传达给观众，避免了多级传播造成的信息损失和畸变，因此有更高的可信度。观众通过观察记者身处的环境（即现场）和其他画面中的参照物，将其与记者的语言以及表述的内容进行匹配，从而自主地对新闻的真实性进行判断。这种未经编辑、合成的报道方式将信息直接传达给观众，减少了“可疑”的中间环节，降低了信息的损耗，提高了信息的可信度。

（四）参与度深

现场报道容易调动观众的情绪并创造参与感。现场报道的事件往往是持续变动、不断发展的，这样的事件充满了未知，它的发展趋势和结果无法预料，而现场直播正是对事件的同步跟踪报道，亲临现场般的报道让观众充满期待和参与感。

在现场报道中，记者身处新闻事件的现场，他既是事件的目击者，也是其参与者。在采访中，记者与电视机前的观众一样，对新闻事件充满了期待与参与感，记者以观众的角度向当事人或目击者发出提问，而这些问题正是观众欲知未知的。记者在现场告诉观众发生了什么事，为什么发生，结果会怎样，并叙述事件的前因后果，促使他们进一步地分析与判断，成功地让观众参与到事件当中。

对于过去的录像加解说的报道方式，观众不仅要对画面进行解读，还要同时阅读屏幕上的解说词，而这与阅读报纸上的文字没有太大区别，不够直观，理解难度较大，接受起来也较为被动。而在电视现场报道中，记者与观众面对面，正如日常生活中人与人的沟通方式，这种方式不仅方便了观众对事件的理解，也增强了交流中情感的传递，使观众更易产生参与感。

二、现场直播对电视新闻发展的影响

现场直播被电视新闻广泛采用后，有四个显著的影响：

（一）多元性

今天的电视新闻似乎没有“地方新闻”“全国新闻”“国际新闻”之分，只要是SNG车可到之处，即使是发生在偏僻遥远地区的重大事件，也可能成为国际上的大事件。因为便携式微波、电子影像等系统大大减少了因重送和处理胶片所延迟的时间，所以记者不需要回到总部发新闻，可直接在采访现场完成新闻播报。

新闻来源可以是世界各地不同的频道、电视网提供的新闻，而且电视台互相合作的新闻也都可以通过卫星来传送。

（二）抢先性

如今，SNG 车使现场新闻报道更容易操作，遇到突发事件，电视台就派主播赶到现场，争取抢先播出新闻直播内容。这种主播走出摄影棚至现场抢先报道的方式，在中国、美国、中国台湾地区已蔚然成风。

（三）瞩目性

现场直播这种报道方式对善于做“即兴口头现场报道”的记者来说，往往可以提供一鸣惊人、一炮而红的机会。

（四）效果性

以现场直播的方式播报新闻，往往给观众以直击现场的震撼感受，进而引发更多的人对现场直播内容所反映的社会问题进行深入的思考和关注。

三、现场直播的考量

在做现场直播时电视从业者可能会遇到一些问题，必须将下列因素纳入考量，以为运用。

（一）时机性

派发现场直播任务的时机很重要，必须考量新闻事件的性质、发展，以及新闻的话题性、人情趣味性，以及新闻伦理道德等。

（二）完整性

除了画面之外，记者如何在现场没有支援时提供消息，以及提供什么信息、怎样陈述状况等也是记者需要考量的内容。新闻内容的完整性陈述，考验着记者观察现场以及搜集、整合各方面信息的能力。因为观众在观看新闻画面时，需要记者将片面、肤浅的材料进行全面思考后，整理并做出有架构、内涵、组织和整体性的现场报道，观众才能得到完整的信息。

（三）配合性

现场的状况如何跟棚内搭配，例如什么时候切回棚内，什么时候带到现场，在现场没有状况的时候要不要播出等，也是现场直播时必须考量的因素。

这些问题都是现场直播应该加强考量的要素，而不是为了不让 SNG 闲着就找机会派出去，等拍了现场状况之后，不论有无内容也要强行地用上一段。若是内容不佳的现场直播就不应播出，以免浪费资源和侵害观众的收视权益。

除了具体运作上的考虑外，还要深入分析直播的新闻价值因素。根据丹尼斯·麦奎尔（Denis McQuail）的研究，新闻价值包括人（people）、地（location）与时间（time）三个最主要因素。就人而言，新闻大多与人有关，也经常牵涉到重要人物，而记者通常有自己的“信息来源人物”。就地点而言，越接近都会地区或目标群众的新闻似乎越重要。就时间而言，时效性 (timeliness)、新奇性 (novelty) 及关联性 (relevance) 与新闻密切相关。关联性意指新闻从业人员必须选择对于消费群众与社会最有意义的新闻加以报道，虽然社会大众与新闻工作者对新闻的认知存在着一定差距，姑且不管传输者与接受者间的认知鸿沟，新闻的重要性可以说是时间、地点与人等因素的结合，新闻价值的判断也由此产生。

电视新闻最大的特征，是综合运用声音画面、影片叙事、访问报道等各种不同技巧。简短、具有强烈画面效果的新闻，是电视新闻人员最喜欢采用的新闻类型，“坏新闻”通常比“好新闻”更吸引人，也在媒体上占更大的分量。新闻记者对时效性强、地理与文化邻近、后果严重的信息有相当大的兴趣。

现场新闻直播的考量性基点在于“改变”(change)，具有改变性质的事件才有被记者采访报道的新闻价值，因为变化能对社会造成冲击，从而引起大众兴趣，其信息自然会受到观众的重视。

1. 影响性

影响性是衡量新闻价值最重要的标准。广大受众都对个人生命安全、经济安全、精神生活，社会适应以及生命延续感到关切，更想探知环境的一切变化情况。所以不论远近所发生的各种事故，凡是能影响或可能影响到他们，或是与他们的生活环境息息相关的，受众无不对其深感兴趣。就影响性而言，有些事故的发生，虽然也属于环境变化，但并非就一定具有新闻价值。当事件在发生、被发现或发展过程中，我们确信它会对许多人的生活环境产生重大影响，那么这样的事件是具有新闻价值的。

2. 时宜性

新闻的第一要义就是“新”，包括新近性和新鲜性。往往最后一分钟的消息，会成为最受欢迎的消息。新闻都强调实时性报道，新闻工作者都急于获知最新的有关环境变化的新闻。然而，如果记者可以报道得合乎时宜，新闻就更能引起受众的关注，从而具有更大的新闻价值。

3. 接近性

受众对最接近自己的事，对自己所熟悉的事物，或者自己参与的活动等最感兴趣。所以国内新闻的重要性大于国际新闻，本市新闻重于国内新闻。

4. 显著性

广大受众所熟悉的名字，无论是人物、地点、建筑还是已经发生的重大事件或事故，都有着很大的新闻价值，这也是衡量新闻价值时惯用的一项标准。

5. 趣味性

具有较强趣味性的人物、故事、对话或情节等都可以成为趣味性新闻。趣味性新闻不一定是重要的或具有影响力的，但是它们却是新闻素材中所必需的，能唤起观众的兴趣与共鸣。

现场直播的特性使得观众可以获得实时信息，电视台也偏好使用这样的策略来提高收视率。新闻价值的选择通过现场直播可以得到强化，地方和国内的事件也都可以因此而获得关注，这与市场化的导向有着密切的相关性。

要点小结

1. 电视现场直播既是一种常用的、运用电视技术进行报道的方式，又是一种特殊的电视节目形态。

2. 电视直播的主要特点是时间的同一性和叙事的同步性。

3. 电视直播的必备的要素是现场和连线。直播的核心内涵在于“异地同时的信息共享”。直播将电视新闻报道的时效性提升至最强，也就是在最短的时间之内向观众报道事件的直观信息。

4. “演播室直播”是“假直播”。仅仅是演播室播报的环节处于直播状态，这样的电视新闻节目还不具备直播的真正内涵，它只能被看作是我国电视新闻节目向真正的直播迈进过程中的一种过渡形态。

5. 电视直播可分为实况转播、现场报道和连线三种形式。这三种形式在实际操作中经常互相穿插使用，但在根本上有区别。

6. SNG 直播技术主要具备实时性强、互动性强以及跨平台性等优势。

7. SNG 直播技术的局限性主要包括：受到自然因素如日食、雪、雨、太阳辐射等干扰；也受到设备、法令政策、费用等限制。

8. 现场直播有现场感强、同步性好、可信度高、参与度深等优势。现场直播可以将电视传播的优势发挥到极致，并颠覆传统的传播形式，将新闻以最快的速度和最“原汁原味”的样子展示给广大观众。

思考与研讨题

1. 什么是电视新闻现场直播？它有什么特点？
2. 什么是“真直播”和“假直播”？“真直播”与“假直播”之间有什么差别？
3. 我国的电视直播发展历程分为几个阶段？具体表现是什么？
4. SNG 是什么？它有什么特点？
5. 现场直播的优势是什么？

延伸阅读

1. 张鸥：《直播幕后：电视突发直播一线手记》，北京：北京师范大学出版社 2013 年版。

2. 沈忱：《中国电视新闻现场直播——导演手记》，北京：中国广播电视出版社 2004 年版。

3.〔美〕迈克尔·埃默里、埃德温·埃默里、南希·L·罗伯茨等：《美国新闻史：大众传播媒介解释史》，展江译，北京：中国人民大学出版社 2004 年版。

4. 赵化勇主编：《中央电视台发展史（1958~1997）》，北京：中国广播电视出版社 2008 年版。

第四章　电视新闻直播的分类

本章要点

非常规直播　　常规直播

按照不同的标准，电视新闻直播可以划分为不同的类型。

从题材上看，电视新闻直播一般分为可预知事件直播与突发事件直播。可预知事件直播指的是对观众已经提前知晓的某一事件进行的直播报道，比如对香港回归、三峡截流、日全食、连战大陆行、“神舟六号”飞船、北京奥运会等事件的直播就是这一类型。这些事件在发生前已经确知发生的时间、地点、主要人物以及基本的事态进展与活动安排，因此，电视新闻机构可以提前进行充分的报道准备，在直播之前往往已是万事俱备，只要事件按时进行，直播即可按既定方案展开。

突发事件直播指的则是对突然发生、事前并不知晓的事件进行的直播报道，“9·11”事件、伊拉克战争、汶川地震、日本地震等直播都属于这一类型。由于事发突然，电视新闻机构在事前没有准备（有的事件可能有所准备，但不知确切时间，比如伊拉克战争），因此需要在极短的时间之内决定是否需要直播，如果需要直播那么应该按什么样的方式进行直播。对突发事件的直播，观众事前没有心理准备，因而对事件的进展抱有强烈的关注度，这一类直播往往就会获得非常高的收视率。

按规模的大小，直播可以分为一般直播与大型直播。一般直播指的是在日常播出的新闻节目中，按正常节目的制作要求，不需要额外投入人力和设备就可以实现和完成的直播，前面提到的《南京零距离》等民生新闻栏目中大量的直播报道就属于这一类型。而对一些重大事件的直播报道，投入的人力、动用的设备、牵涉的部门都非常之多，直播持续的时间长，需要制定专门的直播方案，由多个部门联合实施，这一类直播就属于大型直播。

从操作流程的角度来看，电视新闻直播则可以分为非常规直播与常规直播。非常规直播指的是需要打破日常节目的播出安排而进行的直播，常规直播则指的是按事前计划或正常节目安排进行的直播。无论是常规还是非常规，电视新闻机构要做好直播，必须熟练掌握直播报道的基本流程，形成各个环节的操作规范，否则在直播时就会手忙脚乱。

一般来说，可预知事件的直播通常为常规直播，事先知晓事件的发展动态是可预知事件直播的优势，也是开展常规直播的必备条件。突发事件的直播往往采用非常规直播，打破常规的直播流程，尤其是重大的突发事件，电视台常常需要投入大量的人力、物力资源，才能够在短时间内引起受众关注。

第一节　非常规直播

非常规直播指的是在一些重大的突发事件发生之后，电视新闻机构打破正常节目的播出安排，对突发事件进行的直播报道。这一类直播的对象一般是对社会有重大影响的突发事件，尤其是天灾人祸。从类型上看，这一类直播既是突发事件直播，又是大型直播。比较典型的例子如“9·11”事件、伊拉克战争、汶川地震、日本地震等直播。

非常规直播对电视新闻机构的反应能力提出了极大的挑战。在接到新闻线索之后，电视台的决策层需要立即决定是否需要进行直播。一旦确定进行直播，编辑部马上就需要制定新的编播计划，包括直播何时开始，内容如何组织，报道人员如何确定，演播室主持人由谁担任，需不需要请嘉宾，背景资料如何搜集，停播的节目如何安排，等等。由于直播在仓促间上马，即使是训练有素的人员在节目中也难免出错，当然，能否应对和处理直播过程中临时出现的各种状况，也显现了电视新闻机构和人员对直播流程的掌握能力。在这方面，凤凰卫视在“9·11”事件直播开始时的表现就是一个很好的例子。

凤凰卫视对“9·11”事件的直播是一次典型的非常规直播。在凤凰卫视美洲台记者第一时间发回报道之后，凤凰卫视决定中断正在播出的节目，对这一重大突发事件进行直播。编辑部在其后的几十分钟之内完成了获知消息、分析判断、决策筹谋、分工落实的全过程。当晚9点33分《时事直通车》节目一结束，正在上班以及已经下班又闻风而来的各级主管、编辑、记者、导播、制播、剪接、技术等工作人员已经全部进入直播状态，临时召集的主持人在凤凰卫视资讯台演播厅还没有坐稳，纽约现场画面就已经推出，凤凰卫视中文台、资讯台、美洲台并机直播的特别节目《美国遭受恐怖袭击》正式开播了。由于根本没有准备的时间，陈晓楠只能一身便装上场主持，她用了抱歉式的开场白：“对不起，我没有化妆”。这不禁让人想起CBS在美国总统肯尼迪遇刺之后的电视直播中，其记者面对镜头气喘吁吁地进行报道时，也用了抱歉式的开头：“请原谅，我有些上气不接下气”。突发事件的直播过程中出现这种小问题一般来说无伤大雅，处理得好还能为电视台和记者、主持人加分。

在非常规直播的操作流程中，非常棘手的问题在于要中断正在播出的节目。何时中断，对中断的节目如何处理都让电视台颇费脑筋。正在播出的节目不是特别重要还好处理，如果此时正在播出的恰好是非常重要的节目，那么就很难处理。

我们以获得第24届中国新闻奖电视直播类二等奖的作品《SNG连线：四川省雅安芦山县发生7.0级地震》为例，来分析非常规报道的直播特点。北京时间2013年4月20日上午8时02分四川省雅安市芦山县发生7.0级地震，成都电视台新闻中心SNG团队成为全球第一家进入震中的媒体，从该日早上至下午灾后进行了长达7个小时的直播报道。SNG报道小组兵分两路，其中男主持人蒋林深入芦山县震中位置，迅速及时地传回了震中灾情的最新情况，另一路是女主持人郭毅深入宝盛乡进行直播报道。我们先来看看在4月20日12时20分的部分报道（表4–1）：

表4–1 成都电视台2013年4月20日《SNG连线：四川省雅安芦山县发生7.0级地震》新闻实录节选

画面	声音
演播室	（主持人张斌）现在我们的SNG报道小组已经到达震中，为我们传送最新的卫星画面，现在一起来连线SNG卫星小组。 蒋林您好。

续表

画面	声音
双视窗：前景为出镜记者，背景是芦山县人民医院。 镜头切到出镜记者的中景。 跟镜头，记者在现场走动。 救援现场的全景。	（记者蒋林）好，现在我们就是在芦山县人民医院，我们的卫星直播车已经赶到了现场。现在我们可以看到经过我们身旁的每一辆车，其实它都有可能就是救护车。而现场的救护车在救助伤员后，又陆续加入到继续抢救的过程当中。比如我们看到的这辆就是当地一辆运营的小货车，刚刚送来了一个伤员。现在呢，甚至很多的伤员在接受了包扎之后，要转院，需要前往在雅安市的人民医院去接受进一步的治疗。而且，现在当地是停电的。 之前我们看到的一个好消息是，在我们12点钟到达现场时，这里正在架设的发电机现在已经开始试运行，稍后可以为今天入夜之后的抢险提供电力保障。
记者出镜的中景。 跟镜头，记者在救援现场走动，进行动态直播报道。 推镜头：由科室大楼的中景推到其中一个窗口的近景，记者不出镜。 记者出镜的中景，前景是记者，背景是芦山县人民医院的后医院。 拉镜头：从建筑物每层楼连接处的裂缝的特写拉到建筑的全景，记者不出镜。 摇镜头：由现场救治伤员的全景摇到救灾帐篷的全景。	（记者蒋林）我跟大家说一下这是什么位置。我们来关注一下窗口，现在我们的医护人员是冒着随时有可能发生余震的危险，回到他们所在的科室，把抢救急需用的纱布棉等可以直接从楼上扔下来的东西全部堆到现在我们可以临时抢救的地点。然后，这个是现在楼上的情况。 （记者蒋林）我们现在所站的位置是雅安市芦山县人民医院的后医院。我们左右两边是一些建筑，（它们）在地震中受损严重。 来看我们后面的这栋楼，一楼、二楼和三楼，我们可以看到每一层楼连接的地方都有地震撕扯的痕迹，现在建筑物里面已经是非常地危险。当我们今天来到现场的时候，有几次震感很明显，就像整个大地向上跳了一下，然后地面不断地震动，像这种余震，大概发生了四次左右。所以现在所有的人，出于安全的考虑，必须在临时搭建起来的病区进行救治。 好消息是，在我们到现场的将近一个小时当中，从我们到的时候只有一两顶帐篷，到现在临时的帐篷都已经搭建起来了，这对伤员的抢救非常重要。因为现在雅安市的很多伤员被砸或者有体液的损失，人的身体状况出现问题的时候，这样的太阳可能会让人中暑，会更不舒服，所以伤员能够在相对能遮阴的地方来进行救治是非常重要的。即便像我们离得最近的这个老婆婆，在这个地方的帐篷还没有搭成，家人也要拿一些衣服遮阳。
跟镜头，记者出镜，在救援现场走动，进行动态直播报道。	（记者蒋林）那么在我身后的这个帐篷里呢，就有两个临时的伤员 同期声： 记者：这个是你的什么人？ 伤员：我嫂子。 记者：发生地震的时候，是什么情况？她现在有没有受伤？ 伤员：受伤了。 记者：在里面的那个是什么人？也是房子垮塌的时候被砸到了是吧？ 伤员：恩，是的。 记者：除了现在大爷在输液，有没有骨折，或者其他什么情况？ …………

续表

画面	声音
摇镜头：从出镜记者的近景摇到建筑物的全景。 医护人员的中景。 摇镜头：医护人员的中景要到记者出镜报道的近景。 摇镜头：由出镜记者的近景摇到现场的一名伤员从水桶倒水的全景。	（记者蒋林）这些伤员大都是在跑出来的时候被建筑物上落下来的砖头砸到的。 现在这个治疗点的情况，我觉得还有一点变化是，在我们刚才来的时候，很多医护人员更像是一种应急的状态，有了伤员，就会有人冲上去，先为他清创，或者帮他进行消毒。而现在呢，已经开始有了科室的划分，医护人员会有一个开始逐渐梳理的过程。在大震之后，这样一个应急反应还是需要的。包括在现场，我们觉得水也很重要。现在基本的物资还是充足的，我们也希望救灾物资能够赶紧运到。
中景：记者出镜报道。 摇镜头：从出镜记者的中景摇到现场的全景。	（记者蒋林）好的，在我们赶到现场时，赶路是我们第一要务，我们更想知道重灾区震中的情况。但我们也记录到了一些路途当中的险情，先来看一看。 同期声： 记者：当时你在哪? 路人：当时我在家。 记者：你住在几楼? 路人：我们住的是老房，新房子还没住上去。 记者：发生地震的时候，房顶有东西垮塌下来么? 路人：全部垮塌下来了。 记者：你家里的房子现在是什么情况? 倒了么? 路人：垮了。 记者：我看你身上有很多被砸伤的伤痕，脑袋上也被砸到了。当时，家里有几个人? 路人：当时家里面有我老婆，我孩子，还有我老爸。 记者：除了你以外，其他人安全么? 路人：我孩子在医院里，孩子伤得挺厉害的。
镜头切到了记者采访一对被砸伤的母女的中景。 特写：孩子的光脚。	同期声： 抱着受伤孩子的受伤母亲：孩子忘记跑出来了，头被砸到了。 记者：我看一家三口跑出来的时候，因为很着急，都没有穿鞋? 受伤母亲：没有没有。孩子穿的拖鞋，他爸抱着她的时候，就掉了。然后我们在睡觉，什么都没穿，就直接跑出来了。
摇镜头：从采访的画面摇到周围破损楼的一个窗户的特写、孩子哭的特写，最后定格在抢救队员的指挥情况的中景。 摇镜头：从现场警员的全景摇到一个穿着拖鞋的警员的特写。	（记者蒋林）现在我们是在芦山县公安局的大院里。 现在能看到整装待发的警官，其实，他们并不是当地的警员，而是从离这大概40公里以外的天全县临时抽调过来的。 我看到不少的队员，其实他们在今天早上得到出发命令的时候，也很着急。他们的装备，包括头盔都不完整，甚至有的人连鞋都没有穿好，穿着拖鞋。但是，他们第一时间去支援就是他们现在所要做的。

续表

画面	声音
摇镜头，从采访的中景摇到现场救治的全景、再到输液瓶的特写。 现场救治伤员的全景。	（记者蒋林）我们现在所在的区域就是刚刚搭设起的帐篷，这里有大量的输液瓶。 虽然现场可能还没有办法统一临时救治过程，但是我们看到很多的地震伤员已经开始在这个地方接受包扎和救治。他们当中的不少人，或者是腿部被砸伤，或者是头部被砸伤。 在整个现场抢险的过程当中，很多设备比如说担架都是不够用的，所以我们采用一切能够先用于救治的措施和设备。
现场抢救的全景：一辆救护车开来，抬出了一名伤员。	（记者蒋林）现在我们看到的情况是伤员病情比较严重，需要及时救治。这是刚刚赶到现场的抢险车辆，里面的伤员被陆续地送到医院。 我现在所处的位置是芦山县人民医院，现在这里已经变成了一个临时抢险组。 我们看到现在救护车送来了一位伤情相对比较严重、处于昏迷状态的病人。现在急救人员正在进行现场急救。现在我面前的这个伤员出现了鼻孔流血，然后我们看到他的脸已经失去了血色，所有的与生命进行赛跑的抢救工作正在紧张地进行。
中景：记者出镜，背景是雅安市人民医院。 推镜头：从建筑物的全景摇到建筑物上裂缝的特写。	（记者蒋林）好，现在我们回到直播现场。现在我们所在的位置是在这次地震发生的震中所在的地点，雅安市的芦山县。 我现在是在芦山县的人民医院。我身后的这栋大楼，在今天早上的强震当中，受损也是非常严重。所以，现在所有的伤者和医护人员，只能被迫转移到县医院这样一个相对空旷的地带，搭设一个临时的抢救空间，来保证他们的生命安全。在楼上，我们可以看到大量被撕扯的裂缝，包括天花板上的很多石体和吊顶坠落。而且我们也可以看到，周围的建筑物上这样的痕迹也是比比皆是。
中景：记者出镜，背景是临时搭建起来的个个帐篷。	（记者蒋林）那么，我还是想说一下截止到现在的好消息。我觉得好消息之一是，在我们进行直播的过程当中，现场搭设的临时救护棚开始摆出了牌子，上面的笔迹看上去虽然有点潦草，但是写的是急诊一号棚、急诊二号棚。这说明现场的抢险开始变得越来越有序，开始有了分诊，有了这样一个对病人进行接诊的制度。 那么现场也会有很多小的车辆，包括一些营运车辆，会把这里需要接受救治或者下一步需要疗养的病人送到雅安市人民医院进行转运。现在他们被送往雅安市的第二、第四和军区37医院，这些医院承担了转院任务。

芦山地震发生突然，这对电视媒体的新闻反应和报道能力提出了挑战。成都电视台作为全球第一家进入震中进行直播报道的媒体，第一时间传达了地震的最新情况，而记者在现场的采访和报道也为救援提供了重要信息。这组报道是 SNG 报道小组中的一组队员发来的报道，以下是另一路记者发来的部分直播报道（表 4–2）。

表 4–2　成都电视台另一路 SNG 报道小组的直播实录节选

画面	声音
演播室。	（主持人张斌）对于我个人来讲，这应该是个比较令人欣慰的消息。前方SNG小组其实是兵分两路向不同的受灾地区挺进。其中，有一组一度失去联系，那就是大家并不陌生的郭毅。那么郭毅接下来在线上了，和我们进行了连线。 郭毅你好。
双视窗：左侧主持人，右侧记者郭毅。 镜头切换到郭毅出镜报道的中景，背景是芦山县人民医院，其中隔了一条马路。	（记者郭毅）您好。我是在15分钟之前抵达我身后的这个芦山县人民医院的门口。从这里出发去太平乡挺近，但是路途非常艰难，有些地方断道了，只能徒步进去。从今天下午一点钟左右我们大概走了两个半小时，最终只能到达宝盛乡，而宝盛乡现在也是道路封闭，所以我们没有办法再去太平乡。 我们现在了解到的最新情况是，包括太平乡、宝盛乡在内的通讯仍是不通的，所以，如果我们的镜头到不了那些地方，大家是无法获知那里的最新信息的。现在我的搭档正在进行编辑，待会可以看到我们在路上以及在宝盛乡拍摄到的画面。
中景：记者出镜报道。 摇镜头：从出镜记者的中景摇到现场的一个临时帐篷点。	（记者郭毅）那目前我手中有一组数据，是宝盛乡的工作人员给我的最新情况，在宝盛乡现在可以确认的伤员有50人左右，其中有两人为重伤，是1名孕妇和1名小孩。另外已经可以确认的死亡人数目前是4人。 在我们去和回来的路上，一直都有部队，包括消防、水电官兵和民兵，在向里挺进。但是路实在是太难走了，而且因为早上的地震过后，当地的山体出现了松动，滑坡不断，大的石头，小的石头处于这样一个峡谷地带，随着风势随时会飘下来、砸下来。
中景：记者出镜报道。	（记者郭毅）在这个过程当中，我们遇到了好几次危险，包括我的手和脚都受了轻伤，但这都不重要，医护人员他们也在坚持着。就是在这样的条件下，我们一起走了几个小时来到宝盛乡，那么待会大家可以通过画面来看。 那么，现在我们已经回到了芦山县人民医院，我们来关注下医院的情况。目前，我手中的资料显示在医院可以确认的伤员有700余人。咱们来看看下午我的同事拍摄到的救援情况。 接下来是本台独家提供的SNG卫星画面。

第一路记者主要就震中的最新情况进行报道，重点报道了震中地区（芦山县）的现状以及现场救援的情况。而这路记者主要报道了地震的另一重灾区——宝盛乡的现状，尤其是该路记者独家拍摄到了 SNG 卫星画面，成为各大媒体报道宝盛乡震后状况的重要信息来源。此外，SNG 小组在国道 318 线的报道也充分发扬了新闻专业主义精神（表 4–3）。

表 4-3 成都电视台 SNG 报道小组在国道 318 线的现场报道实录节选

画面	声音
演播室。	（主持人邢航）关于道路的情况，我联系了在318国道上的另一路记者。
中景：记者出镜报道。 摇镜头：从记者的中景摇到“红心”牌子的特写。 摇镜头：从“红心”牌子的特写摇到破损建筑物的近景、中景再到裂口和国道上砖石的特写。 中景：记者出镜报道。	（记者蒋林）这个地方叫作大深溪，紧邻国道318线。如果平时走这条路的朋友会知道，在沿途每年这个时节会有人卖红心猕猴桃。 我们看一下，在这个房间里还摆设了这样一个牌子，很多经常走这条路的朋友会深有体会。 现在我们看到的这栋建筑，在强震之后处处是被拉扯的X型裂口，整个房屋已经垮塌，部分垮塌的砖石已经掉到了国道318线。 而我现在所在的这条路，其实车辆并不是特别多，很重要的原因是，在我们刚才路过的地方有山体塌方，当地的交管部门已经做了临时的交通管制。从芦山县出来的车可以正常通行。
演播室。	（主持人邢航）因为时间已经到了傍晚，距离今天地震到现在已经是10个小时的时间，到傍晚的时候可能救援难度会更大，所以有一些问题还要跟SNG卫星直播小组保持连线。我们稍后会把这些问题一一提给他们。也包括电视机前的各位，如果您有什么样的问题，包括自己有什么样的需求和寻求帮助的途径如果不畅通的话，请您通过成都市警方的官方微博或和我们的新闻热线联系。

由成都电视台在芦山地震中的报道情况，我们可以总结出在新闻媒体非常规直播，尤其是突发事件直播报道中，应该注意以下几点。

一、以记者为主体，第一时间赶往现场

现场直播重在现场，尤其是突发事件的现场往往包含着重要的新信息，是新闻媒体报道资源的“富矿地”。而在现场承担采访报道任务的，随时将最新的事态播报给观众的就是记者。记者在现场的报道，一方面传达了最新的信息，方便外界了解即时的动态；另一方面，记者在新闻现场的报道讲述、点评和现场的画面相互印证，既突出了记者报道信息的正确性，又能给观众极强的现场感和过程感，营造一种共识体验的感受，而这也是电视新闻媒体区别于报纸、广播新闻媒体的重要特征。除了强调现场的重要性外，时效意识也是记者的重要素养。在非常规事件，尤其是重大突发性事件中，第一家深入事故现场进行报道的媒体往往能掌握整个事件报道的主动权。因为在突发事件发生时，也是谣言肆虐时，谁能在第一时间提供事故现场的画面和信息，谁就能攻破谣言，从而引导整个报道舆论的导向，因此，时效意识是新闻记者必备的素质，也是记者核心竞争力的体现。

图4-1　记者蒋林在救灾安置点做现场报道

芦山地震后，成都电视台SNG报道小组成为全球第一家进入震中的媒体，并发回了全球第一段关于芦山地震的直播报道，其反应之迅速集中展示了该媒体的实力。尤其在今天地方媒体新闻报道资源相对匮乏，报道能力普遍下降的情况下，成都电视台的地震报道有力地重塑了地方媒体的新闻报道水平和公信力。而在这起报道中担任主力的记者蒋林和郭毅也是充分发扬了新闻专业主义精神，深入重灾区，冒着生命危险，及时传达了震中地区的最新情况。

二、拓展信息广度，构筑立体信息报道网

直播的优势在于信息的及时传递，在非常规直播中，这种信息的及时传递得到了充分发挥。第一时间赶往现场是及时传递信息的需要，只有在现场，才能获得第一手的信息，才具有直播的必要。在保证信息传递的“速”的基础上，信息的“量”也是直播优势的体现。直播不是简单的单一现场画面的呈现，为了能让观众对新闻现场和新闻事件有全面的了解，构筑立体的信息报道网非常必要。立体是对单一平面的颠覆，意味着兼顾各方，实现信息的整合，尤其是注重信息的拓展和延伸，将事实的发展进程以及现场环境、气氛、声音同时呈现给观众，从而使观众产生强烈的参与感。现场信息不仅能使观众对新闻事件有直观的了解，同时，也能使观众感受到记者的报道情感，这种情感信息的传达也是观众深入了解事实的基础，并在领悟这种情感的基础上，实现对事实的深度理解和理性反思。

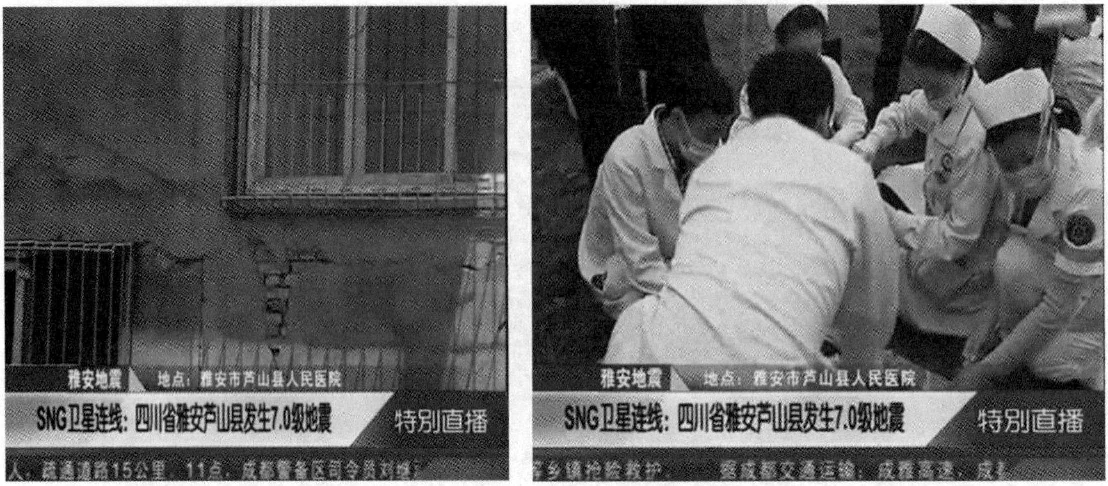

（A）　　　　（B）

图4–2　（A）图为地震中被毁坏的建筑，（B）图是地震的救援现场

在芦山地震报道中，成都电视台SNG报道小组兵分两路，分别挺进受灾最严重的芦山县和宝盛乡。在伤员最密集的地方——芦山县人民医院，记者也是充分调动了视听感官，传达了丰富的信息（图4–2）。在尽量不打扰救援工作的前提下，记者在现场进行了动态直播报道，从静态的破损建筑物到具体的抢救过程，都进行了细致深入的报道，而且记者也坚守新闻专业主义精神，避免将镜头直接伸向伤员，理性报道，充分体现了记者的职业操守。在芦山地震报道中，记者主要报道了震后芦山县城的救援情况：从芦山县到宝盛乡道路损毁严重，记者冒着生命危险了解道路险情；宝盛乡震后成为孤岛，空军在此建立临时停机坪，积极救援的情况；被困宝盛乡群众的姓名、伤情最新情况的通报；进驻芦山省道、国道的最新路况等。通过这几个方面的报道，成都电视台构筑了立体信息的报道网，为外界及时了解震后现状提供了最新最全的信息。

三、整合优势资源，实现传播效果的最大化

非常规直播是对电视媒体和电视工作者的考验，能否有效地整合信息资源和频道资源是直播成功与否的关键。我们以央视在2008年四川汶川地震中的报道为例。在汶川地震发生后，央视新闻中心迅速整合频道资源，广布直播报道点，增加直播报道频次，及时全面反映抗震救灾情况。中文国际频道开设了《众志成城 抗震救灾》的直播专题，除了整点新闻追踪最新动态外，重点围绕群众安置、灾区防疫等内容展开；经济频道开设了《万众一心 抗震救灾》特别报道，以点带面呈现抗震救灾的阶段性进展；科教频道集中播出了《地震的震级和烈度》《健康之路 心系灾区》等抗震救灾主题特别节目，5月14日，该频道还在现场直播中首次使用了国家测绘局专家带至央视演播室的立体三维地图，直观解

释了救灾工作的难度。[①] 央视在汶川地震直播中，打破常规工作机制，第一时间开展直播报道，这种迅速的反应机制突显了国家级电视媒体的竞争力，央视在整合频道资源和增强报道的感染力方面也是可圈可点的。成都电视台在庐山地震的报道中，也最大限度地调用了频道资源，一家市级媒体能完成如此立体全面的直播，实属不易。

非常规直播的理想状态是信息的充分有效传达，信息"量"的保证得益于报道资源的整合，信息"质"的实现主要依赖传播手段的创新。因此，对于任何突发性事件的非常规直播，电视媒体除了要在第一时间展开报道外，还要最大限度地整合优势资源，创新报道形式，从而实现更好的传播效果。

四、构建融媒体平台，实现资源共享

当今媒介融合进程持续推进，这种融合不仅体现在传播方式和手段的融合中，更表现在新闻资源的整合中。业界也已经在探讨传统媒体融合取向的新媒体化，即平面媒体、电子媒体纷纷以介入新媒体领域、运用新媒体工具、融入新媒体运作理念作为媒介融合的基本取向。[②] 这种对媒介融合的论调上升到了媒介理念层面，是对传统新闻工作者新闻观和工作观的颠覆。这种融媒体报道思维在芦山地震中也得到了极大体现。在地震发生 53 秒后，成都高新减灾研究所发出了第一条报信微博。在此后的一个小时里，1,300 余条微博发出，报告了灾情。[③] 根据新浪微博的统计，截至 2008 年 4 月 20 日下午 5 时，有关芦山地震灾情、救援情况和个人感受的微博总数是 6,400 万条，震后寻人微博总数是 231 万条，灾后报平安的微博总数是 1,008 万条。[④] 这些微博成了媒体重要的报道资源，不仅为媒体提供了充足的新闻来源，更是给了媒体进一步挖掘地震信息、增强报道感染力的机会。

成都电视台在卫星直播中，也充分使用了受害者家属找寻亲人的微博，并在微博平台上实时发布最新的信息。媒体成了救灾信息的汇集和发布平台，更升级为开展救灾援助的服务平台，这是媒体社会责任意识的重要体现。在我们的非常规直播中，必须要有这种融媒体思维，及时掌握各方面的信息来源，同时要增强服务意识，在救灾工作中担任更加积极主动的角色。

非常规直播是新闻媒体展示自身实力的重要窗口，快速反应、统一部署，是新闻媒体应对此类直播的基本功。训练有素、经验丰富的记者，是新闻媒体重要的储备资源，在非常规直播中，记者往往担负着主体作用，越是来自现场的报道，越具有震撼力，在

① 参见周洋：《重大灾难中的电视直播策略——以央视对汶川大地震直播为例》，载《新闻前哨》2008 年第 7 期。

② 参见陆小华：《媒介融合进程中电视直播报道形态的演变》，载《新闻战线》2010 年第 2 期。

③ 参见范明娅：《试论新媒体在重大灾害事件中的角色与作用——对比汶川地震和庐山地震的信息传播》，载《开封大学学报》2013 年第 2 期。

④ 参见刘茜：《新媒体：灾难中的大作用》，载《光明日报》2013 年 4 月 27 日，第 6 版。

做好各个现场报道的编排和组合作用的基础上，这些单独的现场报道足以支撑起整个事件的报道。

第二节 常规直播

常规直播指的是对可预知事件按既定方案进行的直播，或将突发事件纳入常规栏目进行的直播。可预知事件的直播一般是重大事件的直播，比如对香港回归和北京奥运的直播，电视台很早以前就做好了编播方案，到了事件发生的时候，电视台只需要按既定方案播出即可，与突发事件的直播相比，这一类直播的难度和挑战相对较小。

以获得第 24 届中国新闻奖电视直播类一等奖的作品《太空新旅，天宫授课》直播特别节目为例，2013 年 6 月 20 日，央视新闻中心推出三个半小时特别节目——我国首次太空授课直播特别节目。这是我国首次在航天任务中设置“太空授课”环节，也是央视首次作为参事单位参与报道的航天任务。全国 6,000 多万师生通过电视直播收看了此次太空授课的全过程，直播报道团队也就此完成了我国距离最遥远、授课难度最大的科普授课活动。以下是 6 月 20 日 10 时 00 分的部分报道（表 4–4）。

表 4–4 央视 2013 年 6 月 20 日《太空新旅，天宫授课》直播报道节目实录节选

画面	声音
演播室。	（主持人张泉灵）中国第一次、世界第二次的太空课堂马上就要开始了。相信这会是一个充满了神奇的课堂。首先是地点，它是从距离地表三百多公里的轨道上，从“天宫一号”上传过来的。而且，“天宫一号”在授课的时候，正在我国的上空，从西向东运行，所以授课的时候有可能正经过你所在的城市。另外，老师是太空超人、航天员；学生，（来自）全国80,000多所中学，6,000多万的学生，加上电视机前的观众。这是一个超级大的课堂，更重要的是它会点亮孩子们的梦想。好了，把我们的镜头引向地面上一个个的课堂当中吧。
航拍：春晖中学的一个个建筑物。 仰拍：仰山楼的全景。 摇镜头：从仰山楼的全景到校园里一个个走廊的近景。 航拍：春晖中学。	（解说）您现在看到的是浙江上空的春晖中学。春晖中学坐落在美丽的白马湖畔，它的发端是1908年的春晖学堂，所以迄今已经有105年的历史。名校百年，当时是少不了上世纪初的老建筑了。 您看到的这栋楼叫做仰山楼，取自《诗经》《小雅》“高山仰止”之意。那仰山楼真不是徒有虚名，像朱自清、丰子恺、朱光潜这样历史上著名的大家们，都曾经在这个走廊里穿梭，教书育人。 春晖中学也是我国现代的新教育和新文学的发源地之一，它现在已经成为一座现代化的学校。在“神舟十号”发射成功之后，班里的板报、学校的宣传栏都画上了和“神舟十号”相关的科普内容。太空授课也成为全校师生所讨论的一个新的热点。

续表

画面	声音
摇镜头：从学校一个大楼的全景摇到一个班级教室的全景。	（解说）或现在走进的是春晖中学高二（一）班的教室。同学们正准备通过投影仪观看今天的太空授课，大家都很期待王亚平老师给他们带来一堂生动的太空课。
全景：阳明学校的校门。 推镜头：从阳明学校的校门摇到学校名字的特写，再到学校里具体建筑物的近景。	（解说）好，您现在看到的这所学校是江西省南昌市的阳明学校。阳明学校地处南昌市的东湖区，它是南昌市的城乡交接的地带。江西省曾是农民工的输出大省，现在随着经济的发展，越来越多的外地的打工者也涌到了这里。他们的子女在这里同样能享受到国家的九年义务教育。这所学校的三分之二的学生就是外来务工人员的子女。
摇镜头：从阳明学校建筑物的近景摇到一个课堂的全景。	（解说）这里看到的是设在北京的地面互动课堂。这里今天是有三百多名学生，从小学生一直到高中生，而且还有来自打工子弟小学的学生以及少数民族的学生。他们都在期待着这堂神奇的太空课。
全景：北京的地面互动课堂。	同期声： 主持人女：亲爱的同学们，大家好。我是物理老师史艺。 主持人男：同学们好，我是物理老师芘奇。这里是“神舟十号”科普教育活动太空授课的地面课堂。 主持人女：“神舟十号”再续飞天传奇，把我们上课的讲台都延伸到了“天宫一号”上。那再过几分钟呢，咱们就能和三位航天员老师见面了。 主持人男：是啊，我们知道航天员已经进入“天宫一号”了。大家一定很想知道他们在“天宫一号”是如何生活和工作的。那我们通过一段短片来了解一下。 短片：航天员太空衣食住行。 主持人女：芘老师，刚刚我们看到在飞船里航天员凌空翻跟头的动作，你能试试么？ 主持人男：在这我就不试了，在讲台上我做不出来。天上和地下差异太大了。那同学能不能说一说，产生这么大差异的根本原因是什么啊？ 学生：失重。 主持人男：对，失重，那说到失重，是不是指物体受到的重力消失了呢？ 学生：不是。 主持人男：答案是否定的。那我们来看看示意图。“天宫一号”，它的轨道高度约为340千米，那根据万有引力定律来计算，其实“天宫一号”受到的万有引力仅比地面减小了9.9%。那为什么我们看到的这些物体好像是飘起来了呢？ 主持人女：其实，这种飘起来的感觉，在生活中也有类似的现象。来，同学们，我们一起来看一个在电梯里拍摄的小实验。 （解说）这是一个台秤。我们把物体放到台秤上面，这个物体对台秤压力的大小就可以通过这个指针的示数反映出来。当这个物体静止不动的时候，这个物体压力的大小就等于其重力的大小。那么当电梯加速下降的时候，它又会怎么样呢？仔细看指针。我们看到这个指针的示数是不是变小了呀？但实际上物体的重力并没有发生变化，减小的只是物体对台秤的压力的大小。我们就把这种现场叫作失重。

续表

画面	声音
	（解说）太空失重的原理。 现在我们可以和航天员对话了，大家以热烈的掌声欢迎航天员们。
双屏：左侧是互动课堂全景，右侧是在“天宫一号”的三位航天员的全景。 切到三位航天员的全景。 双屏切换：左侧是互动课堂的实景，右侧是三位身处“天宫一号”的航天员。	同期声： 王亚平：我是王亚平，本次授课由我来主讲。 聂海胜：大家好，我是聂海胜，担任本次任务的指令长。 张晓光：大家好，我是张晓光，本次太空授课任务我来担任摄像师。 主持人女：现在我们是在远离地面三百多公里的实验舱里向大家问好。同学们都知道，失重是太空环境中最独特的现象，那么首先请我们的指令长来给大家表演几个高难度的动作吧。 接下来是学生提问环节。
在播出大概51分44秒后，镜头切换到演播室主持人张泉灵和两位嘉宾的中景。	（主持人张泉灵）好了，刚才课堂上同学们在鼓掌，我们三个也是在拼命地鼓掌。别说同学们看得高兴，我们演播室的所有工作人员，包括我们两位科学家看得也特别带劲。因为我们在地面上很多理论上可以想象的事情，事实上真的没有见过。 嘉宾甲：感觉就是非常震撼。 嘉宾乙：可以用完美来形容。 嘉宾甲：非常完美。给我们也留下了非常深刻的印象，我们也是第一次看到。 主持人：好，今天其实有80,000所中学6,000万的学生同时在关注这样一个太空课堂，那接下来我们就连线在浙江春晖中学的本台记者高尧。
双视屏：左侧是演播室主持人和嘉宾的中景，右侧是在浙江春晖中学记者高尧的中景。 切到高尧的中景，全屏。	记者连线 记者高尧：您好，泉灵。 张泉灵：你那边情况怎么样？刚才课堂上的气氛热烈吧？ 记者高尧：非常非常热烈。而且从早上的八点半开始，春晖中学的学生就已经锁定咱们新闻频道收看特别节目了。而且不管是刚才实验达人的实验，还是刚才亚平在太空当中的实验，每一次实验都能引起这里学生们不小的讨论。那么说到谈论呢，我们还是先来看看刚刚亚平提到的那个问题，也就是说在太空当中怎样来测量物体的质量。其实这个问题提出来之后，咱们春晖中学的学生就已经想出了方法，而且方法还不止一个。我们来问问旁边的这位同学，他的方法是怎么样的？ 迪同学：对于亚平姐刚刚提出的那个问题，我想提出两种方案。第一种方案，我们来看这种装置。这是一个弹簧，下面挂着一个勾码，我手往上轻轻拖一个弹簧，然后松开，它就做一个上下的振动，这个振动我们称之为弹簧正字振动。它的振动是有一个周期的……

续表

画面	声音
中景：记者出镜，背景是课堂。 提问同学的中景。 中景：记者出镜，背景是课堂。	（记者高尧）好的，非常感谢李同学想出的这两种解决方案。但是啊，这个解决方案到底正不正确，到底能不能在太空里实现，一会啊，还得麻烦泉灵你在演播室问问里面的嘉宾。那么其余的同学，其实更多的是有很多的疑惑、很多的问题。那我旁边的这个同学就有一个疑惑，我们来问问她。 同学：我有一个疑惑想跟大家分享。我们知道自然界中存在一种毛细现象，是指有些液体在吸管中能够上升的现象。这种现象可以用来解释为什么有些事物可以长到十米以上，下面，我们用实验来给大家演示。 记者高尧：我们看到这个管子插入到紫色的液体当中，这个紫色的液体就不断地上升到空心管当中。 同学：现在我们可以看到地球上由于重力作用，液柱上升到一段距离后就会停止，是由于它受到的重力和表面的压力已经平衡的结果。所以我想要问的是，在外太空在微重力的环境下，是否还存在这种毛细现象，如果存在的话，那个这个液柱是否会不停地上升？ 记者高尧：好的，非常感谢这位同学。那么就像刚刚这位同学问的这个问题一样，在外太空当中这种毛细现象是否能够存在？泉灵这个问题以及刚才那位同学提出的两种解决方案到底是答案是什么呢？还是得麻烦你问一问咱们演播室里的嘉宾。我这边的情况就是这样。

央视的这次太空授课的报道，采用了多样的报道形式，动用了较为充足的人力、物力资源，取得了令人称赞的报道效果。收视报告显示“神十航天员进行中国首次太空授课”相关报道在全天多个时段有收视提升的表现，是频道收视提升的关键报道；特别是上午时段播出的《太空新旅，天宫课堂》带领收视由 0.14% 快速提升至 0.59%，形成了明显的收视高峰；此外午间时段的重播亦带动收视提升至 0.59%。直播节目在央视微博、客户端、微信等平台同步进行推广，内容被数千次转发和评论，视频被新浪、搜狐以及路透社等多国多家各类媒体转载转发。对外发布 6 条相关新闻素材，被英国广播公司、欧洲新闻电视台、澳大利亚广播公司等 88 家用户使用 224 次。“央视新闻”官方微博发布多条相关微博，成为当天转发和评论最多的微博。其中《今日看点：央视直播中国首次太空授课》转发 1,000 多次，评论近 500 条；微博《太空授课集锦 缺课同学快来补课》的视频链接转发近 2,000 次。

我们从央视的这期直播报道中，也可以总结出常规直播中应该注意以下几点。

一、仔细分析直播的必要性，适时适当地直播

常规直播是电视媒体竞争力的体现，也是获取高收视率的重要手段。但直播本身意味着对事情的放大，是电视媒体进行舆论引导的突出体现。因此，电视媒体要仔细分析直播

的必要性，从新闻题材、当前时局和受众的心理接受能力，以及电视台自身的资源配置等方面进行综合考虑。一般而言，对题材重大、受众广泛关注、正在进行中的突发事件或提前预知流程的重大事件等，可以安排直播。但在确定直播的必要性后，还要考虑直播的持续长度和报道速度，要适时适当地开展直播报道。

图4–3　北京地面互动课堂的学生向“神舟十号”的航天员王亚平提问

太空授课是受国内国际广泛关注的重大事件，既能展示一国的航天事业水平，又是一项惠及全世界的航天教育内容。在“神舟十号”航天员进行太空授课之前，国际上就有不少航天人士进行了此项特殊的教育活动，如2007年美国教师芭芭拉·摩根（Barbara Morgan）在“奋进号”上进行了时长25分钟的太空授课，她与地面上的学生“天地连线”，通过视频向学生展示了在太空运动、喝水等场景。这次“神州十号”航天员的太空授课，是我国首次在太空领域进行的教育活动，而且有将近6,000万的师生观看，创下了太空授课史上观众人数的最高纪录（图4–3）。太空授课也是“神舟十号”的特殊任务，生动展示了我国航天事业的先进水平，其意义之重大也牵动着国际媒体的神经。无论从题材，还是从受众心理接受方面看，本次太空授课都具有直播的必要性。而且作为预知性事件，对其进行直播的难度也较小，央视又具有国内丰富的报道资源和领先的报道能力，因此，本次直播必然亮点突出。

二、创新报道形式，丰富信息传播

信息传达是直播报道的第一要务，它包括两方面的内容：一是信息本身的质量，来自现场的第一手的信息往往具有独家的优势，这取决于记者掌握的背景资料和在现场的观察能力；二是信息传达的方式，生动却不乏深刻的报道方式能够丰富信息的传播。因此，创新报道形式是电视媒体在直播报道中的突出优势。

（A）　　（B）

图4–4　（A）图为记者高尧在春晖中学的采访，（B）图为互动课堂内的重力实验

在《太空新旅，天宫授课》直播特别节目中，央视除了设置常规的演播室报道和记者连线外，还创造性地将授课课堂作为直播的主要场地，课堂上两位主持人的解说和提问代替了演播室主持人的解说以及和前方记者的连线，有机地串联起整个报道过程（图 4–4）而在节目最后，春晖中学的记者和演播室主持人的连线以及嘉宾的点评起到了画龙点睛的作用，“量少”但“质足”，丰富了信息的传播。

三、增强节目策划意识，体现人文关怀

常规直播往往是对预知性事件的直播，媒体事先了解相关议程，并做了直播预告，并不需要打断常规的报道日程。观众也适应媒体的前期铺垫，但这种预热效果并不总能吸引受众的关注和参与。为了使直播有效且有亮点，媒体要增强节目策划意识，在节目中加强与观众的互动，从而体现人文关怀。不仅电视直播新闻题材的选取需要人文关怀，而且在直播中主播、嘉宾的选择、视角也都需要更多的人文关怀。①

央视在这次太空授课的直播中，创造性地引入了地面互动课堂，将其作为直播中的另一个演播室。正如互动课堂其名所揭示的那样，学生和主持人、学生与航天员、主持人与航天员都展开了积极的互动，这不仅丰富了直播节目的报道形式，而且也体现了浓厚的人文关怀。与非常规直播不同，常规直播中记者和编辑有充足的时间和精力展开策划，而策划水平的高低往往直接关系到直播的成败。

新闻报道讲究时效，能以最快的速度对新近发生或正在发生的事实进行报道是每家新闻媒体的追求。如今我们身处公民时代，新媒体的快速崛起和广泛应用，颠覆了传统的传

① 参见周静：《电视直播新闻存在的问题》，载《当代传播》2003 年第 5 期。

受模式，受众也具有发布新闻和解释新闻的自由和权利，大量新媒体网站和应用也逐渐重视并适时加入到新闻传播事业中，这都使得电视媒体面临巨大的挑战。然而，直播报道依旧是电视新闻媒体最能有效抵御新媒体竞争的模式。虽然新媒体的时效性在某些事件的报道上会超越电视新闻，但是“在资源的丰富性上还是不及电视新闻，而且新媒体中的很多内容资源都是来自传统电视新闻”。[①]因此，无论是非常规直播还是常规直播，都能赋予电视媒体巨大的优势，而实现直播报道的常态化是电视媒体始终保持优势的重要因素，也是如今电视媒体应对时代变换和新媒体挑战的主要对策。

要点小结

1. 从题材上看，电视新闻直播一般分为可预知事件直播与突发事件直播；按规模的大小，直播可以分为一般直播与大型直播；从操作流程的角度来看，电视新闻直播则可以分为非常规直播与常规直播。

2. 一般来说，可预知事件的直播通常为常规直播，事先知晓事件的发展动态是可预知事件直播的优势，也是开展常规直播的必备条件。突发事件的直播往往采用非常规直播，打破常规的直播流程。

3. 可预知事件直播指的是对观众已经提前知晓的某一事件进行的直播报道；突发事件直播指的则是对突然发生、事前并不知晓的事件进行的直播报道。

4. 非常规直播，尤其是突发事件直播报道中，应该注意的几点：以记者为主体，第一时间赶往现场；构筑立体信息报道网；整合优势资源，突出传播优势，实现传播效果的最大化；构建融媒体平台，实现资源共享。

5. 常规直播中，应该注意以下几点：仔细分析直播的必要性，适时适当地直播；创新报道形式，丰富信息传播；增强节目策划意识，体现人文关怀。

思考与研讨题

1. 什么是非常规直播？如何策划和实施非常规直播？

2. 什么是常规直播？和非常规直播相比，常规直播的运作要注意什么？

3. 新媒体对非常规直播的具体影响有哪些？请查阅相关资料，做深入的分析。

4. 以近年来我国电视新闻直播报道为例，分析电视直播的新突破和新发展。

---

① 参见曾祥敏：《电视新闻学》，北京：中国传媒大学出版社 2012 年版，第 294 页。

延伸阅读

1. 童兵：《突发公共新闻事件报道与大众传媒社会责任》，上海：复旦大学出版社 2012 年版。

2. 李梓新：《灾难如何报道》，广州：南方日报出版社 2009 年版。

第五章　电视新闻直播选题的价值取向

本章要点

新闻价值——基本条件

事件性新闻与故事性新闻

动态性与不确定性

伴随着技术条件的进步和制作水平的提升，电视新闻直播的大潮已经袭来。在媒体竞争日趋激烈的今天，如何充分利用自己的传播优势、传播资源、传播手段，从而在竞争中脱颖而出，占有市场的一席之地，是每家媒体都在思考和努力解决的问题。那么，什么样的选题最具新闻价值？什么样的选题能够充分调动受众的关注积极性？如何将适合于电视新闻直播的选题类型做好做精？

第一节　新闻价值——基本条件

一、新闻价值是选题的基本条件

（一）新闻价值的界定

当人们说一件事情或某个物品对自己而言是有价值的，其实人们是在肯定它满足了人们的某种需要，即对人们的有用性。关于新闻价值的界定，古往今来，众说纷纭，李春邦认为新闻价值是记者衡量事实可否成为新闻的标准。该论断强调记者的主动性，认为新闻价值是记者凭自己的新闻敏感、经验和对当前形势的掌握达到的。[①] 美国著名报人普利策（Joseph Pulizer）要求记者采访“与众不同的、有特色的、戏剧性的、浪漫的、动人心魄的、独一无二的、奇妙的、幽默的、别出心裁的”新闻，认为符合上述要求的，是有价值的新闻。1903 年出版的美国新闻学专著《实用新闻学》中提出“新闻必是以动社会全体之兴趣者，当注意新闻价值”。

在美国学者约翰·费斯克（John Fiske）等编撰的《关键概念：传播与文化研究辞典》中，有“新闻价值 (news value)”这一词条，除解释其含义外，还特别说明：“多年来，想给新闻价值做出更明确定义的尝试数不胜数。但是，若把这些理论编成一个确定而可靠的价值一览表则难乎其难。因为，不同的研究是从不同的立场，使用不同的假定与术语探究这一完整概念的。”[②]

但总的来说，新闻价值就是用来选择和衡量新闻事实的客观标准，同时新闻价值也强调所选择和报道的新闻对于个人和人类社会的有用性。对于电视新闻直播来说，有新闻价值的选题内容是对其进行取舍的基本条件。那么，如何确定新闻是否具有新闻价值呢？

---

① 参见李春邦：《新闻价值的含义》，载《广西大学学报（哲学社会科学版）》1983 年第 1 期。

② 参见〔美〕约翰·费斯克著：《关键概念：传播与文化研究辞典》，李彬译，北京：新华出版社 2004 年版，第 185 页。

（二）新闻价值要素

新闻价值的概念起源于西方。美国哥伦比亚大学麦尔文·曼切尔（Melvin Mencher）教授在他所著的新闻业务教材《新闻报道与写作》中，将新闻价值的因素归为：

影响：很可能影响很多人的事件。

时间性：最近发生的或者正在进行的事实。

声望：涉及著名的人物和机构的事件。

接近：发生在传播或广播地区的事件。

冲突：反映人们之间或组织之间的冲突的事件。

异常：极其偏离人们日常生活经验和想象的事件。

传播：正在被谈论的事件或社会问题。

这种对于新闻价值要素的归纳有一定道理，但是对于电视新闻的直播报道来说，其重要程度的先后顺序会产生一些变化，比如：虽然有的事情会影响很多人，影响到人们的事情也有很多，但我们在选择新闻时往往更关注那些与最新事实相关联的事实，即选择最新最近的新闻。具体来说，我们可以将新闻价值要素概括为以下几点：①

1. 时新性

时间距离近，事实内容新。时新性的标准要求记者能够将现场发生的最新最近的新闻报道给观众，即报道速度快，内容新。以体育新闻为例，观众往往要求电视及时报道最新的比赛结果、比赛信息，并且能够关注马上要产生的新闻事实信息。人们常常可以在新闻中听到“刚刚结束”的比赛的结果，转播体育比赛也是现在电视媒体的惯用做法，为的就是提供给受众最快、最新鲜的新闻资讯。

2. 重要性

重要性就是新闻具有重大的作用、意义、影响。对于重要性的理解相对容易，因为人们不会关心毫无意义的小事，而对影响世界、国家、社会、个人及相互关系的重要事件或信息更为感兴趣。新闻的重要性是判断新闻价值大小的重要因素。举例来说，报道政治上大政方针的变化、党务政务活动的开展，体现着电视新闻和政治的关系，是具有新闻价值的；还有与人民群众工作、生活息息相关的“重要事件动态”“热门话题”等也是电视新闻直播选题的重点，具有很大的新闻价值，如澳门回归15周年的直播等。

3. 显著性

显著性，即新闻中涉及的人物身份显赫、影响显著、知名度高。人永远是电视新闻中记者进行报道的主要对象，选题涉及人物的社会身份的显要程度和社会影响力的大小都会影响到新闻的吸引力和关注度。比如，国家领导人的出访一般都会在新闻节目的头条播出，他们的外事访问不但缘于其本身的重要社会位置，还因为他们的行动和工作与国家政

① 参阅何梓华：《新闻理论教程》，北京：高等教育出版社2008年版，第110页。

治、外交等紧密相关。再者，著名的文化、体育界明星也是电视新闻直播报道的主要对象，他们都具有新闻价值。

4. 接近性

接近性指新闻事实同受众的接近程度。接近性有两种具体情形：一是地理上的接近性。也就是说，新闻事实发生的地点与新闻传播的地点距离越近，新闻价值越高。二是心理上的接近性，即新闻事实与受众在心理上相接近，接近程度越高，新闻价值越大。2008年北京奥运会开幕式直播是我国电视新闻直播报道史上的重要里程碑，国人对其关注度空前高涨，因为这是我国第一次举办的奥运会，国人自豪之情溢于言表。另外，近年来，我国电视媒体对于灾难性事件的报道和直播投入更大，获得的社会反馈也更多。汶川地震、舟曲泥石流、云南昆明“3·1”暴动等新闻事件都牵动着人们的心，这种心理上的接近，包含着关心、同情，而感情因素的增加也使这些新闻事实的直播产生更多的心理接近，其报道也更具新闻价值。

5. 趣味性

趣味性就是新奇有趣，知识性强。作为重要的新闻价值要素，趣味性已经成为衡量新闻价值大小的重要因素。随着人们对于新闻的接触量越来越大，报道越来越多，趣味性强、有新意、有创意的报道才能吸引观众，因为人们总是对新鲜有趣的事物感兴趣，如元旦烟火的直播就取得了很好的收视效果。电视新闻直播的选题应注重选择那些本身具有很强感染力、人情味、知识性的内容。

第二节　事件性新闻与故事性新闻

一、事件性新闻

（一）事件性新闻的含义

什么是事件性新闻？《新闻学大辞典》给出了这样的解释：事件性新闻是以一个独立的新闻事件为核心而展开的新闻报道。它十分强调新闻的时效，其新闻价值与生命力同及时性密切相关，要求新闻报道迅速反映新闻事件的发生、发展。它包括大量的动态消息和现场特写性新闻。非事件性新闻则指与事件性新闻相区别的新闻报道，即对一段时间或若干空间发生的情况、经验或问题等概貌性或阶段性的反映，其时态往往是渐进性的。非事件性新闻包括典型报道、深度报道、经验性消息、述评性消息等。

（二）事件性新闻的特点与新闻价值

事件性新闻的直播报道之所以成为当前电视新闻发展的趋势，与其新闻价值有关。那么，与非事件性新闻相比，事件性新闻具有哪些特点呢？它们又是如何体现新闻价值的最大化的呢？

1. 变动的点

事件性新闻通常是在表现某一个点，美国新闻学者沃尔特·李普曼（Walter Lippmann）认为事件性报道是对“一种突出的事实的报道”。这个“点”从事件本身出发，在时间、空间两个维度，会伴随着一定的变化。[①]

新闻事件的发生发展一般都有较为明确的时间点，电视新闻报道就可以抓住这些关键点作为直播报道重点，从而较好地实现新闻价值的时新性；而新闻事件中突出的事实部分则往往是人们最为关心的、具有重大影响和意义的部分，符合新闻价值的重要性。随着电视新闻报道内容的扩大和及时性的提高，在地理上和心理上接近受众的事件性新闻也更多地被报道。

2. 典型性

事件性新闻一般具有很强的典型示范、示警作用。

这种典型意义可以通过显著的新闻人物得以体现，他们的行为通常对普通大众具有示范和警示作用。这也使得电视新闻直播报道更具竞争力。

3. 感染力强

为什么说事件性新闻具有极强的感染力和吸引力呢？一是因为事件性新闻是以某一具体新闻事件为核心展开的报道，而事件本身又具有其原始的戏剧张力和表现力，也常常带有趣味性。二是因为事件性新闻对新闻事件现场的描述和报道直观、高效，这种来自新闻事实现场的真实感将会吸引受众的兴趣和注意。

（三）事件性新闻的分类：突发性事件和可预测性事件

1. 突发性事件的报道

突发性事件是最有利于展现电视新闻直播魅力的新闻类型，因为突发性事件往往事发突然，难以预见，冲击力大，且影响广泛。突发性事件的报道对整个媒体运行和参与报道人员的能力都提出了很高的要求。正因为如此，突发事件的直播能够引起受众最大程度的关注，是选题的重中之重。

现以央视关于2014年“3·1”昆明火车站暴力恐怖袭击案的部分报道为例，我们来做具体分析。2014年3月1日21时20分左右，在云南省昆明市昆明火车站发生了一起以阿不都热依木·库尔班为首的新疆分裂势力一手策划组织的严重暴力恐怖事件。这起暴

① 参见尹德刚：《事件性新闻与非事件性新闻》，载《新闻大学》1995年第1期。

力恐怖案件事发突然，又正值夜晚，引起了整个社会的广泛关注，央视对此做出了及时的报道。

首先是央视新闻频道的《24 小时》在当日 23 时 16 分插播了最新消息（图 5–1）：

（主播：徐晨阳）刚刚拿到一条来自国内的最新消息：本台记者刚刚从昆明警方获悉，1 号晚，一伙身份不明的人冲进昆明火车站，持枪伤人。初步了解，目前已经造成了人员受伤，是否造成人员死亡还在进一步了解当中。

（主播：王宁）那对于这样一个恶性事件，我们新闻频道将持续关注。

图5–1　主持人徐晨阳口述昆明火车站遭暴恐袭击

接着，在 23 时 41 分，央视新闻频道又对“3・1”昆明暴力恐怖袭击案进行了连续报道，同时介绍了最新了解到的情况（图 5–2）：

图5–2　主播徐晨阳报道昆明暴力恐怖袭击案的最新情况

（主播 徐晨阳）：接下来看看刚刚收到的最新消息：1 号晚上，一伙歹徒持械在昆明火车站砍杀路人，目前已有数名歹徒被处置，现场已经拉开警戒线。从昆明火车站往外 150 米左右的主干道被封锁。目前还在对火车站内的人员进行排查。据现场的警务人员介绍，数名砍杀路人的歹徒已经被处置，多名受伤的群众已经被送往医院救治。记者在现场看到，已经有公安、特警、消防、120 等多方力量到达现场，警车数十辆，大批警力协助处理。据火车站附近的派出所值班岗亭的值班民警介绍，当晚的 9 点左右，一伙歹徒持刀，从昆明火车站的铜牛雕像处，开始往外砍杀路人，多人受伤，几名歹徒已经被击毙。

接着是 3 月 2 日凌晨的《新闻直播间》，在 1 点 16 分时继续报道了相关最新消息（图 5–3）：

（主播 张仲鲁）本台消息，中共中央政治局委员、中央政法委书记孟建柱午夜率工作组飞赴云南昆明，指导暴力恐怖袭击案件处置工作，慰问受伤群众和遇难者家属。

图5–3 主播张仲鲁介绍了昆明暴力恐怖袭击案的最新情况

之后，每个时段的《新闻直播间》都对此事件进行了更新报道，以下是 2014 年 3 月 2 日凌晨 5 点的最新报道（图 5–4）：

（主播 张仲鲁）新华社消息，3 月 1 号晚 9 点 20 分，十余名统一着装的暴徒，蒙面持刀，在云南昆明火车站广场、售票厅等处，砍杀无辜群众。截至 3 月 2 号 1 点，暴力案件已造成 28 名群众遇难、113 名群众受伤。公安干警当场击毙 5 名暴徒，其余暴徒仍在围捕中。案件发生后，中共中央总书记、国家主席、中央军委主席习近平高度重视，立即作出重要指示，要求政法机关迅速组织力量，全力侦破案件，依法从严惩处暴恐分子，坚决将其嚣张气焰打下去。要精心做好受伤和遇难群众的救治和善后工作。

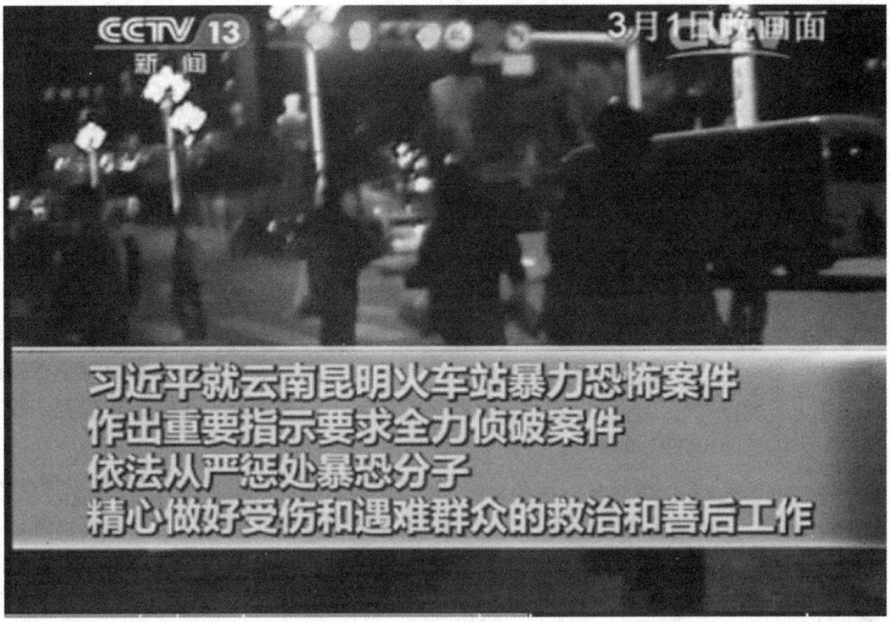

图5–4　昆明暴力恐怖袭击案后火车站附近的情况

3 月 2 日 7 时的《朝闻天下》，对此事件继续报道。

……

可以说，在暴力恐怖事件发生后的 12 小时内，央视做出了较为及时的报道，对于这一突发事件的直播也能够做到层层深入、及时更新，对事件的评价也比较到位。从整体来看，电视新闻直播报道突发性事件，较好地展示了电视直播的魅力，具备了新闻价值的时新性、重要性、接近性等要素。

2. 可预测性事件的报道

可预测性事件不同于突发事件，在进行直播报道之前，媒体是能够获取一定的信息的，在当代电视新闻直播报道中，此类事件通常都是可以在事前经过策划、准备的仪式类事件。这类事件也已经成了电视新闻直播选题的重要内容，从香港回归直播，到 2005 年央视《东方时空》直播报道“神舟六号”发射，到奥运会开幕式直播，再到澳门回归 15 周年纪念直播，可预测性事件新闻已经丰富了电视新闻报道的内容，同时直播这些事件新闻也让广大观众感受到了现场的气氛，观众仿佛走进了新闻现场，其真实感、体验感倍增。

可预测性事件往往都具有极强的重要性，内容包括政治、经济、文化、生活等各个方面。因为新闻的发生时间具有可预测性，通常会有观众守候观看，所以这类选题的直播也往往能够创造收视率的高峰。

表 5–1　央视 1997 年对三峡截流直播报道的实录节选

画面	声音
演播室： 设在离龙口不远的一条船上，背景中可以看到龙口。	（主持人白岩松）刚才呢有一位观众朋友把电话打到了我们在北京的总部，问了一个非常有意思的问题。他说刚才看了你们那个空中直升机的现场直播拍摄得非常好，但是你们为什么没有设水下的摄影机位呢？其实我们也认真地考虑过这个问题，而且也是有能力做到这一点的。但是考虑到在整个施工过程中龙口附近的水非常浑，包括我们看到在其他河段的水也是比较浑，那么拍摄出来的画面呢可能不会很好，所以我们最后就取消了这种打算。 现在的时间是下午的2点30分，也就是说再过1个小时，大江截流将顺利地完成合龙。那么习惯了在自己的河道上奔波的长江，为了中国人的幸福就不得不改道导流明渠，看样子在这里我们要感谢长江了。不过为了这一目标的实现呢，我身后的建设者们正在紧张地施工，接下来让我们走近现场。
远景：长江的合龙现场的工作。 全景：挂着“长江委水文”的船只——摇到现场报道记者——向左摇到对岸——推到流动的河水。 切到中景：记者站在画面右侧现场报道。 推镜头采访“老于”，记者背对镜头——摇镜头，落幅是“共产党员号”。 （穿插远景：“共产党员号”工作）	（记者1）各位观众，现在的时间是2点30分50秒，距预定合龙的时间3点半还有1个小时，让我们来看看龙口的情况。现在根据目测的情况，龙口大概也就是10米左右的距离，水流非常急，那么现在我可以非常清楚地看到对岸的人了，大家看对面的情况可以看得清清楚楚的。那么刚才这段时间我们注意到，石头主要是往腔堤的两头来投，这是为什么呢？主要原因是它的引水面受水流的冲击比较大，所以需要用大石头给它巩固，而它的回水面这个时候也会受到水流的冲击，所以一般都是先往这两头投，两头巩固了以后，中间再往前前进。大家看现在主要是往两边投石料，看得很清楚。 今天整个三峡围堰一共是投入了1,000多人，300多辆车，这在以前是完全不可想象的，那么这主要是一方面采用了先进的设备，当然还有科学的管理，但是更重要的是承担三峡工程建设的这支队伍是一支能打硬仗的实力雄厚的队伍，据我们了解今天他们所挑选的，都是一些精兵强将，不一定每个人都有机会来参加今天的会战。老于，是不是每个人都能参加啊？ （老于）：那不行啊，这都是经过挑选的工作人员。 （记者1）：今天都是些什么人啊？ （老于）：今天我们有共产党员，有劳动模范，有先进的要求入党的积极分子，还有我们要求出国却没有出国的同志。 （记者1）：还没有出国的同志都放弃出国的机会了。 （老于）：对对对，他们愿意在这里搞截流。 （记者1）：今天1个小时后，这个最后的冲刺将怎么实现？ （老于）：通过那个推土机实现。 （记者1）：是共产党员号。就这辆是吧。这位师傅叫什么名字，你能告诉我们吗？ （老于）：雷元斌，51岁，他的师傅是葛洲坝截流的第一刀。他就是师傅的助手。 （记者1）：什么叫第一刀啊？ （老于）：就是最后一刀。 （记者1）：最后的时刻推那一下叫最后一刀是吧？ （老于）：对对对。 （记者1）：今天任务由他完成。 （老于）：今天最后一刀也是由他完成？ （记者1）：各位观众，现在的时间是2点33分，34分了，再过一个小时让我们共同期待大江截流的历史瞬间。好，龙口的报道就到这里。

续表

画面	声音
远景：长江的合龙工作现场。 镜头从“长江水文”的工作船拉到现场报道的记者，中景，记者在画面的右黄金分割点处现场报道。 （穿插镜头：工作中的大型卡车、上面运输的石头、倒石头的推土机和指挥工作人员、长江合龙现场的远景镜头）	（记者2）那么从我这个位置上看过去，龙口的距离已经越来越小了，所以我们这艘摄像船也尽量地往前移。现在我看我们之间的直线距离，大概在20米，所以说，大江合龙已经是胜利在望了。不过越在这个时候越不能掉以轻心，我们可以看到两岸的施工者一个方面是积极推进，而另一个方面呢，也在稳扎稳打不断扩大和巩固自己的战果，在两岸加宽。在龙口的中间我们看这个水文测量井还稳稳地停在中间，获取最后的那些珍贵的水文数据。那么我们大家如果从工地上仔细看一看，可以发现几个问题。两岸的车辆现在排得非常整齐，在等待着向龙口最后的冲刺，在这辆车里我需要向观众朋友们介绍一种大型的卡车。那是一种巨大的大型装载车，它的载重量是80吨，80吨意味着什么呢？我们有人进行过计算，就是说这辆80吨的卡车一车几分钟运一次，这个工作量就相当于80个人干一天的工作量，可见这效率是非常高的。除此之外那些在两岸堤头打先锋的推土机，各个都在1,000马力以上，正是有了它们，才使大堤不断向两岸延伸加固，使得这个堤头更加可靠。像这样的现代化的装备，在我们三峡工地上可以说是处处可见，比如说设立在右岸中宝岛上的大型的卡带机，那辆卡带机可以实现水泥的连续浇筑，那辆卡带机是我们从国外专门定做的，目前它是全世界最大的。除此之外，比如说进行上游围堰中间的那部分防震墙的架设、估设，还有双头的挖槽机，也都是全世界的一流的设备。可以说在三峡工地上，现代化的装备几乎成了全世界先进设备的博览会。好，现在龙口正在进一步往前延伸，下面的情况由我们其他位置的记者继续向您播报。
从电脑前的工作人要摇到记者，近景，记者站在画面正中做现场报道——镜头跟拍记者介绍显示器上的龙口示意图——跟拍记者走近指挥长。 近景：采访陈总。（穿插工作现场的镜头）	（记者3）您好，观众朋友，现在离最后合龙的时间已经不到一个小时了，现在整个指挥部比刚才看上去更为紧张忙碌了，但是非常有序，应该说现在已经到了大会战的最后的关头，那么现在的水流流速是每秒2.43米，流量是每秒8,480立方米，在施工方原来所控制的范围内，也就是说，施工是在正常的范围里进行，看来今天的长江水还算是体谅工人们的艰辛，在这样一个特殊的日子里，也要助他们一臂之力。那么现在在我身边的这个显示器上，我们可以很清楚地看到，这个原先40米的龙口，已经缩小到很小很小的一个倒三角形了，最新的数据显示这个龙口还剩下14.5米，应该说现在这个安全系数已经是非常大了，那么要填满这样很小的一个三角形呢，据说还需要2,700方的石方。好，下面让我们抓紧时间采访一下指挥长，陈总，能打扰一下吗？ 我想问一下，就是说，现在已经进入最后的关头了，作为总指挥来讲，到了这样的最后时刻，我们要把握的最关键的问题是什么呢？ （陈）：现在这个上游的龙口只有14米左右，那么还剩下的量只有2,000多方，现在差一个小时两边就要“握手”了，我们的推土机要在那里“握手”了，我们两侧的葛洲坝的主力要在那里“握手”，就说葛洲坝的一公司和葛洲坝的二公司就要在那里握手，那么这个时候我们要把宽度做好，安全工作要做好。 （记者3）：那么最后这一刻会采用什么样的方式合龙？我们两台推土机从左右两岸相互接近，一个堤头是两辆，那么一共是四辆往中间合龙？ （陈）：对，我们准备四辆，最后我们再根据情况进行调整，待会儿通过电视你们就可以看到，到底是几辆。 （记者3）：那么合龙之后，我们要用什么样的措施去保证这个堤头的安全吗？需要去加固保证它的稳定性吗？

续表

画面	声音
摇镜头：从记者摇到回到指挥岗位的陈总。	（陈）：那么接上以后，我们要以最快的速度进行填平还要加宽，要加固。 （记者3）：那么合龙之后的宽度是多少呢？ （陈）：我们要保证在20米以上。 （记者3）：那么你们的标准宽度是多少呢？ （陈）：应该是30米。 （记者3）：30米，那么说紧急加宽到30米？ （陈）：对对对对对。 （记者3）：那到时候人和车都能够走吗？ （陈）：能走，确保通行。 （记者3）：那么你们最大的车是77吨，这个车能走吗？ （陈）：可以保证上车道通过。 （记者3）：哦，谢谢您。那么现在让我们一起来期待大江合龙最后圆满成功。
从“导流明渠”摇到做现场报道的“记者4”，记者中景，在画面的左黄金分割点处——再摇到导流明渠里的一艘游轮。 （穿插导流明渠的全景） ——镜头拉回“记者4”和航指03联系——摇推到油轮甲板上的人——摇到做现场报道的记者。	（记者4）：观众朋友，我现在还是在合龙口右侧的纵向围堰上为您进行报道，在合龙口上，建设者们正在奋力拼搏，他们的目的是要把长江水拦腰斩断，而在我左手边这个导流明渠，却要保证长江水在这里畅通无阻。从今天上午到现在我们看到，在导流明渠中各种船只航行得都非常顺利，观众朋友们看，现在驶过来的是一艘油轮，这艘船现在正在上水，它通过导流明渠大概需要10分钟。我现在把这个导流明渠的情况给大家做个介绍。这个导流明渠，从我这一侧到对岸那一侧一共是350米宽，这条导流明渠完全是用人工挖掘出来的，在这条渠里，完全是混凝土浇筑的渠体，在我站的这一侧，水深是12米，在对岸那一侧，有8米，因为只有这样的深度，才能保证目前在长江上通行的所有的船只都能够顺利地通过这个地方。那么今天上午的情况我们回头看一下，现在过来一艘油轮，观众朋友们看到这就是目前正在导流明渠中指挥航运的，我们对讲机所联系的航指03号，我们现在跟他联系一下。 航指03你好，航指03你好，中央电视台呼叫。 （03）：我是航指03，我是航指03。 （记者4）：我想请问一下从今天早上到现在整个的通行的情况。 （03）：从今天早晨到现在，整体的通行情况比较好，所有的船舶都能够安全、顺利地通过导流明渠。 （记者4）：他刚才说的所有的船舶都能够安全顺利地通过导流明渠。观众朋友我们现在看，一艘游轮开上来了，在它的前面是一艘水文部门的工作船。我们看到在这艘船上的甲板上站满了游客，今天早上在这条导流明渠通过的所有的船只的甲板上几乎都站满了人，从下游上来的船上的人都在非常认真地看这个大江截流的盛况。我们看到闪光灯在闪，很多人在照相，那么现在我想告诉大家一个信息，在12月8号，大江要截流的这个日期正式地公布以后，据我们从重庆万县、宜昌和武汉了解的情况看，凡是在今天白天通过这个三峡坝区的船票都被订购一空，很多航运公司还在今天加开了白天通过坝区的快班车。我们听到这艘船正在向我们致意，我们深深地为这些朋友们对三峡库区的感情而感动，在这里让我们对他们说一声“谢谢你们”！

续表

画面	声音
镜头从看台上的人群摇到“记者5”，中景——摇到远处的观众。 切到远景：对岸的情况。 切到记者5的现场报道，全景——摇到后方的观众——镜头推到记者的近景做现场报道——摇推到合龙口——摇推到远处的主席台。	（记者5）：观众朋友，我现在是在望水屏群众观礼台上向您做报道，这会儿离预计的大江截留时间还有不到一个小时，您现在看到在我周围已经来了很多很多的群众，在我背后的山坡上已经站满了人，还有更多的人沿着沿江公路向这里汇聚，他们中有很多是三峡工程的建设者，更多的是曾经祖祖辈辈在这片土地上生活的人，如今因为三峡工程而搬迁移民。说到这儿有个事儿让我非常非常感动，就在今天早上，因为直播工作的需要，6点钟天还蒙蒙亮的时候，我来到这儿，没想到有人比我们来得更早，我问他们从哪里来？他们说从150公里外的荆州市赶过来，原来他们是曾经在这个望水屏村居住的村民，1993年因为三峡工程的需要搬迁让地迁到了荆州市，那么今天他们要回到这里来看一看家乡的变化，也看一看大江截流。为了在这里占据有利的地形，他们昨天下午就从荆州市出发了，那么昨天夜里，他们就在我身后的这辆卡车上过的夜，听到这呢，我要对这些非常可亲可敬的移民说一声“谢谢你们”！ 因为在整个三峡工程的建设过程中，搬迁的移民总量超过了120万，就是这些移民们舍小家为大家的壮举，为三峡工程的建设提供了最根本的保证，就在刚才直播前我和这些观众朋友们聊天，他们告诉我，为了表达他们喜迎截流的喜悦心情，他们今天还带来了非常拿手的精彩的文艺演出，在大江截流后给大家进行表演，至于内容他们让我暂时替他们保密，等到顺利合龙后，咱们普天同庆。好，下面让我们来关注一下合龙口，我们现在看到合龙口已经比较窄了。此时此刻，我身后的这1万多名群众和电视机前的亿万观众在一起在紧张地期待大江截流一刻的到来。三峡工程不仅牵动着千千万万三峡儿女的心，也牵动着12亿中华儿女的心，更牵动着这项跨世纪工程的决策者——党和国家领导人的心。观众朋友们看到现在对面那个挂着国旗的主席台，过一会儿党和国家领导人，将会来到那里和我们一起观看大江截流的壮观场面，也和我们一起分享属于我们伟大民族的喜悦。
合龙口全景。 主席台全景。 中景：记者6的现场报道。（穿插题词的全景）	（记者6）：各位观众，这里是三峡工程大江截流仪式的主席台，现在出席仪式的领导和各界嘉宾已经陆续到场，他们当中有各方面的领导，也有各部委大专院校、科研单位的代表，有三峡工程的设计者和建设者，有老干部、老专家、外国友人和国内外厂商代表，还有正在参加国务院三峡工程移民工作会议的移民代表。在主席台的两侧，矗立着巨幅标语，是江泽民总书记和李鹏总理为三峡工程的题词。1993年9月26号，江泽民总书记为三峡工程题词：发扬艰苦创业精神，建好宏伟三峡工程。1994年12月14号，李鹏总理为三峡工程题词：应用现代科学管理，创建世界一流工程。此时此刻，我们在主席台上看到这样一个盛大的场面，确实让人感觉到三峡工程这个跨世纪的工程，的确牵动着无数人的心。刚才我注意到，今天到场的每一位嘉宾几乎都带了望远镜和照相机，刚才他们趁着仪式开始之前的这段时间纷纷在主席台上合影留念，我想他们同时也想把大江截流的这个历史瞬间记录下来，而且很多人都是隔几分钟就看一下表，可见此时此刻大家的心情都是盼望着截留的那一刻，盼望着能够成为三峡工程的大江截流的这个重大历史事件的见证人。现在我们就来看看龙口，从主席台这个位置看过去，龙口已经变得很窄了，今天早晨的时候，江面上还有一层水雾，所以龙口位置我们看得不是很清楚。现在虽然半空中还有雾气，但是江面上的水雾已经散开了，所以从这个位置我们可以清楚地俯瞰这个龙口。现在的时间是下午2点48分，再过几分钟，三峡工程大江截流仪式就要正式开始了。

1997年是中国电视史上的“直播年”，三峡截流直播是这一年里的一次重大事件直播。关于本次直播，其最大特点是现场报道构成了其全部的内容，而各个记者现场报道内容的串联、转换等都是要进行提前策划和安排的，这也是为了保证直播报道的顺利进行，从而提供给受众全方位、立体化、高效率的新闻事实。

二、故事性新闻与新闻故事化

（一）故事性新闻的含义

故事性新闻，顾名思义，就是带有故事性、情节性的新闻，即保留新闻的基本要素，遵循新闻写作的基本原则，以新闻价值为导向，将故事化的创作技巧应用于新闻写作中，使新闻作品具有通俗易懂、生动新鲜等故事性特点。

1. 故事性新闻与电视直播报道

随着电视新闻制作水平的提升和观众审美趣味的提高，故事性新闻已经成为电视新闻直播选题的重要内容。那么，为什么故事性新闻符合电视直播的要求？从实现新闻价值各要素的角度看故事性新闻又有怎样的优势和特点呢？

故事性新闻的标题开宗明义、耐人寻味，激发观众的收看兴趣。好的题目现在几乎已经是新闻报道成功的一半，因为标题是最先抓住观众的“试金石”。好的新闻标题可以激发观众的收视兴趣，差的标题则会令观众兴味索然。故事性新闻的标题一般都经过了艺术化的处理，能够在第一时间吸引住观众的眼球，这对于直播报道来说，则是抢占了先机。

故事性新闻情节曲折、跌宕起伏、可听性强。故事化的创作技巧是故事性新闻的突出特点。不同于其他新闻体裁，故事性新闻更加注重语言的精炼浅显、生动形象，力求将趣味性最大化。此外，它还通过设置层层悬念和重复重点要素突出新闻事件的重要性和显著性。

故事性新闻一般结构紧凑、短小精悍，有助于快速获取现场情况，其语言精练的特点也在直播报道中表现出较强的适应性和优势。

2. 新闻故事化报道

新闻故事化报道是现在电视新闻直播过程中常用的报道手段和报道方法，它不但体现在对新闻报道的叙事上，还表现在电视新闻的前期采集和后期编辑中。关于电视新闻故事化，美国普利策新闻奖得主普利策曾经这样说过：“所谓电视新闻故事化，指的是‘采用对话、描写和场景设置等，细致入微地展现事件中的情节和细节，突现事件中隐含的能够让人产生兴奋感、富有戏剧性的故事。’”而一次好的新闻故事化报道，也往往能生产出一条好的故事性新闻。

（二）电视新闻的故事化表达

面对现在的新闻市场，受众早已厌倦了过去刻板、严肃的电视新闻报道，新闻直播节目已经不能仅仅看重时效、真实，而要在快而准的基础上，将新闻报道变得生动、有趣，符合受众的兴趣需求，在满足受众知晓、了解功能的同时，使受众获得启发、有所感悟。电视新闻直播报道的选题故事化，不仅对新闻写作提出了要求，也对记者现场的采访、叙述能力提出了挑战。

我们以央视《新闻 1+1》在 2013 年 10 月 8 日的直播报道《香港人质事件“冷血的沉默”》为例，看电视新闻直播的选题故事化表达。

这期节目聚焦的是在香港人质事件过去三年后，菲律宾政府依旧沉默。在 2013 年马来西亚举行的 APEC 会议上，香港媒体记者对菲律宾总统的提问再次引发了全社会对香港人质事件的关注。本期节目通过对背景事件以及对相关人物的采访回顾，加之白岩松的评论，清晰地展示了事件的来龙去脉，取得了很好的传播效果。

本期节目开篇，选取了重点相关人物的采访画面（图 5–5、图 5–6），并配合解说，简要介绍了事件背景，将新闻以故事的方式讲了出来，极大地吸引了观众的观看兴趣。

解说：香港游客在菲律宾马尼拉被枪杀，电视直播残忍记录整个事件过程，这就是三年前的香港人质事件。

同期声：

遇难者母亲：我每天晚上都会想起我的儿子。

解说：道歉、赔偿本是死者家属和伤者的最基本诉求，但菲律宾为何始终不予回应？

同期声：

菲律宾总统阿基诺三世：你这是你的（道歉）文化，你会这样做，但在我们制度，我们不会为他人承认过错。

解说：记者追问沉默应对，正式会见态度强硬。

同期声：

香港特区行政长官梁振英：从他们的角度来看，已解决，我不同意这个说法。

解说：外交部发言人就香港人质事件表达中方立场。《新闻 1+1》今日关注香港人质事件“冷血”的沉默。

接着，白岩松引出事件，对事件目前的情况做出小结，并且直击此次香港记者菲律宾总统的追问。同期声和现场画面让观众感受到强烈冲击。解说深入介绍了香港人质事件的后期处理情况以及处理细节。以下是白岩松的解说：

您好，观众朋友，欢迎收看正在直播的《新闻 1+1》。

谁也没想到在印度尼西亚举办的 APEC 会议上，一个三年前发生在菲律宾马尼拉香港人质事件被再次推到了公众的面前。

图5-5 香港记者在APEC会议上就香港人质事件向菲律宾总统追问

更让我们感到困惑的是，三年时间都过去了，当初菲律宾方面显然在解救人质方面并不成功，这样的一个过程，最后导致八名香港同胞不幸遇难，到现在为止居然没有道歉、没有赔偿，而对相关责任人的处理也显得非常轻描淡写。

那么我们就必须要追问了，为什么三年时间都过去了，这一切几乎都没有做呢？是的，香港记者也是这样追问的，今年我们的关注就从这个追问开始。

APEC会场，香港记者提问：

记者：你会不会见梁振英？你会不会就马尼拉事件向香港人道歉？你可以回答吗？你漠视香港人吗？已经三年了。

解说：被香港记者追问的是菲律宾总统阿基诺三世。面对记者的问题，阿基诺三世并没有停下脚步，更没有回答问题，而是选择了沉默。这是发生在APEC领导人峰会期间的一幕，那么，香港记者为什么要在这样的场合向阿基诺三世提出这样的问题，香港人质事件不是过去了已经三年了吗？事发后，香港记者协会主席岑倚兰对外界表示，香港记者之所以会问这样的问题，是因为菲律宾政府尚未对八名港人在菲律宾警方解救行动中死亡做出令人满意的解释，在巴厘岛的香港记者只是履行自己的责任。

记者：你会不会见梁振英？你会不会为马尼拉事件向香港人道歉？你可以回答吗？

解说：三四名记者、四五个问题，也再次将三年前的那场悲剧推到了人们的面前，对于这样一次采访，事后，菲律宾总统阿基诺三世的发言人给出的定性是，香港传媒当时的行为，超越道德界限。

记者：你漠视香港人吗？已经三年了。

解说：10月6日，一个追问提到了三年前的香港人质事件，那么在那一次事件发生后，这三年来到底发生了什么呢？

白岩松分析了香港记者提出的问题，反驳了菲律宾总统认为的“超越道德底线”的观点。同时，用原始视频和解说回顾了2010年香港人质在菲律宾遇害的事件，给了观众关于事件最真实的展示。其中的遇害者家属和幸存者接受采访的画面让人动容，这些具有震撼力的细节使整个报道再入高潮。事件本身的重大性与菲律宾方面的沉默态度形成了巨大的反差，极具戏剧张力，引发了观众的极大共鸣、疑问和不满。以下是白岩松的评论。

（A）

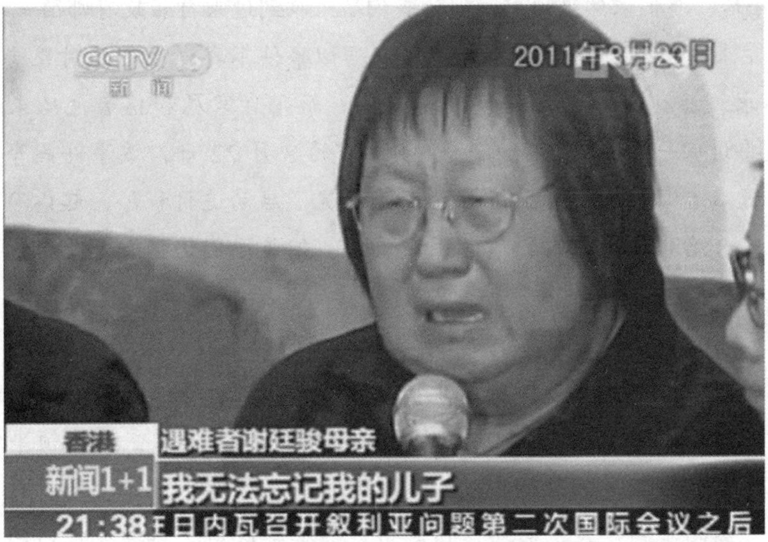

（B）

图5–6　人质事件中遇害者的家属悲痛地接受记者采访

居然说记者的那几个提问“超越道德界限”，那我们就一起来看一看到底这些提问是怎么超越了菲律宾方面认为的道德界限。是声音很高吗？从刚才我们听同期声来看的话，声音不那么高的话，恐怕自己都听不见。而且记者这种采访当然就是围追堵截了，你有权不回答，但是你没有权利去要求记者不提出问题，更何况三年时间过去了，我们每一个人都有这样追问的冲动。

我们来看看香港记者问的这几个问题。“你会和梁振英见面吗？你会不会为马尼拉事件向香港人道歉？可以回答吗？你是漠视香港人吗？已经三年了，可以回答我们吗？”是啊，已经三年了，可以回答我们吗？我们仔细看这五个提问，都是记者正常的这种提问。却得到菲律宾方面的总统阿基诺的回答，“超越了道德界限”，不知道他们的道德界限是怎么划的这一道，接下来我们就回顾一下三年前在马尼拉发生的那一起人质事件。

解说：2010年8月23日，菲律宾首都马尼拉的市中心，一辆载有25名游客的香港旅游团大巴，突然被一名枪手劫持，当时车上有21名香港游客，最大的72岁，最小的只有4岁。在经过了长达11个小时的对质后，该事件最终以流血收场。事件中有8名香港游客被枪杀，6名游客受伤。这就是三年前香港人质事件。当时这一事件也通过电视直播，残忍地展示在世人面前。但是，三年后的今年，这场人质事件仍在刺痛着所有人的心，特别是对死者家属和伤者来说，该事件更是一块随时可能被揭开、随时可能被撒上盐的伤疤，看不到愈合的希望。

同期声：

遇难者谢廷骏母亲：我无法忘记我的儿子，每年晚上都会想起他，菲律宾政府一直没有任何表示，我们不能接受。

幸存者易小玲：我们依然很愤怒，因为我们从未收到过来自菲政府哪怕一字一句的道歉。

解说：三年来，道歉、赔偿、惩处，保证类似事件不再发生。面对死者家属和伤者提出的最基本诉求，菲律宾方面却始终冷漠回应。而死者家属和伤者也从未停下奔波的脚步，为的就是要讨回一个公道。就在一个多月前的8月22日，该事件民事追讨期限的最后一天，部分遇难者家属及伤者上诉香港高等法院，启动追讨程序，起诉9名被告，包括菲律宾政府以及8名事件责任人，尽管困难重重，但是他们仍然表示要上诉。

同期声：

遇难者家属谢志坚：其实菲律宾司法部成立的独立调查委员会，已经很明确指出，是他们7位官员的严重失职，导致惨剧发生，菲律宾政府在此事上应承担应有的责任。

解说：遇难者家属和伤者提起诉讼后，第二天到菲律宾驻香港总领事馆直接递交传票，菲律宾驻港总领事馆大门紧闭，没有人接收他们的传票，无奈之下，他们也只能将传票放在大门口。然而直到今天，面对这份起诉，菲律宾政府仍然没有任何回应。

三年前，面对突然发生的悲剧，阿基诺三世在当天举行的发布会上曾经说，菲律宾政府将立即对整起事件展开调查，一个月后，菲律宾政府给出了调查结果，并承认在解救人质过程中存在多处失误，并且阿基诺三世曾发表讲话表示，人质事件发生时，菲律宾警察部队由他直接管理，他本人应该为人质事件承担全部责任。

同期声：

阿基诺三世：在那天(8 月 23 日)结束时，我应该为所有发生的一切负责。

解说：嘴上说要负责，但行动呢？既没有道歉，也没有赔偿。对于香港政府的多次交涉也始终没有积极的回应。三年时间已经过去了，这一事件的处理，到底要拖到什么时候?

今年 7 月 10 日，香港特区政府保安局局长黎栋国在接受香港立法会质询时表示，香港政府敦促菲律宾政府妥善回应遇难者家属提出的四项要求。然而三年来，面对香港特区政府 21 次与菲律宾当局的跟进，菲律宾政府至今没有确切的回应。持续跟进却看不到突破，无声似乎已经成为菲律宾政府对香港人质劫持事件一以贯之的态度。

…………

本期节目在最后设计了大量的采访、连线的报道内容，主要集中在同本台驻香港记者刘楠和外交学院战略与冲突管理研究中心主任苏浩的采访和回答中，同时还有白岩松的一些评论。可以说，这一次的新闻事件是由香港记者对菲律宾人质事件三年后的追问引起的，这次《新闻 1+1》首先在新闻标题上就十分夺人眼球，不仅是“沉默”，更是“冷血”的沉默，加重了新闻事件的情感因素。另外，新闻整体使用故事化的报道方式，将新闻事件的来龙去脉、主要情节、冲突焦点、涉及的主要人物都做了较为全面的表现，并辅以评论员评论和画外音深入解说，使整个新闻事件的故事性更强，不断激发受众的收视兴趣，且让受众充分感受了新闻事件的戏剧张力，产生了强烈的心理活动和感受。总的来说，此次报道也达到了新闻故事化报道的要求。

第三节　动态性与不确定性

一、动态性新闻

动态性新闻指的是有情节、有进程的，处于变化发展当中的新闻事件。事件的进程应当是紧凑的，适于在一个有效的时段里集中展现。

动态性新闻一般具有情节的起伏和变化，新闻事件处于发展的状态当中。从新闻价值的角度看，事件动态发展、进程紧凑使这类新闻具有时新性，而且该类新闻对新闻时效性的要求很高，因为不能迅速地掌握新闻事件的发展情况，会使报道脱节；动态性新闻报道各部分相互之间联系不紧密，难以给观众呈现事件全貌和每一个细节，造成信息缺失，留有遗憾。

动态性新闻的情节起伏是抓住受众的“利剑”，而报道事件的关键性节点也是动态新闻在直播选题中脱颖而出的重要原因，人们都有了解最新消息的需求，大起大落的新闻事件更能给观众真实感和跟随感。而在新闻事实的“起”与“落”中，也往往蕴藏着新闻的趣味性、可读性、戏剧感染力。

动态性新闻一般可以通过连续报道或者系列报道来实现，紧随新闻事件发展动态，及时作出有价值的追踪报道，让电视新闻直播也“动起来”。

下面我们通过 NBC 对一起突发公路枪击案的直播报道来具体分析动态性新闻直播的特点。

这起事件发生在下午两点半左右，警方接到报告说高速公路上发生了一起枪击案。编辑部在得到消息后，立即决定在当晚 5 点到 7 点的常规新闻节目时间中对这一事件进行直播报道。这两个小时的新闻时间每半个小时为一档，按一般的新闻操作，突发事件的直播报道都会作为头条新闻来进行处理。因此，在 5 点、5 点半和 6 点的新闻中，头条都是关于这起事件的直播报道。我们先来看 5 点时段的报道（表 5–2）。

表 5–2　NBC 对一起突发公路枪击案的部分直播报道片段

画面	声音
演播室： 两人中景。	（主持人男）今晚5点的头条新闻是一条突发消息，南加州当地一条快车道发生了又一起枪杀案。案件发生在塔斯廷（Tustin）附近的橙县,从当地55号公路到南向5号公路的连接线上。大家晚上好，这里是5点新闻直播，我是保罗 · 梅奥（Paul Moyer）。
演播室： 女主播的近景。	（主持人女）我是切林 · 威廉姆斯（Celin Williams）。在两个月前发生过的两起枪击案之后不久，今天下午在Tustin附近的南向5号快车道又报告了一起枪击案。警察封闭了55号公路到南向5号公路的连接线，我们知道他们正在快车道上排查线索，看是否有子弹壳等等任何可以显示枪击过程的证据。高速公路巡警证实一个司机报告说一个人向他的车胎射击，这是一起两车之间的枪击案，我们得到的消息是司机没有受伤。但是警察仍然关闭了连接线，他们在快车道上寻找线索，我们的人员正赶往现场，我们会在几分钟后带来详细的消息。
直升机航拍的镜头 寻找出事地点。	
航拍镜头。 警察正在搜查线索。	
航拍镜头。 警察正在搜查线索。	（女主持人画外音）回到现场，这是一起突发事件，55号高速路到南向的5号公路上发生了新一起车对车的枪击案。奇普 · 佩奇（Chip Page）正在现场，他将带来最新消息。奇普！ （奇普 · 佩奇）你好，这里是55号快车道到南向5号公路的连接线，事件发生在今天下午2点45分，我们赶到这里后得知没有受伤的人员。这是一起车对车的枪击案，警察们认为疑犯事后开车逃跑了。警察正在追捕疑犯。你们现在看到的是，警察们正在排查证据，他们关闭了公路，他们不会放过任何小细节，他们把任何可以找到的证据集合在一起，非常关注涉案的这个人，力图阻止橘子郡发生枪击案。这是最新的消息。我是NBC新闻第4频道的奇普 · 佩奇。 （主持人男）这个枪击案是否发生在连接线,而并不是在快速路的主车道上？我觉得这是第一起发生在道路较窄部分的枪击案，就像是连接线，是吗？

续表

画面	声音
	（奇普·佩奇）是的。这是发生在高速路主车道上车与车的枪击案，车与车之间会有更多的空间。但在这个发生在连接线的案件中，两车之间靠得非常近，这是非常危险的。不过确实是没有人受伤，只有受袭击者的前车胎被击中。警察希望找到任何与枪击案相关的证据。 （主持人女）从传回来的画面看，嫌疑人的车是97或98年产的皮卡，还有什么别的证据吗？比如颜色？ （奇普·佩奇）目前还没有，当然我们回来后会仔细地看录像。你知道现场的情况是非常危险的，可以想见警察多么想抓住嫌疑人，但这是很有困难的。 （主持人男）谢谢你，他们正在努力寻找线索。最大的问题是，这几起枪击案是否可以联系起来，只有找到证据才能得出结论，我们会持续关注，有更多的信息我们会及时报道。

在这一时段的新闻中，演播室的主播首先对事件进行了简略的介绍，之后通过与现场记者的连线来对事件进行直播报道。

在这一时段直升机报道员提供的信息中，最为重要的是确定了事发的地点，主播梅奥还反复提问以确认事发地点确实位于两条公路的连接线上，对关键信息进行了重点关注和处理。从画面上我们也能了解事发现场的整体状况。其他的信息如事情的具体经过、被打的车辆细节、当事人等，警方都还没有办法提供，这些信息只能在后续的新闻报道中逐步确认。

我们接着来看 5 点半的新闻头条对这起事件的直播报道。

表 5–3　NBC 当日 5 点半对该起枪击事件的直播报道实录

画面	声音
演播室： 男主播近景（穿插位置模拟图）	（主持人女）这里有一条突发新闻，大家看到快车道55号和南向5号公路部分地区被封闭了，因为发生了新一起枪击案。晚上好，我是切林·威廉姆斯。 （主持人男）我是保罗·梅奥。还是从这个南加州的枪击案开始。这次事件很特殊，这是一起发生在连接线上的枪击案，这是公路上比较窄的地方，事发地点位于55号公路和南向5号公路的交叉处，现在可以确定这次的枪击案和两个月前的快车道上枪击案没有联系。今天下午，一个司机告诉高速公路巡警说，在他靠近55号的5号公路出口时，一个人向他的车胎开枪。我们连线奇普·佩奇，警察们还在寻找子弹和弹壳等证据吗？
航拍镜头： 警察搜查线索。	（奇普·佩奇）是的，他们还在55号公路到5号公路之间寻找证据。他们寻找了30分钟，力图找到更多的细节。他们排查的时候人挨着人。没有人在这起事件中受伤，这起事件影响了交通，大家可能要绕过这段路才能通行。这是奇普·佩奇带来的最新消息。

这一时段的直播报道非常简短，因为从事件现场的进展来看，并没有太多的变化和新的信息。但由于这是备受关注的突发事件，因此仍然作为头条新闻来处理，报道方式依然是通过主播与直升机报道员的连线完成的。

与前一时段不同的是，由于前一时段直升机报道员和现场画面提供了准确的事发地点和位置信息，这一时段的报道中出现了一幅事发地点的示意图。这幅图是由后方播控机房中的技术人员制作的，也是这一时段直播报道的新进展。除此以外，直升机在这一时段提供的画面非常稳定而准确，先是缓缓地从高空拍摄的大远景向事发地点推近，之后又从事发地点缓缓拉开。这是根据报道需要做出的调整。这个时段的直播报道播出的时间，正值下班的高峰期，由于现场并没有太多的新进展，报道就转向这起事件对交通的影响，这是观众所关注的重要信息。

以下是6点的新闻头条对这起事件的直播报道（表5–4）。

表5–4　NBC当日6点对该枪击事件的直播报道实录

画面	声音
演播室： 男主播2的近景（穿插动画模拟图）。	（主持人女）新一起枪击案发生在高速路上，这一次是在塔斯廷附近，下班时间到了。警察在快车道上寻找线索。大家晚上好，我是切林·威廉姆斯。 （主持人男2）我是乔·卡里（Joe Carry）。6点的新闻首先带来的是警察在5号公路附近区域认真排查每处地方以搜索关于枪手的任何消息。一个司机报告警察说，他在55号公路和南向5号快车道的连接线上时，一个人射击了他的轮胎，维姬·瓦格斯（Vikki Vargas）正在塔斯廷的现场。维姬。
中景：维姬在画面偏右做现场报道。 穿插航拍的镜头和现场的镜头。	（主持人女）这会儿我站在南向的5号公路通向一个新的港口街道的路上，枪击案发生的区域被封闭了，警察正在找寻线索，特别是弹壳，他们找到一个了。我们得知受害者是来自塔斯廷的一个17岁的青年，这个青年说，他的车从55号公路向南向的5号快车道换道时，嫌疑人与他的车并排着开，用左轮手枪指着他，开了一次枪，射到了他车的右前轮胎。这位受害者离开了高速路并寻求帮助，随后高速路就被封了，高速公路巡警和塔斯廷的警方立即在这里拉响警报，并迅速搜寻受害者和嫌疑人行驶过的路段，我们知道他们搜寻了大约30英尺。
近景采访。	【采访】车上只有一人，他大概35岁到40岁，穿红色的长款T恤。
中景：维姬在画面偏右做现场报道。 穿插航拍的镜头和现场的镜头。	（主持人女）看一下即时的交通情况，6点的时候，高速路上有很多要回家的车。我们知道这是三起发生在1米之内的枪击案之一，调查人员说，三起案件发生在这一个地方是地理上的巧合，现在还不能将这一起与其他的联系起来。从今年的一月到现在，高速公路上一共发生了14起枪击案，官方说他们还将在连接线上继续寻找线索，让犯罪嫌疑人早日落网。这是维姬从塔斯廷发回的现场报道。

这一时段的新闻跟前两个时段有了明显不同：地面报道组赶到了现场，通过现场连线

进行直播报道。从动态信息的增加角度看，事件发生的具体时间、被枪击车辆的镜头、核心人物的采访等，都得到了确认，这些都是受众需要了解的核心信息。记者在第一个段落报道完这些最重要的信息之后，接下来又对这起事件对交通产生的影响进行了报道。

可以说，NBC 对这场枪击案的报道是一步一步进行的，不断提供给受众信息。三个时段的连续头条报道与直播，充分彰显了该新闻事件的新闻价值。NBC 对这个事件过程的发生、发展情况也介绍得相对详细，三段直播被串联到一起，让新闻现场“动”了起来。

二、不确定性新闻

不确定性新闻一般指对受现场客观条件制约而难以确定事实具体情况的事件的报道。在电视新闻的直播中，它更加强调未知性。

对于受众来说，他们已经不再满足“填鸭式”地接受新闻信息的方式，越是意料之内的新闻，越让他们觉得乏味，难以引起他们的收视兴趣，而充满未知性的不确定性新闻事件则非常符合他们的要求和心理预期。

不确定性新闻与电视新闻直播相结合，能够让传播者和受众同时走进未知领域，探索不确定性背后的真实情况，并且期待出现可能有着巨大冲击力的结果。现场直播节目总是充满悬念和对抗的场面，这种“‘不确定性’以及记者对这种不确定性的把握，构成一种张力，使直播报道产生了永恒的魅力”。①

除了未知性和悬念感，不确定性新闻还具有很强的不可重复性，这样的新闻在直播状态下，就能让受众见证事件发生的瞬间，感知现场的情况。因此，体育赛事、人文及历史领域的变动、天文奇观、自然现象等都可以作为电视新闻直播的选题方向。

我们以央视在 2009 年 7 月 22 日直播天文奇观《长江大日食》这期节目为例分析不确定新闻直播的魅力。

本次直播由央视牵头，联合四川台、重庆台、湖北台、安徽台、蚌埠台、江苏台、苏州台、无锡台、浙江台、嘉兴台、杭州台、上海东方卫视、黑龙江台、海南台等 14 家电视台，以及中国科学院、国家天文台等多家单位在日食带沿线十几个城市设立多个直播点，进行日食观测大接力的直播报道。

6 点 43 分《朝闻天下》视频连线：浙江嘉兴观测点准备就绪。

6 点 45 分《朝闻天下》视频连线：安徽黟县日全食观测点准备就绪。

演播室主播：《朝闻天下》（视频短片＋解说）罕见的日全食今天就将上演。我国是全球陆地上最接近它的国家，因此也就是实际上的最佳观测区域。全食带在我国自西向东经过西藏，云南、四川、重庆、湖北、湖南、河南、安徽、江苏、江西、浙江、上海等地区，全食带以外的我国其他地区，可以看到不同程度的偏食。根据中科院紫金山天文台公

① 参见王大龙：《电视人的弄潮精神——评电视现场直播〈钱塘江潮〉》，载《新闻与写作》2001 年第 12 期。

布的我国主要城市日全食的时间表，在我国，出现初亏的时间最早大概是在今天上午8点左右，而最精彩的全食基本都是出现在今天上午9点多钟。

8点整 CCTV-10开始直播《天象奇观·日全食》，节目由白桦、胜春、王筱磊、张腾岳等主持，他们分赴四川成都、湖北武汉、安徽铜陵、浙江安吉天荒坪，与北京主演播室互动。

8点17分《朝闻天下》直播重庆出现日亏。

8点20分《朝闻天下》直播安徽黟县出现日亏。

8点24分 中央电视台《长江大日食》特别节目全程直播五百年一遇的日全食现象。

在直播过程中，主播海霞同安徽、重庆、四川、上海等国内外各地记者进行连线，由前方当地记者介绍各地情况，同时辅以北京天文馆馆长朱进的实时讲解。另外，在电视屏幕右下方会不断出现各地日全食的变化过程以及具体时间，给出观众最快最有效的观测信息。由于天气等各方面条件的影响，日全食这个天文现象的出现和变化具有不确定性，但正是这种“不确定性”，借助电视直播的形式，给了观众与传播者共同见证天文奇观的机会。整个《长江大日食》特别节目，共进行了近3个小时的直播。

电视新闻的直播报道在确定选题时，新闻事件的新闻价值是确定选题与否的最基本的条件，也是核心要素。新闻价值越大，越能够适应电视新闻直播的要求，给观众最佳的新闻资讯和新闻体验。新闻价值是选题的指导性原则。

事件性新闻、故事性新闻、动态性新闻和不确定性新闻已经成为电视直播主要的选题类型。在直播的具体操作中，将核心事件加以故事化报道，并且持续关注一段时间内的事件的动态发展，努力挖掘其不确定因素，将是未来电视直播的常态。

要点小结

1. 新闻价值就是用来选择和衡量新闻事实的客观标准，同时新闻价值也强调所选择和报道的新闻对于个人和人类社会的有用性。

2. 新闻价值的因素包括时新性、重要性、显著性、接近性和趣味性。

3. 事件性新闻是以一个独立的新闻事件为核心而展开的新闻报道。它十分强调新闻的时效，其新闻价值与生命力同及时性密切相关，要求迅速地反映新闻事件的发生、发展。它包括大量的动态消息和现场特写性新闻。

4. 事件性新闻通常是在表现某一个点，美国新闻学者李普曼认为事件性报道是对“一种突出的事实的报道”，一般也具有很强的典型示范、典型示警作用，感染性强。

5. 事件性新闻一般分为突发性事件和可预测性事件。

6. 故事性新闻，顾名思义，就是带有故事性、情节性的新闻，即将新闻的基本要素保留，遵循新闻写作的基本原则，以新闻价值为导向，将故事化的创作技巧应用于新闻写作，使新闻作品具有通俗易懂、生动新鲜等故事性特点。

7. 新闻故事化报道是现在电视新闻直播过程中常用的报道手段和报道方法，它不但体现在对新闻报道的叙事上，还表现在电视新闻前期采集和后期编辑中。

8. 动态性新闻指的是有情节、有进程的，处于变化发展当中的新闻事件。事件的进程应当是紧凑的，适于在一个有效的时段里集中展现。

9. 不确定性新闻一般指新闻现场对受一定条件限制而难以确定事实情况的新闻要素、信息、状况等做出报道的新闻。在电视新闻的直播中，它更加强调未知性。

思考与研讨题

1. 什么是新闻价值？新闻价值在电视新闻直播报道确定选题时处于什么地位？

2. 结合实例，谈谈新闻价值的要素有什么？

3. 事件性新闻与非事件性新闻的区别有哪些？在直播报道选题时，事件性新闻有何特点和优势？

4. 如何做好动态性新闻的电视直播报道？

5. 结合实例，谈谈中外媒体在不确定性新闻作为直播报道选题时有何成功经验。

延伸阅读

1. 何梓华：《新闻理论教程》，北京：高等教育出版社 2008 年版。

2.〔美〕约翰·费斯克著：《关键概念：传播与文化研究辞典》，李彬译，北京：新华出版社 2004 年版。

第六章　电视新闻直播的叙事

本章要点

从叙事学角度看电视新闻直播

电视新闻直播的叙事特点

我国电视新闻叙事语态的发展

一般而言，电视新闻的直播流程也是传播者（体现为主播、记者）按照一定的顺序将内容“告诉”给观众的过程。用叙事学[①]的观点来看，这种“告诉”的过程与形式就是“叙述方式”。在普洛普[②]开创叙事学以来的叙述理论中，所谓叙述方式，简单的理解就是“谁在什么时候讲述了一个什么样的故事”，其中，“谁”这一因素在叙事学中被称为叙述人，“故事”即叙述内容，“什么时候”即叙述时间。

第一节 从叙事学角度看电视新闻直播

与电视新闻的其他报道方式相比，直播能够带给观众更为强烈的“真实感”：现场的一切仿佛都在眼前发生，与事发地点相隔万里却犹如身临其境。这种无与伦比的“真实感”由电视媒介的基本特性决定，简单地来看，它主要来自于两个方面：一是“同步”，二是“直观”。

“同步”是电视新闻直播产生强烈真实感的直接诱因。由于观众看到的画面、听到的声音是与事件同步进行的，观众与站在现场的记者在同一时间共享这些内容，观众会觉得这些内容是来自现场的原始信息，它们没有经过任何人为的改变，其“真实性”自然不容置疑。“直观”则是电视信号和视听符号产生的威力。“眼见为实”，来自现场的画面与声音让观众犹如置身事件当中，再也没有比亲眼看到、亲耳听到更为真实的感觉了。在一些突发事件带给观众异常强烈的信息刺激的时候，我们甚至会用“几乎不相信自己的眼睛”来形容这种感受，这正是电视直播产生的“视觉奇观”效果——一切都正在眼前展开，让人觉得好像直播就是事件本身，就是现场本身。

从电视新闻制作者的传播意图来看，直播的确就是要形成这样的效果：让观众觉得它“完全真实”而且“悬念不断”。但要实现这样的传播意图、达成这样的传播效果，直播新闻节目的制作者却需要清楚认识“现场”与“直播”之间的辩证关系：新闻直播的核心内容来自于事发现场，但直播的内容又不再是原始的现场情景；直播要尽可能地传递事件的真实原貌，但它又不可能原原本本地呈现一个原生态的现场。呈现在电视屏幕上的直播是电视制作者经过对现场信息的甄别、判断、选择、淘汰、组合之后呈现在电视屏幕上的一种叙述过程。一句话：直播来自现场，但直播不等于现场本身。

电视新闻直播区别于现场本身的重要特征是其独特叙事模式的形成，我们可以依据具体例子来分析这一模式。

① 叙事学是对叙事文的一种共时、系统的形式研究，它主要探讨的是叙事文的叙述方式、结构模式和阅读类型，目的主要在于为科学地认识叙事文提供理论框架。

② 俄国民俗学家弗拉基米尔·普洛普对叙事学有着特殊的贡献，他于1928年出版的《民间故事形态学》一书对叙事学学科的建立起到了奠基作用。

一、叙事者：讲“故事”的人

用叙事学的概念来看，在电视新闻中把事件讲给观众的人就是叙述人，也就是“陈述行为主体”①。这里需要强调的是，叙述人与叙事文本的真实作者有着本质的区别。如罗兰·巴特（Roland Barthes）所说：“叙述者和人物主要是‘纸上的生命’。一部叙事作品的（实际的）作者绝对不可能与这部叙事作品的叙述者混为一谈……（叙事作品中）说话的人不是（生活中）写作的人，而写作的人又不是存在的人。”②显然，对叙事文本而言，叙述人是作为内部的构成元素而存在的。

如果把电视新闻直播当作一个叙事文本来看待，那么担任叙述人的就是主播和记者。他们在电视新闻的呈现过程中承担了向观众讲述新闻事件的任务。媒介生态学者尼尔·波兹曼（Neil Postman）曾说：“电视为真实性提供了一种新的定义：讲述者的可信度决定了事件的真实性。这里的‘可信度’指的并不是讲述者曾经发表过的议论是否经得起事实的检验，它只是指演员或报道者表现出来的真诚、真实或吸引力（需要具备其中一个或一个以上的特点）。”③这表明叙述人对于电视新闻而言具有不可替代的重要性。

与其他媒体和报道方式相比，电视新闻在呈现方式上最明显的特点就在于，所有的传播内容是由出现在镜头中的主播和记者传递的。报道者是传播过程的主导者，在视觉和听觉占据主体位置，这也成为电视新闻叙述的重要特征。

“电视动辄喜欢‘直接讲话’……直接讲话涉及这样一种情景的出现：某人在电视上——这个人可能是位新闻节目主持人、访谈节目主持人、系列节目主持人、新闻广播员等——面对摄像机镜头，看上去像是直接跟在家里看电视的观众说话似的……这种直接的人际交流给人的印象如此强烈，以至于丹·拉瑟道声‘晚安’之时，作为观众的我很可能对着屏幕回答：‘晚安，丹’。”④在这个角度上，电视新闻的主播和记者作为叙述人非常明确地显示了电视媒体在叙事上的基本特征：叙述人出现在屏幕上直接和观众说话。

叙述人在电视新闻直播中的地位是形成流畅的叙述过程和“对话”传播模式的首要因素。对报道者在电视新闻叙述过程中主体性、主导性、主动性的强调不仅不会削弱电视新闻直播的客观性，反而是使现场变得可以理解、使直播变得有序、使新闻变得活跃的主要途径。要提高控制直播流程的能力，引发观众的参与，形成良好的传播效果，电视新闻直播就必须重视并善用叙述人这一要素。

在电视新闻直播的具体叙述过程中，主播和记者二者所处的空间位置不同，而电视作为空间型媒体又会极力强调这种差异，因而主播和记者二者在内容叙述中担当的角色和负

---

① 〔法〕托多洛夫：《文学作品分析》，载《叙述学研究》，北京：中国社会科学出版社 1989 年版，第 71 页。

② 〔法〕罗兰·巴特：《叙事作品结构分析导论》，见《叙述学研究》，北京：中国社会科学出版社 1989 年版，第 29—30 页。

③ 〔美〕尼尔·波兹曼：《娱乐至死》，章艳译，南宁：广西师范大学出版社 2004 年版，第 132 页。

④ 〔美〕罗伯特·C·艾伦编：《重组话语频道》，麦永雄、柏敬泽等译，北京：中国社会科学出版社 2000 年版，第 64 页。

载的功能也有所不同。主播在直播中的基本任务是引起观众对即将播出内容的兴趣，然后引出现场的记者，再由记者来介绍现场发生的种种状况。引出将要讲述的内容是主播叙述的重点，我们把他在叙述中担当的这种角色称作“引述人”。记者则有所不同，他只负责自己所在现场的报道。由于新闻节目的每一个事件都是由记者讲述给你的，我们就把记者在新闻叙述中担任的这种角色称作“主述人”。

由引述人—主播、主述人—记者构成的二元叙述人层次是电视新闻在叙述方式上的基本特点。主播与记者之间的层次关系和交流过程形成了电视新闻直播的基本叙述形式，构成了直播新闻叙事的主体轮廓，也清楚地显现了电视新闻直播的“拟人际”交流结构。

二、叙事内容：“故事”本身与新闻要素

用叙事学的观点来看，“故事”实际上就是叙述内容。不过，在叙事学的理论体系中，“故事”已经脱离了具体故事所承载的历史或现实的信息而成为一种结构形式。将故事视为结构意味着对“故事”这一概念的探讨主要集中于故事的结构特征，通过研究它的各个组成部分，尤其是其中潜在的内在关系的形式构架，来了解故事自身的结构方式与规律。

就广义的电视新闻而言，它包括了消息、谈话、专访、深度报道等多种节目形态，每一种节目形态对形式元素的侧重以及元素之间的结构关系都不尽相同。不过，由于电视新闻以传递信息为最基本、最核心的诉求，因此，各种节目形态在叙述方式上，尤其是叙述内容的构成元素和相互关系上则是一致的。谈话、专访以及调查报道等可能在内容的深度上超过消息类电视新闻，但从叙述内容涉及的构成元素以及报道流程和环节等角度来看，消息类电视新闻，尤其是电视新闻直播，则比其他的节目类型都更为复杂。因此，了解电视新闻直播在叙述内容上的特点，也能为了解其他节目形态的叙述方式提供参照。

电视新闻直播以呈现现场为主要目的，其叙述内容——“故事”当然围绕着“现场”来构建。用叙事学的观念来看，现场指的是正在变动的当下情景，它在叙述过程中对观众具有“核心吸引力”。由于现场的不断变动，直播才能吸引着观众一直往下观看。其实，在直播中真正推动“故事”进展的是因现场的变动而产生的“悬念”，即将出现而又还没有出现的情形是真正吸引人的原因，这正好符合新闻学的一条金科玉律：变化出新闻。

从叙述结构的角度来看，变动意味着支持着某一局面的矛盾关系发生了变化，“像一颗石子投入了水中”。“平衡的状态被打破，破坏力量一直在叙事中起着作用，直到问题解决，获得一种新的平衡。”[①]“平衡—破坏—再平衡”的过程形成了电视新闻直播的基本节奏，也成为直播叙述的基本结构。电视新闻直播中最吸引人的就是这个过程中的不平衡状态。

① 〔英〕大卫·麦克奎恩：《理解电视》，苗棣等译，北京：华夏出版社2003年版，第109页。

那么，对于具体的电视新闻直播而言，这种导致不平衡状态的“变动”是什么，它又由哪些因素组成呢？用叙事学的观点来看，故事的主干由情节组合而成，现场的变化可以被看作“情节”或“事件”。“情节在这里被定义为事件的形式系列或语义系列，它是故事结构中的主干，人物、环境的支撑点（当然，这并不排斥其他因素在某些具体作品中居于支配地位）。”[①] 当然，情节并不是构成故事的最小元素单位。从叙事学的开创者普洛普开始，叙事研究者们就开始使用“功能”这个概念来对情节的组成要素进行描述，“功能被视为人物的行动，由其在情节发展过程中的意义来确定”[②]。在罗兰·巴特看来，“一部叙事作品从来就只是由种种功能构成的，其中的一切都表示不同程度的意义。这不是（叙述者方面的）艺术问题，而是结构问题”[③]。也就是说，一个个功能的变化组成的序列引起了情节的起伏，并形成了故事在整体上的不平衡状态。

电视新闻直播的叙述过程也不例外，由一个一个的情节组合而成，而每一个情节也是因为其中的各种“功能”的变化不断堆积而成。显然，电视新闻中的“故事”不是指虚构的情节组合，而是指到目前为止事件发生发展的大体脉络和基本过程。在传统的新闻学看来，新闻内容由五要素构成，即 5 个“W”：时间（when）、地点（where）、人物（who）、事件（what）、原因（why），有时还要加上 1 个 H（how，影响）。实际上，这些要素正是构成电视新闻“情节”的“功能”（在此亦可以理解为动因），每一个要素的变动（自身的实际变动或者是由语境变化而产生的意义的相对变动）都会推动新闻事件向前发展，从而带来整个事态的变化。

在电视新闻直播中，对这些要素的呈现方式中最常用的是一个剪辑好的新闻短片，它涵盖了观众应该知道的信息的基本要素。这个短片一般在播出前制作完成，长度一般为 1 分 30 秒。在直播的过程中，这个短片在记者出镜之后切入播放，结束之后记者又会出镜。从形式上看，这个短片是被包裹在记者的出镜之中的，因此，西方称它为综合报道，港台则形象地称其为“罐头”。短片中的声音是出镜记者的声音，有时是出镜报道声音的延续，有时是记者在出镜前配好的解说。由于之前有记者出镜的引入，这个声音不是一个陌生的配音，它已经为观众所认识和熟悉。这种声音的顺延保证了新闻直播叙述人的一致性，使得短片中的画面更像是被包裹的内容。

这种由主播与记者的连线将包含新闻要素的短片包裹在内的叙述方式已经成为电视新闻直播的经典结构，其他的方式大都在“主播＋记者＋短片（5W）＋记者＋主播”的基础之上变化而来。

不过对电视新闻直播的叙述内容而言，非常棘手的一个问题在于，现场并不是任何时刻都处于变动之中。也就是说，如果只对现场进行呈现，那么直播在很多时候并不具备吸

① 胡亚敏：《叙事学》，武汉：华中师范大学出版社 1994 年版，第 119 页。
② 〔俄〕普洛普：《民间故事形态学》英译本，奥斯汀：得克萨斯大学出版社 1986 年版，第 21 页。
③ 〔法〕罗兰·巴特：《叙事作品结构分析导论》，《叙述学研究》，北京：中国社会科学出版社 1989 年版，第 11 页。

引人的力量。只有当现场处于变动状态的时候，这种力量才是存在的。当现场没有变动发生的时候，直播就只能借助于其他方面的内容来展开叙述。

在电视新闻直播的过程中，除了主播的引述和记者的报道之外，在演播室里往往会出现嘉宾或评论员，他们会对事件的发生、发展和走向给出一些分析、评价、预测，主播有时也会对一个事件进行评论。嘉宾、评论员和主播对事件进行的评论也是信息，不过与来自现场、包含新闻要素在内的“事实性信息”不同，这些分析、评论、预测主要是“意见性的信息”。在叙事学的概念体系中，这种意见性的信息被称作“话语”（discourse）。与来自现场的事实性信息相比较，话语主要是与事件相关的一些信息，或者是事实性信息的一些延展，主要是对事件影响、意义的确定，也就是说，是对事件的定位。

电视新闻直播的叙述过程就是对事件和话语的组织过程。如果新闻直播报道在叙述过程中不能很好地呈现事件和话语，直播报道在内容上就会空泛干瘪。近年来电视新闻直播内容结构上出现的问题，大多就是因为对叙述内容与新闻事件和话语之间的关系认识不清。其中尤其突出的是对于“现场”的狭隘理解，认为现场直播的一切都必须是正在发生的，因此一些直播报道大量采用无剪辑的方式进行拍摄，导致新闻要素不能得到很好的呈现。

三、叙述时间与时态

除了叙述人与叙述内容，在电视新闻直播的叙述方式中还有一个很重要的问题：叙述时间，即这个故事是在什么时间讲述的。叙事学者胡亚敏在谈到叙述时间的重要性时曾说，叙事文属于时间艺术，对电视新闻来说，叙述时间也具有同等的重要性。从叙述时间的角度来看，叙事文本是一个“具有双重时间序列的转换系统”，它内含两种时间：“被叙述的故事的原始或编年时间与文本中的叙述时间”[①]，也就是说，叙述行为发生的时间和故事发生的时间可以不同。简而言之，叙述时间指的是叙述人在什么时间讲述这个故事。

对电视新闻直播而言，这个问题从表面上看好像并不存在，因为直播就意味着“异地同时的信息共享”，讲述故事的时间就应该是事件发生的时间，好像并不存在叙述时间与故事时间的差异。不过在具体的新闻直播过程中，事件发生的时间与叙述时间是有区别的。这种区别主要表现在两个方面：一是直播开始时间与事件发生时间之间的区别，二是直播过程当中共时与历时的区别。

第一种区别发生在不同类型事件的直播中。事件类型不同，电视新闻直播的叙述方式自然就不一样。事件发生时间与直播开始时间之间的差异形成了直播的三种类型：同步直播、前导式直播和追溯性直播。从一般意义上看，直播指的是自然同步直播，但对于新闻直播来说，不是每次直播都能够与事件的发生同步进行。可预知事件的直播一般要早于事

① 胡亚敏：《叙事学》，武汉：华中师范大学出版社 1994 年版，第 63 页。

件的发生，这种直播称作前导式直播，对连战大陆行、北京奥运会的直播就属于这一类型。突发事件的直播一般总是要晚于事件的发生，这种直播就称为追溯性直播。不同类型的直播在叙述时间上的差异也使得叙述时态产生了区别。

在常规性的电视新闻直播中，因为报道的时间通常晚于事件发生的时间，追溯性直播就成为常态。不过，在事发之后要对事件进行直播报道，也往往成为直播操作的难点所在。举个例子，某个林场在下午3点发生了火灾，新闻在晚间6点播出，但火已经烧过了，还能做直播么？要做的话怎么进行？在录播时代，新闻节目只能用过去时来播出信息，但在直播时代，新闻节目的操作方式则不一样了。电视台会派一个记者赶到发生火灾的林场，在6点新闻开播的时候站在火灾发生的地方，通过与主播的连线来把火灾的信息报道给观众。记者在火灾发生地（已经不是严格意义上的现场）的出镜报道从现在的情况讲起，然后回溯到之前火灾发生时的种种情形。这样的报道方式用了一个现在进行时的外壳或者说是包装，把过去发生的事情包裹在内，从而使得过去时态的报道变成了一种现在完成时态。

另外一种区别发生在一场直播的内部。正如之前在对叙述内容进行分析时所谈到的那样，任何一场直播的内容都不可能仅仅是来自现场的信息，因为现场不可能总是处于剧烈变动的状态，在现场没有什么变化的情况下，就需要大量与现场相关的信息来填补。用符号学或是叙事学的观点来分析，变动的现场和相关的信息在叙述时间上体现为两种状态：共时与历时。

共时与历时这一对概念首先是由符号学者索绪尔提出的。他在语言学的框架内提出了“共时语言学”与“历时语言学”的区别，指出共时语言学研究的是“同一个集体意识感觉到的各项同时存在并构成系统的要素间的逻辑关系和心理关系”①，而历时语言学则相反地“研究各项不是同一个集体意识所感觉到的相连续要素间的关系，这些要素一个代替一个，彼此间不构成系统”②。也就是说，用共时的（synchronic）方式研究文本就是探究元素之间的关系，而用历时的 (diachronic) 方式研究文本则是审视叙事的演变方式。③ 换言之，共时方式研究构成叙事的各个事件之间的联系，而历时分析则用来解读文本即发掘文本中隐含的两两对立模式（the pattern of paired oppositions）。

在电视新闻直播中，最重要的内容是现场的变动，即正在发生的由时间、地点、人物、原因、影响等因素的变动而造成的不平衡状态。这种状态在叙述时间上主要体现为历时关系，即按时间顺序依次展开。在这种展开的过程中，各种因素的变化是由于矛盾关系的改变而导致的，它一般体现为一种两两对立的模式，此消彼长即生变化。一旦这种两两对立的模式不再具有新的发展动力，电视新闻的叙述就必须立即借助于另一重关系——共

① 〔瑞士〕费尔迪南·德·索绪尔：《普通语言学教程》，高名凯译，北京：商务印书馆 1980 年版，第 143 页。
② 同上。
③ 参见〔美〕阿瑟·阿萨·伯杰：《媒介分析技巧》，李德刚、何玉译，北京：中国人民大学出版社 2005 年版，第 29 页。

时关系，即与此事件相关的各种事件来进行补充，这时就会进入背景、影响等元素的呈现，直播的叙述就会由新闻的第一落点转向第二、第三落点。

在电视新闻直播中，共时的信息内容主要有两大部分。一部分是演播室的嘉宾评论，在没有现场的信息传回来的情况下，电视新闻直播就只能利用演播嘉宾的信息积累和背景知识来往前推进。另一部分则是在直播进行的过程当中，为了提高信息量和新闻更新率，直播经常采取多视窗的方式来对现场进行呈现，在屏幕下方也会用滚动字幕交代与现场相关的内容。近几年来，直播过程中在屏幕上出现的共时内容越来越丰富，增加共时内容已成为电视新闻直播在实际运作中的一种趋势。

为了对电视新闻直播“共时”与“历时”的叙述方式有更为清楚的了解，我们用一个坐标图的方式来对其加以解释（如下图）。在左图中，横坐标表示共时关系，纵坐标表示历时关系，而坐标体系内的粗线箭头表示电视新闻直播叙事的走向。显然，叙述时间的线条不会完全按照历时的时间线发展，更不会按照共时的时间线发展，而是会在共时与历时的牵引下（即图中的坐标体系）沿着斜线方向发展（图 6–1）。

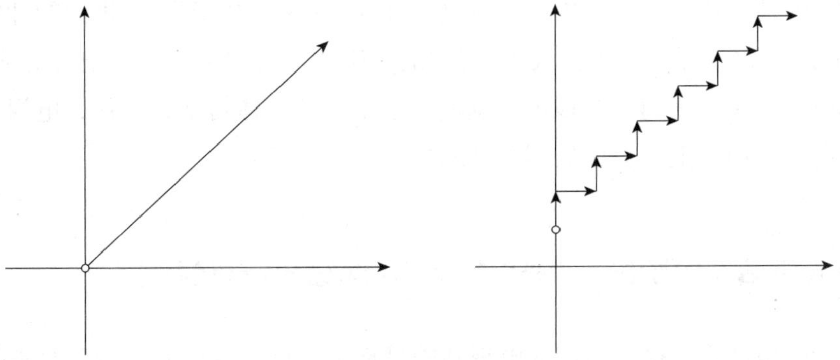

图6–1　电视新闻直播的“共时”和“历时”线

进一步研究叙述时间线条的形成方式，我们发现，在电视新闻直播叙述的过程中，共时因素与历时因素不会同时起作用，而是会在一个时段内以某种因素为主，交替推动叙事的线条向前延伸（如上右图）。以美国“9・11”事件的直播为例，电视新闻直播的叙述起点只能是在第一架飞机撞击世贸大楼以后（表现为在纵坐标上已经发展了一定的距离），在这一事件（剧烈变动的因素）发生以后的一段时间内，电视直播沿纵向发展，即主要是对被撞大楼的变化状态的呈现。之后转入对一些相关因素的叙述，比如是谁制造了这场事件、动机是什么、有多少人死亡、人们的评价意见如何等。在第二架飞机再次撞击大楼之后，电视新闻的叙述又呈纵向方向发展，之后又进入横向发展的状态。在大楼倒塌的过程中，叙述又呈纵向发展，之后又转入横向发展。正是在这种纵横交替——共时关系与历时关系的转化过程中，电视新闻直播的叙述过程不断被向前推进。

当然，在这种纵横交替的叙述过程中，我们也可以看出，电视新闻直播是被牢牢控制在节目制作者手中的。尽管是异地同时的信息共享，但直播呈现给观众的其实是一种“被叙述的事件”：事件的新闻要素被精心地组织和编排，然后在一个直播的序列中有条不紊地呈现出来。从这个角度来说，电视新闻直播正是对事件现场的一种言说、叙述和呈现的过程。

第二节　我国电视新闻叙事语态的发展

从 20 世纪 50 年代末起步的中国电视业，历经半个多世纪的发展，已经取得了丰富的成果。这种发展和我国的经济建设、政治体制和文化环境等的变化密切相关。上文已经论述，半个多世纪以来，我国电视新闻自身的变化，包括技术条件、节目形态，以及传播语态的发展。

从叙事学的角度看，叙事即叙事者按照一定的逻辑在一定的时空内“讲故事”的过程，这和信息传播的过程有异曲同工之妙。因此，我们可以将信息传播过程中的报道语态引申到叙事学中，即成了叙事语态。

从叙事（传播）语态上看，中国电视新闻业从 1958 年开始到 21 世纪初叶的历程，可以简要地划分为三个阶段：“主持人讲话”“记者说话”与“主持人与记者对话”。下文即用叙事语态的特点来代表每一阶段电视新闻叙事范式的整体特征，当然，电视新闻在各个阶段的叙事范式都由以上三方面的因素共同决定。

一、“主持人讲话”的阶段（1958 年至 20 世纪 80 年代初）

从叙事学的角度看，这一时期的电视新闻呈现出一种“主持人讲话”的姿态。

这时候正处于我国电视新闻的起步阶段，我国新闻从业者对电视媒体的认知度还不足，此外，那时中国还相对闭塞，难以借鉴国际上先进的电视新闻制作方式，整个电视传播的范围也只限于小部分能够买得起电视的受众。因此，新闻从业者对电视媒介本体特性的探索和运用较为滞后，这都限制了我国电视新闻叙事语态的表达。

这时期担任叙述人的只是主持人，更确切地说是主播，他们在电视新闻的呈现过程中承担了向观众播报新闻事件的任务。新闻从业者用画外音解说代替了记者的报道，大量使用图片新闻，对电视画面的构思和编辑还很稚嫩。这一时期的中国电视在观念上深受苏联模式影响，其中最主要的观念就是“形象化的政论”。在电视工作者看来，观众是“被教育的对象”，电视新闻因而“强调艺术的教化作用，言必有意义，行必有倾向，思必有升华”[①]。电视新闻节目的口吻也是高高在上，一派“讲话”的姿态。

该时期，我国电视工作者对直播的积极性也不高，即使有如国庆庆典活动等的直播，

① 朱羽君、殷乐：《生活的重构》，北京：北京广播学院出版社 1998 年版，第 12 页。

也还是囿于实录操作，主持人只是负责预告和串联信息，对新闻的调度和整合能力很有限。因此，这一阶段我国的电视新闻叙述只处于萌芽阶段，正式的叙述语态还未成形。

二、“记者说话”的阶段（20 世纪 80 年代初至 90 年代中后期）

这一时期，我国逐渐开始实行改革开放，电视界也以极大的包容姿态与其他国家的电视台交流合作，比如央视与日本电视台（NHK）拍摄的大型文化纪录片《话说长江》等，我国的电视媒体开始与国际接轨。此外，ENG 设备的广泛运用和电视新闻制作手段的进步也释放了我国电视工作的激情和创新能力，各式各样的节目形态层出不穷。这一时期也开始了对同期声和长镜头的频繁使用，“纪实”成为我国电视新闻工作者的重要观念。

与制作观念上的“纪实”相对应，这一时期电视新闻节目中另一个重要的改变是主持风格的变化。90 年代末，凤凰卫视主持人鲁豫在《凤凰早班车》的新闻播报中，一改过去字正腔圆的播音风格，开始用一种“说话”的方式播报新闻，被业界称作“说新闻”。紧随其后，其他电视台在新闻报道中也开始使用记者出镜报道，记者也开始“说新闻”，以记者“说新闻”为新闻报道的主体，尤其是在直播中，这种特征更明显，我国电视新闻叙述语态由此进入了“记者说话”的阶段。

这一阶段也出现了各种电视新闻栏目。这些新闻栏目以舆论监督、生活纪实为内容重点，节目风格追求平民化、个性化。在具体的运作中，“说话”成为主要的报道方式，记者的角色得到了强调，“我在场”成了各档新闻栏目的追求目标。此外，和“主持人讲话”阶段大量使用图片新闻不同，这一时期开始重视对电视画面的选取和编辑，关注“动态”的事件，即故事性强的题材。但受制于电视技术的发展以及宣传政策的影响，新闻直播的水平并不高，主要表现在对叙述时间的把握能力不足上，电视新闻工作者满足于实录，一旦出现意料之外的情况就会失措，在对直播“历时”和“共时”关系的运用上还显稚嫩。但总的来说，这一时期我国电视新闻工作者也开始主动探索电视新闻的叙述特点，只是缺乏将其运用于直播中的自觉性和能力。

三、“主持人与记者对话”的阶段（20 世纪 90 年代末至今）

这一时期，数字技术、卫星技术等被广泛应用，与之相关的数字设备、SNG 设备和高清设备的广泛采用也使得我国电视新闻的制作手段发生了重大变化。新媒体的发展改变了媒介格局，也给传统电视媒体带来了巨大挑战，为了应付该挑战，我国电视媒体开始大量运用直播，尤其是对重大突发事件的直播开始成为各大媒体抢占的热点区域。

在电视新闻直播中，主播与记者之间的连线交流成为最能体现电视媒体优势的传播样式。对新闻事件的报道在主播与记者的一问一答之间完成，新闻的传播方式一变而为“互动交流”。为了强化与观众的互动，部分直播节目开始引入网络评论员角色，让受众直接在报道过程中发声，尽管这种直播模式目前还不成熟，但它显示了我国电视工作者强化受众意识的主动性。

从某种角度上看，连线直播报道改变了电视新闻的传播模式。主播与记者之间的实时连线实际上围绕观众展开。主播代表观众提问，记者回答主播也就是观众关心的问题，一问一答之间，观众被卷入到一个互动的交流过程中来，从而实现了“参与”。因此，我国电视新闻真正进入了直播状态下的叙事阶段，即“主持人与记者对话”的阶段。

这一阶段成熟的直播叙事语态开始形成，记者和主持人在电视新闻的呈现过程中共同承担了向观众讲述新闻事件的任务。我国电视新闻工作者也开始根据具体的题材，有针对性地运用同步直播、前导式直播和追溯性直播。较于前两个阶段，这一阶段最大的突破是对叙事时间的把握，尤其是创造性地运用“共时”和“历时”关系，以实现更好的传播效果。在具体的直播中，新闻播报仍以现场记者“历时”性表述为主体，但在现场没有什么变化的情况下，记者也开始自觉使用大量与现场相关的信息来填补。现场记者主动将与此事件相关的各种事件进行补充，进入背景、影响等元素的呈现时，直播的叙述也由新闻的第一落点转向第二、第三落点。在演播室里则往往会出现嘉宾或评论员，他们对事件的发生、发展和走向给出一些分析、评价、预测，主播有时也会对一个事件进行评论，横向拓展直播的信息量。如今，这种“共时”性的信息拓展模式在直播中被广泛采用，随着新媒体的发展和创新运用，“共时”性叙述将会衍生出更为多样的形式。

第三节　电视新闻直播的叙事特点

直播是电视媒体充分发挥自身优势，应对新媒体挑战的重要手段，也是重整碎片化受众的必然选择。随着社会多元化和开放程度的提高，受众需求日益分化，但事实证明，重大事件的直播总能在短时间内聚焦受众注意力，取得很好的传播效果。从叙事学的角度看，直播的优势在很大程度上体现在叙事特点上，下面我们以获得第 23 届中国新闻奖电视直播类一等奖的作品《雨中进行时——“7・21”北京特大暴雨》为例来具体分析。

2012 年 7 月 21 日大雨当日，北京电视台新闻频道迅速反应，在第一时间组建直播报道，短短 10 分钟内，协调各方资源，制作了长达 12 个小时的直播报道《雨中进行时》。北京电视台从下午 3 点开启直播报道，在暴雨还未对城市运行造成影响前就投入报道，为市委市政府实时了解灾情，各相关单位有效组织抢险，京城百姓的生活安排提供了及时、准确、实用、有效的服务性新闻资讯。收视数据显示，《雨中进行时》收视率同比上升 320%，占有率上升 200% 以上，真正做到了传递政府声音，报道百姓需求。下表是看 7 月 21 日下午 3 点的直播片段。

表 6–1 北京电视台 2012 年 7 月 21 日《雨中进行时》直播节目的部分片段

画面	声音
演播室。	（主持人曹一楠）从今天下午三点起，我们北京电视台新闻频道已经进行了将近7个小时的《雨中进行时》的特别节目了。现在让我们继续直播，继续关注这场暴雨给北京市带来的影响。下面给大家介绍一下演播室请来的两位嘉宾：坐在我身边的这位是特约评论员丁兆林先生，另外一位是北京市防汛抗旱指挥部的总工程师刘洪伟先生。那么在今天下午，北京市气象台已经发布了暴雨的橙色预警，在今天我们这个时段的直播开始前，首先让我们回顾一下我们的记者李晓梦发自联想桥的报道。
中景：记者出镜报道，背景是联想桥。 摇镜头：由出镜记者的中景摇到地铁站的中景，再到联想桥的特写。 全景：路人清理排水道。	（记者李晓梦）现在是下午的两点半，受冷暖空气的影响，本市迎来了入伏以来的头一场大雨。那么其实从今天白天开始，天气就比较的阴沉，很多地区都出现了零星小雨，大概到了1点半的时候，自西向东大部分城区都出现了大到暴雨。我现在是在北三环的联想桥附近，大家可以看到桥边上的辅路，路面上的积水已经有大概10公分了。据这边的市民说，因为一到夏天的时候，像这样的排水管可能会被一些垃圾、塑料袋等堵塞，所以很难进行排水。民警和市民已经开始自发地清理排水通道。
中景：记者出镜报道，背景是公园桥。 全景：过往车辆。 中景：记者出镜（摘掉了头上的雨帽）。	（记者周宇）现在是下午两点半，我现在是在西二环的公园桥旁。我们可以看到，目前这里的降雨还是非常大。其实今天下午的时候，在西城区这里的雨并不是很大，大约在半个小时之前，雨量就成了现在这个样子。而且刚刚在路上我们还可以看到行人的踪迹，现在看路上就已经没有行人了。路上全是积水，过往的车辆也激起了水花。昨天得到了降雨的预警之后；交管部门已经向各交通大队发出了通知，所有的民警留在这里应急，现在所有的民警都到了桥区或路上积水的地方。我们特别想在这里提醒您，因为雨量分布不均，在有些路段确实雨量非常大，可能会出现影响道路正常通行的情况，提醒您在路上，尽量地稍微等一下，不要莽撞涉水。
中景：记者出镜报道，背景是首都机场三号航站楼。 3G回传：首都机场航站楼内楼外的情况。	（记者）我现在是在首都机场三号航站楼外，现在是下午3点钟。就在两点钟的时候，这里刚刚经历了一场暴雨的冲刷，现在这里的雨势已经减缓，但还可以听见雷声。这场雷雨天气对机场飞机的停降也造成了影响。 同期声： 中国国际航空公司地面服务部工作人员孙刚：受天气的影响，被迫取消的航班达到45架，受影响的旅客达到2,600人。国航已经启动了大面积应急预案，像现在您看到的，我们已经加开了售票柜台，还有临时改签的柜台。
中景：记者出镜报道，背景是地铁国贸站。 全景：地铁国贸站内人流。 特写：防滑垫、防汛柜。 全景：地铁人流。	（记者朱晓彤）现在是下午的3点10分，我现在是在地铁10号线国贸站的换乘枢纽。正好赶上周末，所以现在地铁里的客流量并不是很多，秩序井然。 同期声： 地铁工作人员：今天已经收到通知会有大雨，然后我们就分配人手到各个出入口把防滑垫铺好。每个出入口还配有防汛柜，里面有一些抢险的物资，包括一次性雨衣。我们都会在下大雨之前在各个出入口分配好客流。

续表

画面	声音
中景：记者出镜报道，背景是防汛抗旱部的指挥室。 全景：会议室。 中景：北京市防汛抗旱指挥部主任王毅接受记者采访。	（记者兰玲）我现在是在防汛抗旱部的指挥室，刚刚在3点半的时候，市委常委刘永成来到这里听取工作人员的汇报。刚才他分别听到市住建委、市国土局还有房屋管理部门巡查的结果，还和门头沟、房山的工作人员进行连线对话。现在的会议正在进行之中。 同期声： 北京市防汛抗旱指挥部主任王毅：为了应对这次降雨，从今天早晨开始，我们派出四路督察组对山区泥石流易发区、破旧房屋、城区中小河道，以及在建的轨道交通和工厂进行督察。从督察结果上看，各级领导全部都在一线。我们的抢险人员和队伍也都在一线待命，随时准备应付可能出现的险情。到目前为止，全市的雨量总体来说在西南部的房山、门头沟比较大，最大的雨量在房山的南面，为118毫米，西北部和东北部的雨量目前还比较小。
演播室： 从演播室切到记者出镜的中景。	（主持人曹一楠）我们现在也非常关注处于低洼地区居民区居民的情况，关注他们的安危。现在我们来看记者严葵的报道： （记者严葵）我现在是在朝阳区松公坟67号，这里的水已经齐膝盖深。现在居民家里已经进水了，我看到相关人员正在这里进行积极的抢险，而且在往外抽水。 同期声： 记者：大妈，家里的水有多深啊？ 大妈：你看啊，屋里都是水。 记者：水不是在抽么？ 大妈：在抽。水越抽越多，都往上反。你看，下水道的水都往上反。下水道跟抽水那持平了，水都回来了。
中景：记者出镜报道，背景是金安桥。 中景：刘建宝接受采访。 摇镜头：由刘建宝的中景摇到正在排水的抢险人员的全景。 全景：被雨水淹没的道路。	（石景山区广电中心记者康小利）我现在是在石景山区的金安桥下，因为金安桥是一个凹式的桥，虽然有排水管线，但是排水管线不是非常的畅通，所以每到下急雨的时候，金安桥就特别容易积水。今天山区的雨量已经达到了暴雨的级别，所以大家可以看到在我身后有一道白色的线，这是1.5米的线，这个积水的水面马上就跟白线持平了，也就说现在金安桥下积水的深度已经达到了1.5米。一个直观的感受，因为我的身高就是1.6米，也就是说现在这个积水的深度已经达到了我的额头这样一个深度。所以为了安全的考虑，现在应急队伍已经来到了金安桥下。这个地方中午已经断路了，大型的抢险车已经开始在桥下对积水进行排流工作。 同期声： 排水集团第四管网运行分公司三分部负责人刘建宝：现在排水集团的抢险车辆已经到位，现在正在排水。三台车加起来的排水量是每小时2千立方。 解说：据了解，目前石景山区已经在八宝山地铁、金安桥、鲁谷大街、古城地铁、苹果园南路东口等五个易积水地区分别派驻了值守小组，及时处置任务区内的积注水。截止到记者发稿时，石景山区的降水量已经达到了113毫米。

续表

画面	声音
中景：记者出镜报道，背景是通州区环湖小镇的门口。 摇镜头：由出镜记者中景摇到杨树的近景。 中景：记者出镜报道，背景是车棚。	（记者王伟）现在已经到了晚上的7点半左右，我现在所在的位置是通州区环湖小镇的门口。今天下午2点左右，这里遭遇了一场强风。大家看，在我的右边是一棵杨树，这棵杨树连根被吹起来了。而且这棵杨树还是挺粗的，差不多有两三年的树龄，在我身后大概有十多棵像这样被吹倒的杨树。 同期声： （环湖小镇居民）当时从玻璃可以看到这个风刮得很大，对面的马路上的红面包汽车都吹到这边来了。 （记者王伟）我现在就在环湖小镇一个存放自行车和摩托车的车棚里面，大家可以看到，车棚顶部的塑料布已经被下午的狂风掀翻了。我手里的是自行车车棚上的塑料板，这个板差不多五毫米厚，有的自行车和摩托车也被刮下来的塑料板砸坏了。
演播室。	（主持人曹一楠）我们的直播已经有12个小时了，二位老师简单地跟我们回顾一下这一年来的下大雨的感受。 （嘉宾丁兆林）我有两个感受：首先一点是，整个北京市的抢救工作有条不紊地在进行，政府一直采取有效的措施，保证了我们这次平稳地度过了这场暴雨。从另外一个角度来讲，民间自发的救助群众也是配合得非常好，无论是通过微博还是其他的方式都在传递着最新的信息，这些信息帮助我们官方做出了非常正确的决策。还有就是包括我们刚才谈到的免费搭车和救人都是非常感人的。 （嘉宾刘洪伟）一个是全市的应急预警比较早，二是部署比较快。

在这次直播报道中，北京电视台记者深刻践行“走转改”精神，不断拓展记者走基层的内容和形式，为首都市民提供了及时有效的资讯。由此，我们也可以看出电视新闻直播的叙事特点：

一、核心事实为主

2012 年 7 月 21 日 8 时左右，北京及其周边地区遭遇 61 年来最强暴雨及洪涝灾害。这个新闻最核心的事实就是暴雨的严重程度和造成的影响。所谓核心事实，就是新闻事实中最核心、最能牵动受众的关注点，它是事实本身固有的，是基于事实又能决定事实性质的部分。对于暴雨这种自然灾害的报道，我们关注的核心就会和常规的人为灾害不同，会更加重视灾害的影响和伤亡情况，而更少地顾及灾害发生的原因。对于受众来说，第一时间需要获知的信息就是事实最核心的部分，虽然这是由新闻媒体来把关，但最终的报道走向和编排完全由事实决定。直播是电视媒体进行舆论引导的重要的手段。一旦电视媒体对某一新闻开展直播报道，就意味着该事件的严重程度和影响面被放大，因此，对核心事实的选择和把握就显得至关重要。核心事实为主的叙事特点是保证直播正常有序进行的基础，如果核心事实和新闻不符，或者核心事实异化，不仅有损新闻媒体自身的公信力，还会造成舆论引导上的重大失误，给国家和人民造成巨大损失。

在北京电视台的这次直播报道中，记者始终把镜头对准救援现场，立足于现场进行信息传达和梳理工作。我们可以看到记者冒着暴雨深入联想桥和公园桥等附近地段，受众对暴雨的严重程度就有了非常直观的感受。而记者在现场的报道，不仅梳理了降雨的过程，也对现场的救援情况展开了深入报道。记者在首都机场和低洼居民区的报道，则更为直观地展示了暴雨的影响，尤其是低洼居民区的报道，更是记者坚持深入基层和人民利益至上的新闻理念的生动体现（图 6–2）。

图6–2 记者康小利在石景山区的金安桥下做现场报道

核心事实为主的叙事特点要求新闻工作者具有高度的新闻素养和严格的新闻专业主义精神，能够站在党和人民的立场，理性分析新闻事实。同时，还要不断提高自身的综合修养，尤其是增强对事实的分析和判断能力，能够透过表象看到事实的本质。直播报道不同于一般的新闻报道，把握核心事实至关重要。

二、同步化叙事

现场直播以纪实的手法摄录现场情况，记者的报道、电视台的播出和观众的接收都是在同一时间里进行的，因此要求记者进行同步化叙事。同步化叙事，就是强调这三者的统一，因此，同步化叙事首先是时间上的同步化。此外，事件发展的过程和记者的报道过程也基本上是一致的，这就是内容上的同步化。时间上的同步化和内容上的同步化是直播报道中同步化叙事的基本要求，所谓的“第一时间，第一现场”往往就是对同步化叙事这两个层面的内容表达。但在这两者基础上更为重要的是情感和思想上的同步化。这就意味着记者在现场的报道和电视台的新闻编排和播出时段、持续时间的选择要符合受众的承受能力，报道的问题是党和政府能够在不久的时间内解决的。直播报道中最为重要的就是传达信息，尤其是突发灾难事件的报道，记者要始终把报道受众最为关注、党和政府最为关心的信息作为第一要务。为了增强报道的感染力，记者可以带有部分个人情绪进行报道，但一定要适时适量，如果记者过多地释放自己的情感，往往会淹没重要的信息，这不仅无助于记者真实情感的表达，还可能会造成信息传达和舆论引导上的失误。

图6–3　记者周宇在西二环的公园桥旁做现场报道

北京电视台这次关于暴雨的直播报道很好地体现了同步化叙事的特点。在暴雨发生短短 10 分钟之内，该台就着手进行直播报道，派出数路记者赶赴现场，不仅传达了最新的信息，而且也在一定程度上避免了谣言的传播和社会的恐慌。在长达 12 个小时的报道中，记者始终立足于现场，新闻报道和电视台的播出、受众的接收始终保持一致。而且现场报道始终以信息的传达为要务，记者的镜头捕捉了多个细节，如地铁站内的防汛柜、被风吹倒的大树等，生动传达了暴雨的严重程度和影响。记者的报道始终配合党和政府的救援工作，对低洼居民区受灾情况的报道和石景山区的报道，都为顺利开展救援工作提供了最新的信息。我们看到记者周宇在西二环的公园桥旁的报道，一开始记者是带着雨帽进行报道的，但报道途中，她将雨帽摘掉，暴雨将她的全身打湿，记者甚至都难以睁开眼睛，半闭着眼睛进行报道，由此可见记者的专业主义精神。摘掉雨帽这个细节，虽然不像记者情感表达来得热烈，但却直观地传达了暴雨的严重程度和影响，也体现了记者的报道情感和报道理性。

三、人际传播的拟态

从传播学的角度看，直播报道的叙事特点主要表现为人际传播的拟态。我们以荆州电视台在 2013 年 3 月 12 日 19 时 50 分的报道《荆州全力抢救恩施籍坠桥客车伤员》为例来具体分析这种叙事特点（图 6–2）。

表 6–2　荆州电视台 2013 年 3 月 12 日《荆州全力抢救恩施籍坠桥客车伤员》直播节目实录节选

画面	声音
演播室。	（主持人熊薇薇）在今天晚上7点钟左右，一辆由北向南的卧铺客车在荆州长江大桥桥南端，因为车辆爆胎，冲破大桥护栏，掉入了长江。目前相关部门正在展开紧急救援。据了解坠桥车辆是一辆从恩施到广州的双层卧铺车，车牌号为鄂Q69888，在车上的乘客大都是外出打工的务工人员，有大概三四十个人，目前已经救出了四五个人。车辆从桥上坠落的地点大概有七八米，所幸没有掉入江中，现在我们来连线正在现场的记者黄宇筝。黄宇筝您好。
中景：记者出镜报道，背景是救援现场。 特写：长江大桥南段的引桥。 摇镜头：由引桥特写摇到事故车辆近景再到车上床铺的特写。 中景：出事车辆。 摇镜头：由出事车辆中景摇到护栏特写。	（记者黄宇筝）主持人您好，我现在是在长江大桥南段的引桥下面。现在这里距长江大桥桥头大概1公里左右。现在大家可以看到这就是事故的车辆，可以看到车辆完全侧翻在地面上，车体也完全被挤压变形。现在我手边的这个就是被挤压变形的卧铺的床铺，地面上也是散落着乘客的衣物和鞋子。现在消防官兵，包括120的急救人员正在对受伤乘客进行紧急救援，据我们了解，这辆车是从恩施开往广州的，由北向南行驶，车内有20到30名乘客。目前120急救人员救出了4名乘客，已经送往荆州中心医院和荆州一院进行紧急的治疗，现在车辆内大约还有20名乘客。目前伤亡情况还难以确定。那么据我们了解这辆车大约是7点从北向南行驶，据一名市民称，该车在途中可能是为了避让一辆摩托车而失控，冲出了桥面。刚才经过桥面，可以看到，这个护栏完全地被撞断，护栏到下面大约有10米的位置，事故非常的惨烈。吊车也是试图把车吊起来，救出里面的被困人员。好的主持人，现场情况就是这样。
双视窗：左侧主持人，右侧从记者切换到救援现场。 切到救援现场全景。	（主持人熊薇薇）我们通过记者的描述了解到了现场的情况，我们也同时了解到了出事车辆的一些情况。出事车辆所属的公司是恩运集团鹤峰县易通汽运有限公司，公司车站紧靠张家界世界旅游景点，通往各地的公路属于国家验收的二级路面。那么这会，我们通过刚才的连线已经看到了现场也是聚集了很多人。刚才我们记者了解到的情况是，在晚上7点钟左右在长江大桥上的一辆卧铺车冲破了护栏，所幸没有掉到长江中。那么目前我们了解到的情况是，已经有4人被救了出来，马上被送到了医院进行救治。同时在现场，我们的120和公安部门工作人员正在进行紧急的救援。那么在全国各地我们也了解到了一些信息。

续表

画面	声音
及时切到了现场记者的报道。 全景：抢救现场和被布盖住的受伤乘客。 中景：记者出镜报道，背景是被抬高的车体。 特写：出事车辆卧铺的一个座位。 现场抢救的全景。	（记者黄宇筝）现在又有一名乘客被抬出了车体内，医护人员正在对他进行紧急的救援。 目前这个起降器已经将车体调离了地面，现在已经打开了一条救援通道。现在我身后已经救出了大约12名乘客，现在救援仍在紧张地进行中。 现在车体是又被抬高了一部分。那么现在可以看到车里的卧铺位子都已经变形，救护人员再一次地进入车体进行搜救。医护人员再一次拿着担架在旁边进行等候，消防人员正在对立面的座位进行切割。我们可以看到里面大部分座椅和护栏都被拆除，现场没有发现新的受伤人员。从车体里面拿出了大量的乘客的衣物，据了解，这是一群可能要去广东打工的工人。
双屏：左侧主持人，右侧救援场景。	（主持人熊薇薇）这是我们在桥上拍摄到的画面。下面就是我们正在进行救援的现场，可以看到现场已经是聚集了很多人，也有很多的救援人员在进行紧张的施救。 我们现在接到的画面是在事故现场拍摄的画面，这回镜头拍摄的正是事故车辆的车头部分，而我们的消防人员正在现场进行疏导和救援工作部署。
双视窗：左侧是主持人，右侧先是救援现场，后是用动画演示出事过程的画面。 切到救援现场的全屏画面。	（主持人熊薇薇）我们现在再来回顾下事故的情况：在今天晚上7点钟左右，一辆由湖北向南行驶的卧铺客车在荆州长江大桥桥南端冲破了大桥的桥南段，掉入了长江中。目前相关部门正在展开紧急的救援，所幸的是车辆没有掉入江中。 据了解，出事车辆是一辆从汉口开往鹤峰的双层卧铺车，车牌号是Q69888，荷载36人，实载22人。我们了解到车上的乘客是下午从汉口出发，途经荆州。大部分人都是外出打工的。通过刚刚连线我们了解到的情况是，已经救出了大概12个人。伤员也全部送往了荆州市中心医院。那么在现场，救援人员正在紧急的救援当中。
双视窗：左侧是主持人，右侧是现场救援的全景。 切到李新华的近景。	（主持人熊薇薇）我们了解到出事车辆所属的公司是恩运集团的鹤峰县易通公司。 画面切回到救灾现场。好，我们在现场看到，市委书记李新华正在现场指导救援，随同李书记到达现场的还有相关部门的负责人。
中景：记者出镜，背景是救援现场。 特写：乘客的衣物、被吊起的车体。	（记者黄宇筝）现在救援现场已经被清理出来了。在我身旁的就是清理出来的乘客的衣物，旁边都是卧铺上的车盖和座椅。现在救援人员正在试图对车体进行起吊。

续表

画面	声音
双视窗：左侧主持人，右侧是救援现场全景。 电话采访。	（主持人熊薇薇）这回也连线到了易通公司主管安全工作的刘总，我们马上来连线一下他。 同期声： 主持人：刘总您好。 刘总：您好。 主持人：请问一下，这辆出事车辆的具体信息是什么样的？你能给我们说一下么？ 刘总：我们这辆车是昨天从鹤峰县走马镇开往武汉汉口客运站。昨天出去的人数现在是25人。 主持人：那么它的荷载是多少人？ 刘总：荷载是36人。 主持人：36人，就是说目前没有出现超载的情况。 刘总：没有超载的情况。车上是两名驾驶人员，其中一名叫做陈宗明，他今年38岁，他的驾龄是20年。他的准驾车型是A1、A2，这个是符合（标准）的。还有一名驾驶员的名字叫做易宗全，他今年是32岁，他的驾龄是8年。 主持人：您现在有没有了解到，这个车上有两名配备的司机，当时在事故发生的时候，是哪一位司机来驾驶车辆的？ 刘总：这个我们现在正在通过GPS来查，但现在这个信号不是太好，还没有确定到底是哪一位驾驶人员。
双视窗：左侧主持人，右侧荆州市中心医院。 切到现场救援的全景。	（主持人熊薇薇）我们现在还有一位记者是在荆州市中心医院，我们马上来通过电话联系一下他。 记者连线。 主持人：徐友明你好，你现在是在哪？ 徐友明：我现在是在荆州市中心医院。 主持人：那么你现在了解到的伤者的情况是怎样的？跟我们介绍一下？ 徐友明：今天晚上8点20分，这里救治了一名伤者，她叫李芝兰，76岁。她是去参加小侄女的婚礼。车祸发生的时候她正在熟睡，事故发生的意识并不是很清楚。 主持人：她目前的伤情怎样？ 徐友明：目前她的意识还是比较清楚的，医生已经把她送到了急诊室进行观察。她的颅内有出血，胸腔和腿部都有骨折，从今天晚上8点多中心人员一直在院外等候。
演播室	（主持人熊薇薇）我们再来回顾一下事故情况。今天晚上7点左右，一辆由北向南的卧铺客车，在长江大桥桥南段，因为车辆爆胎，冲破了大桥护栏，幸好没有掉入长江。据了解出事车辆是一辆从恩施到广州的双层卧铺车，车牌号为Q69888。我们了解到乘客大都是外出打工的人，车上有20多个人，已经救出了9人。车辆从桥上距离坠落的地点大概有七八米，所幸没有掉入长江。我们了解到的出事车辆的信息是恩运集团的鹤峰县易通汽运有限公司。那么关于在这起事故的具体情况和救援的情况请您继续关注新闻频道。

2013年3月12日19点10分，荆州电视台信息平台接到观众爆料：荆州长江大桥发生卧铺客车坠桥事故。电视台迅速派记者核实信息，在19点30分的新闻栏目中进行了首次电话连线，19点50分开通非常态直播《荆视快报》。直播过程中，记者始终把镜头对准救援现场，不渲染血腥场面，不刻意煽情；关注附近交通，医院救治情况；循序渐进，逐步求证事故车辆及司机相关信息，为救援提供背景信息。该则新闻很好地体现了直播的同步化叙事特点，尤其在主持人梳理已经得到的信息过程中及时插入了现场的救援情况，以记者的现场报道构建了整个新闻的报道结构。此外，这次报道也充分发挥了主持人的作用（图6–4）。

在电视新闻直播中，主持人成为整个信息传播过程的控制中枢。记者的报道、嘉宾的评论，都由主播引入和结束。主持人既是所有信息的导出者，又是观众的代言人。所有的信息都由主播带给观众，所有观众关心的问题都由主播向记者或嘉宾提出。如果把直播的过程看作是一条接一条的信息汇聚成的河流，主播就是那个“打开闸门的人”。直播时代的记者在与主播的交流对话中把信息传递给观众，观众在不被提及的情况下会被更深地卷入，也就更多地参与到新闻直播的过程中来。主持人在演播室的提问不仅是出于自身的疑惑，更是代表了观众的疑惑，找出并回应“共同关注”点正是直播报道中主持人的重任。而以主持人和现场记者的连线报道为主来完成这种任务，也传递了直播的另一叙事特点：人际传播的拟态。

图6–4 主持人熊薇薇和记者黄宇筝连线

媒介生态学者尼尔·波兹曼曾说，电视最大的特性在于这一媒体“为电报和摄影术提供了最有力的表现形式，把图像和瞬息时刻的结合发挥到了危险的完美境界，而且进入了千家万户”[①]。将他所说的这些特点归结起来，其实就是电视在传播模式上最大限度地使大

① 〔美〕尼尔·波兹曼：《娱乐至死》，章艳译，南宁：广西师范大学出版社2004年版，第103—104页。

众传播接近于人际传播这种古老而历久弥新的方式。

这种特性和模式取决于电视在两方面具备的能力。一方面，它能通过直播实现对信息的即时传播，这正如两个人说话时，一个人发出的信息能够立即被另外一个人接收到而不产生时间的间隔。另一方面，通过电视屏幕，说话者的形象、声音、表情、举止、气质、魅力，全部都能让观众接收到，这同样类似于人际传播时的情境。因此，电视实现了人类跨越时空全感传递信息的理想，它通过对人际传播方式的模拟达成了前所未有的大众传播状态，这正是电视传播模式的基本特征：人际传播的拟态。

在荆州电视台的这次直播报道中，主持人不仅在演播室时时梳理最新的和已经得到的信息，还担负着重要的连线任务。和记者黄宇筝的连线报道，一方面传递了现场最新的救援信息，另一方面也以主持人的提问有机地串联了记者的现场报道内容（图 6–5）。我们从上面的《雨中进行时——“7・21”北京特大暴雨》报道中也能体会到主持人的这一作用。连线报道正是人际传播的最好体现，也是电视媒介最大的优势所在。虽然在主持人和记者的连线中，无论是主持人的提问，还是记者具体的回答都不及书面报道中的用词标准和简练，其口语化色彩很浓，而且往往也会出现信息的不断重复，但这正是人际传播的重要特征，由此也形成了直播重要的叙事特点之一。

图6–5 记者黄宇筝在客车坠落地点做现场报道

不过，电视传播还只能是人际传播的一种模拟状态。之所以称为“拟态”，是因为电视媒介与观众之间的信息传递还是单向的，是不可逆的，在主播和记者之间进行人际交流时，观众只能听到他们说话，而没法与他们说话。尽管有非常投入的观众在自己喜欢的主播说“各位观众晚安”的时候也会在心里祝愿这位主播晚安，但即使是这位观众将内心的祝愿大声说出来，电视里的主播也是无法听见的。从这个意义上讲，电视还是单向的传播，而不是双向的交流。正是因为电视媒介与观众之间无法形成真正的人际互动，电视传播才需要借助尽可能多的人际交流元素和过程来改善大众传播的效果。

要点小结

1. 从叙事学的角度看电视直播的叙事，叙事者是讲故事的人，叙述人在电视新闻直播中的地位，即它是形成流畅的叙述过程和“对话”传播模式的首要因素。

2. 电视新闻直播的叙事内容是“故事”本身与新闻要素，叙事过程由一个一个的情节组合而成，而每一个情节也是因为其中的各种“功能”的变化不断堆积而成的。

3. 在电视直播中，事件发生的时间与叙述时间是有区别的，一是直播开始时间与事件发生时间之间的区别，二是直播过程当中共时与历时的区别。

4. 从叙事（传播）语态上看，中国电视新闻业从 1958 年开始到 21 世纪初叶的历程，可以简要地划分为三个阶段：“主持人讲话”的阶段、“记者说话”的阶段、“主持人与记者对话”的阶段。

5. 电视新闻直播的叙事特点是核心事实为主、同步化叙事、人际传播的拟态。

思考与研讨题

1. 电视新闻直播的叙事模式是什么？
2. 我国电视新闻的叙事语态发展历史及其现状是什么？
3. 电视新闻直播的叙事特点有哪些？
4. 电视新闻直播的叙事时间和事件发生的时间有什么不同？
5. 和一般的电视节目相比，新闻直播的叙事优势主要体现在哪些方面？

延伸阅读

1.〔法〕托多洛夫：《文学作品分析》，北京：中国社会科学出版社 1989 年版。
2. 胡亚敏：《叙事学》，武汉：华中师范大学出版社 1994 年版。
3.〔法〕罗兰·巴特：《叙事作品结构分析导论》，北京：中国社会科学出版社 1989 年版。
4.〔美〕尼尔·波兹曼：《娱乐至死》，章艳译，南宁：广西师范大学出版社 2004 年版。
5. 大卫·麦克奎恩：《理解电视》，苗棣等译，北京：华夏出版社 2003 年版。
6.〔俄〕普洛普：《民间故事形态学》英译本，奥斯汀：得克萨斯大学出版社 1986 年版。

第七章　电视新闻直播的核心——出镜记者

本章要点

出镜记者的发展历史

出镜记者的专业素养

出镜记者在镜头前的采访

出镜记者的表达技巧

在本书之前的章节中，我们对电视新闻节目概况和电视新闻报道理念与原则进行了介绍，同时也对电视新闻直播的分类、选题价值取向和叙事特点等做了梳理。这一章中，我们将主要关注电视新闻直播的核心部分——出镜记者。电视新闻节目主持人何时产生？出镜记者有着怎样的发展历程？出镜记者在镜头前如何有效地采访、完美地表达？一名优秀的出镜记者又该具有怎样的素质和修养呢？

第一节 出镜记者的发展历史

一、什么是出镜记者？

“出镜记者”最早出现在西方。经历了多年的发展后，我国电视新闻界也开始对其做出讨论和研究。朱羽君和雷蔚真合著的《电视采访学》中，给“出镜记者”下了定义：“出镜记者是指在电视采访中出现在镜头里的记者和主持人”[①]；宋晓阳的《出镜记者现场报道指南》一书认为，“出镜记者”是“在新闻现场，在镜头中从事信息传达、人物采访、事件评论的电视记者和新闻节目主持人（新闻主播）的总称。”[②]可以说，后者的解释更为全面，作者将新闻报道和现场评论等也划入了出镜记者的业务范围。“出镜记者”的英文为“on-camera correspondent and reporter”，即“上镜的通讯员和现场记者”。根据以上定义，我们认为“出镜记者”是指在新闻现场，在镜头前从事信息传达、人物采访、事件评论的电视记者和新闻节目主持人（新闻主播）的总称。

1963 年 11 月 22 日下午，CBS 的丹·拉瑟在肯尼迪总统遇刺 10 分钟后，最先对此进行了长达 17 分钟的现场报道。他应该是历史上第一位真正意义上的出镜记者，后来，丹·拉瑟成为美国最著名的记者型主持人之一。

出镜记者的诞生虽然看似偶然，但却引发了电视界强烈的反应。它的出现，同电视新闻节目主持人的角色发展是分不开的。在这一点上，中外电视新闻界的发展有所不同，中国比美国晚了近 20 年。我们来看看中、美两国电视新闻节目主持人的缘起和发展，并特别关注出镜记者产生和发展的社会环境。

① 雷蔚真、朱羽君编著:《电视采访学》(第二版)，北京：中国人民大学出版社 2010 年版，第 13 页。

② 宋晓阳:《出镜记者现场报道指南》，北京：中国广播电视出版社 2008 年版，第 29 页。

二、美国电视新闻节目主持人的产生及发展历程

（一）新闻节目主持人和固定新闻栏目的出现

我们一般认为，美国哥伦比亚广播公司（CBS）最早在电视新闻传播中使用主持人。早在 1948 年，该电视网就启用了道格拉斯·艾德华兹（Douglas Edwards）主持在当时只有 15 分钟的晚间新闻节目——《CBS 道格拉斯·艾德华兹新闻》（*CBS News with Douglas Edwards*）。

1951 年 11 月 18 日，美国 CBS 电视网将原有的广播节目《现在请听》（*Hear it Now*）进行了电视化的改版，正式播出电视新闻专题栏目《现在请看》（*See it Now*）。用今天的观点来看，这个栏目也许可以被视作第一个电视新闻深度报道栏目。《现在请看》仍由《现在请听》的原班人马——爱德华·R. 默罗（Edward R.Murrow）主持，弗雷德·W·弗兰德利（Fred W. Friendly）制作。早在 1948 年美国两党全国代表大会期间，默罗就曾在电视上做过报道，但他真正以主持人的身份为电视观众所熟知还是在《现在请看》节目中。此外，主持人默罗和《现在请看》栏目最令公众无法忘怀的报道是针对“麦卡锡主义”的斗争。

1953 年起，威斯康星州参议员约瑟夫·R. 麦卡锡（Joseph R.Mc Carthy）对共产主义者进行政治迫害，调查军队中的“共产主义渗透”问题，肆意指控美国公民从事颠覆活动。1954 年 3 月 9 日，《现在请看》播出了电视史上最具影响力的节目之一——《参议员麦卡锡》。默罗在节目中把他对臭名昭著的“麦卡锡主义”的痛恨与鄙视淋漓尽致地表达了出来，用自己的评论对麦卡锡所采取的迫害等卑劣手段进行了辛辣的讽刺和鞭挞。对于当时事件的细节，CBS 资深制作人唐·休伊特（Don Hewitt）做出这样的描述：“这一冲突表明了媒体作为改革力量有多么强大——在这个事件中，是向好的方向变革的。默罗的《现在请看》当然使用了展示麦卡锡活动的影片，不过大量地采用了麦卡锡自己的话，这些话成为置麦卡锡于政治死地的一个绞刑套索。……麦卡锡马上要求给予相等的时间进行反驳，几周之后他得到了反驳的机会。但是他对默罗胡乱而蛮横的指控，只能使套在他脖子上的绳索勒得更紧，……默罗维护了自己的尊严，并且揭露了麦卡锡作为一个无可救药的造谣者、一个恃强凌弱的流氓的丑恶嘴脸。”①从很大程度上讲，正是默罗的《现在请看》使得麦卡锡的真实面目曝光于公众面前，令他声誉扫地，陷入万劫不复的境地。

默罗和他的《现在请看》对当时的社会热点现象进行了公正的报道，同时引导了公众的舆论和意见形成，表现出了强烈的社会责任感和公共意识，开创了一个严肃新闻的时代，至今仍然对电视新闻制作有着重大的意义。

---

① 〔美〕唐·休伊特：《〈60 分钟〉：黄金档电视栏目的 50 年历程》，马诗远、林洲英译，北京：清华大学出版社 2004 年版，第 34 页。

（二）新闻节目“主持人”称谓的正式使用

1952年对于美国电视而言是极不寻常的一年。一方面，美国联邦通讯委员会在该年四月停止了对新电视台长达四年的“冻结政策”，使得新开办的电视台如雨后春笋般涌现。广播逐渐被挤出全国市场，到50年代后期便成为地方性的媒介了；[①] 另一方面，随着电视新闻直播在当时已日趋成熟，1952年在陆军五星上将德怀特·D·艾森豪威尔（Dwight D.Eisenhower）和伊利诺伊州州长艾德莱·E·史蒂文森（Adlai E.Stevenson）之间展开的总统竞选成为真正意义上的电视竞选，美国公众首次在电视上看到了政治顾问们精心策划的广告、纪录片和选举之夜的特别节目，这其实把电视拉到了社会政治生活的显著位置，甚至使电视开始成为美国政治进程中的主宰力量。正是在这次竞选的政治报道中，“主持人”这一概念横空出世了。“电视新闻节目主持人”这一称谓从提出之时起就被赋予了重要内涵——成为电视新闻传播过程中最关键的环节。

美国CBS的编导唐·休伊特率先在节目中设置了新闻节目主持人，并首次提出了“新闻主持人（anchor）”的称谓。他曾在回忆录中这样说道，“许多我们今天认为的电视的专门术语，都来自那次选举报道。记得在那个夏季，共和党大会开始之前，我们开了一次会。我们摄制组和大会报道的制片人保罗·莱维坦（Paul Levitan）围坐在芝加哥斯托克雅兹（Stockyards）酒吧的一张餐桌旁，讨论着该如何报道马上就要开始的大会。负责大会报道的主角就是刚进台的沃尔特·克朗凯特（Walter Cronkite），在此之前，他曾在华盛顿做过一小段时间的地方播音员。……没有人预料到，从那个夏天起，任何与沃尔特·克朗凯特从事同样工作的人都被称为‘锚人’（主持人）。……不管怎么说，这个词与船毫无关系，但与一个接力小组密不可分。……我们的想法是让他们一个接一个地把此次报道传递下去，有点像在接力比赛中传递接力棒。同时，正如跑得最快的要跑‘锚棒’（末棒）一样，克朗凯特将为我们压阵。从那一天起，他不仅成了一名‘锚人’（主持人），而且是‘头号的锚人’（主持人）。现在，‘锚人’（主持人）是大家对任何坐在‘锚桌’（主播台）旁主播新闻的人的称呼。”

（三）杂志型新闻节目和记者型主持人的出现

1968年，为了在20世纪60年代美国空前白热化的电视收视率大战中击败竞争对手，曾在50年代总统大选报道中有过天才表现的CBS著名的制片人[②]唐·休伊特，又在他那天才的设想下，开创了一个“有办法使得电视节目既满足广播网的精神要求，同时又能保

① 参见郭镇之：《电视传播史》，北京：北京师范大学出版社2000年版，第208—209页。

② 国内很多译著在职位翻译上由于缺少对中外电视行业内部的了解而存在误差：美国电视行业中的executive producer实际指的是“负责栏目运作的人”，即对应的是中国电视行业中的“制片人”职位，并不能简单地按照文字直译成“执行制片人”；而producer指的是“对某一期节目负责的人”，是归executive producer所领导，因此其对应的应该是中国电视行业中的“编导”或“制作人”。唐·休伊特当时在《60分钟》的职务是executive producer，也就是该栏目的制片人。

证其经济来源”的电视节目，“在不损害新闻真实性的同时，我们可以使其变得轻松有趣。实质上，那就是《60分钟》的起源”[①]。

从那时起，美国电视史上第一个杂志型电视新闻节目《60分钟》和它那用嘀嗒作响的时钟作为片头的经典画面在美国乃至世界赢得了千百万的观众，影响力经久不衰，并且成为世界电视杂志型新闻栏目的典范，催生了ABC的《20/20》等许多类似的优秀杂志型新闻专题节目。仅仅在创办之后的十年间，《60分钟》就成为全美收视率最高的电视节目之一，令新闻节目第一次名列收视率前10名。在唐·休伊特撰写的回忆录的扉页上，他颇怀成就感地列出了《60分钟》荣誉册：电视艺术与科学学会艾美奖中的新闻和纪录片奖以及个人奖项68次；艾尔弗莱德·杜邦—哥伦比亚大学奖11次；佐治亚大学乔治·福斯特·皮博迪奖9次。

《60分钟》之所以能在当时激烈的电视收视争夺大战中脱颖而出，一方面是凭借它讲故事的本领。尽管《60分钟》所报道的内容非常广泛，从社会热点到历史事件，从名人轶事到凡人琐事，几乎无所不包，但是无论哪一个主题都必须用生动有趣而且能够引人入胜的故事来吸引观众的注意力。

另一方面，《60分钟》最大的贡献就在于它创造了以迈克·华莱士（Mike Wallace）为代表的记者型主持人，将主持人与记者的角色与功能合二为一，并且开始用电视纪实的手法把主持人进行调查性报道的来龙去脉完整地展现在节目中，使这些记者型主持人和他们的报道一同随着《60分钟》蜚声世界，而这些记者型主持人——迈克·华莱士和莫利·塞弗（Morley Safer）以及后来加盟的CBS《晚间新闻》主持人丹·拉瑟，使这个节目焕发出更加耀眼的光彩。

《60分钟》每期节目的开头部分是本期节目介绍，用几分钟的时间把当晚要播出的报道中的精彩段落展示出来，以声音和画面的最佳组合来吸引观众；随后《60分钟》的记者们一个个出现在黑色背景前自报家门，每位记者分别担任自己采访的节目的主持人。最后一位自报姓名的记者总结说：“今晚请看《60分钟》的这些故事以及安迪·鲁尼（Andy Rooney）的评论。”

迈克·华莱士1918年出生于马萨诸赛州布鲁克林的一个新闻工作者家庭，早年就读于密歇根大学，大学二年级开始涉足新闻工作，先在密歇根大学广播中心工作，后到底特律广播电台任职。在1968年《60分钟》初创之时华莱士就在节目中出任主持人，那一年他正值50岁。在长达30多年的《60分钟》主持生涯中，他以刚性、尖锐的提问方式和招牌般的风衣形象塑造了“侦探式”的电视记者调查风格，成功地采访了他在职期间的历届美国总统和众多外国首脑。《60分钟》制片人唐·休伊特曾这样评价这位杰出的记者型主持人：

“这些年来，华莱士以硬汉形象闻名遐迩，这可以追溯到他主持的一个名叫《夜间新

① 〔美〕唐·休伊特：《〈60分钟〉：黄金档电视栏目的50年历程》，马诗远、林洲英译，北京：清华大学出版社2004年版，第71页。

闻》（*Night Beat*）的节目。在这个节目里，他会接受任何人的挑战，并且提出其他人都不敢提出的问题，我知道他是那种人们喜欢听他讲话的人。坦率地说，华莱士是电视事业之大幸——当然，也是我个人电视事业之大幸。他是一员虎将，是那种一生中只能碰见一次的记者。他没有跌过跤，他还能激发与他共事的人发挥出最佳水平，这种品质很少见，尤其是在电视行当中。”①

1972年，由于节目的需要，唐·休伊特和迈克·华莱士力邀当时从沃尔特·克朗凯特手中接过《晚间新闻》主持人职位的大名鼎鼎的丹·拉瑟加盟《60分钟》。从那时起直到21世纪的最初几年，丹·拉瑟一直在《60分钟》主持人的位置上对于公众所关心的事件做出报道或访谈，他严谨权威的个人形象和魅力在社会民众中有着巨大的影响力。

从迈克·华莱士、哈利·里森纳（Harry Reasoner）、莫利·塞弗直到丹·拉瑟，这些优秀的记者型主持人以其出色的调查能力、语言表达和个人魅力为《60分钟》赢得了极高的收视率和赞誉；同时，他们自己也被广大观众所接受和认可，成为影响美国社会舆论的重要角色。《60分钟》的成功也使得记者型主持人作为一种传播角色被多个国家广泛地借鉴和模仿，开创了电视新闻传播的新模式。1978年美国著名的《纽约时报》曾如此评价：

“他们有着已经是灰白的或者正在变成灰白的头发，他们有因年龄而显得松弛的面部肌肉却充满对社会关注的神情，他们无数次地为采访而穿梭于世界各地，为迫在眉睫的截稿时间而忙碌，偶尔也会放松地喝上一杯马蒂尼酒，所有这些都与另外一些因循守旧的电视记者们形成鲜明的对比——那些记者们从通讯社的新闻稿中摘录只言片语，然后问一个刚刚被地震摧毁家园的人‘感受如何’——相比之下,(《60分钟》的记者）更受人欢迎。”②

总而言之，美国电视新闻节目主持人从出现、发展到明星化，他们“跻身于那些左右着我们这个世界的少数几个人的万神殿之中了，没有被邀请，没有被选举，公众也不曾争议，他们在那些总统、国会议员、劳工领袖以及其他决定公众政策和影响个人态度的人物旁边，取得了一席之地”③。这些明星新闻主持人们一方面得益于电视媒介的迅速发展，另一方面也反过来用电视媒介给自己打造出来的名声和威望为各大电视机构带来了直接的利益。在节目中，他们大多承担着记者型主持人的角色和功能——首先，他们拥有丰富的新闻采访与评论的经验，这种良好的新闻素质令他们能够在新闻节目进程中轻车熟路地起到掌控和驾驭节目的作用；其次，他们在节目中以人格化的方式完成新闻传播，主持人自身和栏目紧密相连，彼此促进，有助于起到一荣俱荣、相得益彰的作用。无疑，这也为日后记者型主持人在各国的发展提供了有益的借鉴。

---

①〔美〕唐·休伊特：《〈60分钟〉：黄金档电视栏目的50年历程》，马诗远、林洲英译，北京：清华大学出版社2004年版，第74页。

② 王纬主编：《镜头里的“第四势力”——美国电视新闻节目》，北京：北京广播学院出版社1999年版，第202页。

③〔美〕芭芭拉·马图索：《美国电视明星》，北京：中国广播电视出版社1987年版，第1页。

从1963年出镜记者的偶然出现，到更多电视新闻节目的出现和多元发展以及节目主持人的成长，电视荧屏越发充满生机。除了在新闻频道上光鲜亮丽的新闻主播外，奔波在新闻现场第一线的出镜记者们也在大放异彩，深深地吸引着观众的目光。出镜记者越发成为电视新闻报道的主力，也是电视新闻媒体的核心竞争力所在。

三、中国大陆电视新闻节目主持人的发展嬗变

（一）早期电视新闻播音员的出现

1958年5月1日，我国第一座电视台——北京电视台（也就是现在央视的前身）开始试播。11月2日，北京电视台开始口播《简明新闻》，每次5分钟。当时的电视台并没有专职的播音员，所有的稿件起初都是由中央人民广播电台提供的，节目由中央人民广播电台和北京人民广播电台的播音员代播，不出图像。后来，中央人民广播电台播音部的沈力被调入北京电视台播报新闻，成为我国第一位正式的专职电视播音员。1960年元旦，北京电视台设立了固定的《电视新闻》专栏，每周3次，每次10分钟，专门播放新闻片和纪录片。60年代，赵忠祥被选到北京电视台，成为第一位电视男播音员。

早期的电视新闻节目带有鲜明的政治宣传色彩，缺少多样性，受众所接收的信息都是经过电视媒介大量复制后的抽象化符号，甚至在一段时间里连编辑、记者、播音员的名字都不许被提及。北京电视台1960年曾就电视新闻的不足做过检讨，指出节目千篇一律、八股化、使人感觉枯燥的弊病。由于狭隘的宣传思想和宣传内容的束缚，电视新闻从整体上缺乏生气和活力，充斥着高亢空洞的口号和大同小异的画面，给人们留下的，主要是呆板、单调的模糊印象。①

“文化大革命”结束以后，中国电视发展得到了复苏的机会。1978年1月1日，在中国电视史上最具影响力的新闻节目《新闻联播》开始播出，直到今天它仍在中国百姓的政治生活和社会生活中起着举足轻重的作用。创建之初的《新闻联播》时长20分钟，新闻的时效性比较差，而且只能采用新闻配乐的方式。1980年5月，《国际新闻》并入《新闻联播》，使《新闻联播》比以往有更高的收视率。1981年7月1日，《新闻联播》再次改进，将国际、国内新闻片和口播新闻混合编排，取消了新闻配乐，使用电视播音员进行串联。李娟、吕大渝、沈力、卢静等都曾是20世纪七八十年代《新闻联播》的著名播音员，而罗京、张宏民，以及邢质斌、李瑞英则是从20世纪80年代开始担任《新闻联播》的播音员。

早期的播音员虽然都是以有稿播音的方式进行新闻播报，但多年来形成的庄重、大气、规范的语言传播风格为全社会的语言使用提供了绝佳的样本，同时也为后来新闻节目

① 参见郭镇之：《中国电视史》，北京：文化艺术出版社1997年版，第90页。

主持人风格的形成打下了良好的基础。

（二）"千呼万唤始出来"——电视新闻专题节目主持人的问世

电视新闻播音员同《新闻联播》等诸多消息类播报式新闻节目一起被社会广泛接受，这也在无形间加速了电视从业者对新闻的语言传播模式与话语样式的思考与创新性尝试。

1980 年 7 月 12 日，中国第一个新闻评论类节目《观察与思考》在央视播出，当时它的定位是"新闻述评栏目"，而且是不定期播出。不过从某种程度上讲，《观察与思考》所体现出的思想性、政策性和时效性也使它可以被看作中国第一个深度报道栏目。《观察与思考》首次在屏幕上打出"主持人"的称谓，代替传统的评论员与观众面对面的交流。在最早的一批出镜记者之中，庞啸是从播音员的岗位上转变而来的，他的第一个节目《北京居民为什么吃菜难》播出后，在社会上引起了很大的关注。

此时的《观察与思考》还是一个不定期播出的栏目，也没有固定的节目主持人。1981 年 7 月 28 日，央视播出的《北京中学生智力竞赛》节目中，开始把节目司仪赵忠祥冠以"节目主持人"的称谓。1983 年元旦，央视的名牌服务类栏目《为您服务》进行了改版，成为一个定期播出的电视服务类节目，增加了精神生活、社会生活方面的内容，同时增加了知识性和趣味性。而最值得关注的是，改版后的节目中首次设置固定的节目主持人——沈力，这标志着中国电视有了第一位固定栏目的电视节目主持人。

1988 年 11 月，《观察与思考》也改版成为一个固定的栏目，每周在央视播出，同时更名为《观察思考》。这个栏目在当时以主持人出镜调查的形式制作了一定数量的弥足珍贵的调查性报道，为后来的《东方时空》《焦点访谈》以及《新闻调查》栏目提供了有益的经验。值得一提的节目是 1992 年 9 月 6 日播出的《迟发的报道》，讲的是一个职工在劳动用工制度改革中自己的权益受到了厂方侵害的事件。这期节目的记者张步兵（后成为《新闻调查》第一任制片人）率摄制组在 8 个月的时间内四下南京采访拍摄，在最后播出的时候也遭遇了权力和暴力的阻拦，最终这个节目播出之后获得了当年的"中国新闻奖"。

随着《观察与思考》等节目在全国逐渐受到关注，地方电视台也不甘落后，在电视新闻专题节目主持人的设置和使用方面进行了诸多有益的尝试。1987 年，上海电视台开播了国内第一个电视新闻杂志的栏目——《新闻透视》，在节目中率先使用主持人李培红，并鼓励主持人深入新闻现场，参与采访拍摄，与观众互动；1988 年 1 月 1 日，福建电视台一度把星期五晚上 19 点 35 分播出的《福建新闻》改版成为电视新闻杂志型节目，并更名为《新闻半小时》，由记者出身的程鹤麟主持。非常值得一提的是，《新闻半小时》当时播出的批评性报道占据了全部报道的 45%。而就在同一时期，山西电视台推出了高丽萍主持的《记者新观察》，广东电视台也相继推出了《市场漫步》《金融窗口》等经济类主持人节目。从很大程度上讲，这些节目的探索都为日后中国电视新闻领域节目的深度报道和记者型主持人的出现积累了可供参考的经验和样本。

（三）电视纪实催生现场报道主持人

就在电视新闻节目发展缓步向前的时候，电视纪录片却另辟蹊径，为电视新闻节目和主持人提供了一条新的路线。随着现代电视纪实发展的逐渐成熟，新的纪实理念首先被运用到了纪录片的摄制中，随后又迅速扩展到了日常新闻节目之中。“纪实，是一种特殊的记录形态。这种形态强调记录行为空间的原始面貌，强调记录形声一体化的行为活动。……纪实的记录形态还强调再现事物发展的逼真效果，这种效果不仅仅是去拍摄真人真事，而且要赋予真人真事以运动发展的意义，使人的活动具有一种符合人们日常生活经验可经历的逼真性。”①中国传媒大学电视学院的朱羽君教授认为，“现代电视纪实与以往的电视纪实很大区别地方，还在于将交流、参与、反馈当成一种获得信息的手段，而交流、参与、反馈的过程本身又是节目的重要内容和形式。”②在这样一种情况下，主持人在现场镜头前的活动有助于促进与现场的交流以及获得信息与反馈。

纪录片中使用主持人的尝试始于1983年央视拍摄的大型纪录片《话说长江》。在《话说长江》以前的纪录片里，由于机械地追求“记录”的感觉，拍摄者在片子拍摄过程中不仅不去干预或参与被拍摄者的活动，甚至为了追求拍摄者不在场的感觉，不允许被拍摄对象的目光望向镜头。然而，在《话说长江》节目中，两位主持人陈铎、虹云首次出现在了荧屏上，面对镜头现场解说。虽然他们也并未参与到节目的摄制中去，只是作为解说员的形象出镜，而且节目中常常从屏幕一角忽然“飞出”的用抠像特技叠在画面上的主持人解说看起来实在有些蹩脚，但是一种人性化和对象化的传播方式在此已见端倪。

就在随后由原班人马继续拍摄的纪录片《话说运河》中，主持人不在现场的遗憾已被弥补，两位主持人在现场也一同出现在了镜头中。不过在此片中，他们与现场人物和场景仍然缺少互动，只是在片中以一种看似有些超脱于现场气氛的解说员的状态朗诵着解说词。真正在电视纪录片中以主持人的身份和意识完成传播、交流与互动的，还要从1991年央视播出的《望长城》开始。

大型纪录片《望长城》可以被视作第一个由现场主持人引领观众深入到被拍摄的人物和环境中间，通过观察和访谈获取和传播信息的节目。在这个系列节目中，主持人焦建成一改以往主持人在演播室正襟危坐的状态，在现场与采访对象进行互动，有效地发挥了主持人的作用。他与采访对象亲切自如地交流互动，调动了现场气氛，很自然地引导着观众一步步地接近后面的情节，创造出了很多经典的段落。焦建成的活动和访谈既活跃了交

① 钟大年：《纪录片创作论纲》，北京：北京广播学院出版社1997年版，第53—54页。

② 朱羽君：《现代电视纪实》，北京：北京广播学院出版社2000年版，第130页。

流，使得被采访者真正放松下来与主持人对话；同时，也使现场杂乱的信息得到了梳理。

一部《望长城》给中国电视带来了太多思考，电视纪实在视觉上带来的鲜活与现场主持人（又被称为外景主持人、出镜记者）的魅力为后来的电视新闻节目发展留下了深刻的烙印。孙玉胜曾用这样的话语来评价《望长城》给1993年开始的电视新闻改革造成的影响：

"没有人质疑《望长城》的大气，也没有人否认这部纪录片的深度。"也就是说，由于《望长城》选择的表现手段是客观表现，于是编导的意图、节目要表达的主题变得无需告白。这也是《望长城》如此成功的重要原因所在。

可以说，《望长城》一片所传递出的电视纪实与使用现场主持人的人本化的理念，在一定程度上成就了1993年开始的中国电视新闻改革的成功，关于新闻节目主持人的定位以及在节目中的功能的思考也逐渐地趋于成熟。1993年5月1日横空出世的《东方时空》不仅一跃成为中国现代"电视新闻杂志"的典范，改变了中国人早上不看电视的习惯，而且推出了白岩松、水均益、敬一丹等活跃于现场和演播室，具备采访、评论等杰出语言功力的新闻评论类主持人。

《东方时空》创立了演播室主持人与现场报道主持人通力合作的模式，主持人不仅仅要在演播室播报新闻内容，也要进行现场采访与评论。1993年播出的《洋河污染导致大片农田绝收》，获得"中国电视新闻奖"一等奖，也是《东方时空》首次获奖。该新闻报道了河北省张家口附近的洋河受到污染致使当地农作物绝收的事件。面对当地市政府办公室负责人的推诿与官腔，现场采访的主持人（出镜记者）章伟秋站在市政府大门口做出了一段极见功力的经典的现场评论：

"从上午8点20分我们就到张家口市政府要求采访市长，但直到中午12点市政府办公室的负责人还是不知道市长去了哪里，他说地市合并工作很忙，但我们认为老百姓吃饭的事情也很重要。"①

这期报道被认为是《东方时空》的首期批评报道。从那时起，无论是《东方时空》，还是随后相继问世的《焦点访谈》和《新闻调查》，都在追求报道深度的同时彰显主持人报道与评论的能力，现代电视新闻语境中的记者型主持人也在这样的背景下应运而生。在这一层面上，国内电视新闻节目的发展实际上已与国际接轨。"记者出镜即'主持人'在纪录片、纪实节目中出现，在世界范围内都是共同的，只是时间早晚问题，因为它有内在的必然性，是电视人际传播的必然走向。电视作为大众传播媒介，它利用自己的优势，打破电影的单项传播形象，努力将交流、参与、反馈组织在生活之中。'主持人'虽不是交流的唯一方式，但他的确起到生动活泼的中介作用，赋予媒介以人际传播的亲切感，产生相互沟通的形式和内容。"②

① 孙玉胜：《十年——从改变电视的语态开始》，北京：生活·读书·新知三联书店2003年版，第8页。

② 朱羽君：《现代电视纪实》，北京：北京广播学院出版社2000年版，第132页。

在我国，第一次出现的真正意义上的电视新闻记者出镜报道应该是在央视的《中国新闻》节目。1992 年 10 月 1 日《中国新闻》开播，记者高丽萍站在天安门广场上向大家做现场报道。那长达三分钟的新闻，几乎没有什么解说词，基本上都是现场同期声。这样的新闻首次出现在央视的屏幕上，其效果及影响力是可以想见的。① 就这样，我国的电视新闻也开始出现了真正意义上的出镜记者的现场报道，从而跟上了国际的步伐。

第二节　出镜记者的专业素养

一、直播意识

（一）直播意识的含义

随着电视新闻节目形态的发展和丰富，记者型主持人越来越多，其承担的角色和功能也越来越重要。不同于人物访谈和调查报道的出镜记者，现场报道的出镜记者主要针对新闻事件，报道最新的信息以及和主持人进行连线报道。也就是说，出镜记者在电视新闻的直播报道中占有非常重要的角色，承担着非常重要的任务。直播意识是出镜记者必须具备的专业素质。

电视现场直播对出镜记者提出了直播意识的要求，因为出镜记者要随着事件的发生、发展进程，对新闻作出及时、准确的报道，并将这个过程同时呈现给观众，这是直播同步性的要求。出镜记者要时刻牢记，自己的一言一行都在向外界传播信息，一旦出现问题，整个直播也就被搞砸了。

（二）直播意识的要求

直播意识要求出镜记者在现场报道时要有清醒的头脑和从容不迫的状态。电视新闻直播在呈现时新性的新闻信息方面有自己的优势，能够给受众最佳的收视体验，但新闻直播也对出镜记者提出了更高的要求。

首先，记者要清楚认识整个直播报道的流程，积极配合后方的演播室主持人，了解自己进行连线报道的时机和位置，随时做好直播和出镜准备，切不可匆匆忙忙、“赶鸭子上架”。

其次，要充分把握和灵活运用信息，做到有条理地介绍、有内容地报道，面对演播室主持人提出的问题要在最短的时间内给出较为正确的回答。因为观众最想知道的，都是来自出镜记者的最具时效性的信息采集和报道。

① 参见宋晓阳：《出镜记者现场报道指南》，北京：中国广播电视出版社 2008 年版，第 25、26 页。

最后，直播过程中遇到突发情况时，要保持镇定。现场千变万化，只有沉着冷静、从容不迫，才能完成好连线报道的直播工作。

直播意识要求出镜记者具备良好的新闻制作功底。出镜记者最重要的任务就是传达信息、进行人物采访和发表评论。从新闻业务的角度看，采、写、编、评都是出镜记者需要具备的“硬能力”，而且要尽可能快速完成。直播的时效性对记者现场文稿的写作能力也有更高的要求，只有扎实的功底才能跟得上直播的节奏，顺利地完成出镜报道。

另外，出镜记者通常是运用有声语言表达，以传播信息，在直播状态下，出镜记者更应该注重培养如何将“腹中之稿”转变成“口头之语”，并流畅表达的能力。

二、现场意识

（一）现场意识的含义

说到电视新闻直播和出镜记者报道，一定避不开的就是“现场”。现场是新闻发生的位置，是出镜记者所处的场合，是电视新闻直播画面最先关注的地方。它不但提供场所，更提供采访的机会和大量的新鲜信息，是出镜报道的“宝藏”。因此，出镜记者要有“我在场”的意识和理念，要在直播出镜时强化现场意识。

（二）现场意识的要求

现场意识首先要求出镜记者具有镜头意识。出镜记者在新闻现场，可以说成了现场与受众交流的纽带，记者出镜的一大目的就是做好这种纽带，实现顺利、通畅的交流。出镜记者面对的不仅是采访对象和现场的一切情况，也包括镜头之后的广大受众。在镜头前与观众直接交流的意识，就是镜头意识。另外，良好的镜头意识，能够帮助出镜记者在报道时表现得大方、自然、得体，使出镜记者显得更加认真，这有助于增强传播的有效性和互动感。

其次，现场意识要求记者具有控制力。这种控制力表现在现场出镜报道中的很多方面。一是对现场环境的控制，要尽量快地熟悉现场的情况，了解信息，做到心中有数，对突发情况也要做好准备，做到胸有预案；二是对采访节奏和采访对象的控制，控制好现场采访节奏，切不可被采访对象“牵着鼻子走”，要做到重点突出、详略得当。因为现场直播重在同步性，尤其是对于突发事件的采访来说，赢得时效、从采访对象口中取得想要的素材，才是成功的采访和报道。面对一些敏感事件，有的采访对象会避重就轻、答非所问，这对我们的采访是很不利的，因此我们要很好地控制住采访对象，努力将其引到正常的采访轨道上，同时善用技巧，促使采访对象给出实事求是的答案和回应。

再次，现场意识要求出镜记者具有敏锐的观察力和睿智的洞察力。观察现场和之前提到的对现场的控制是相辅相成的，只有细心观察，不遗漏重要的信息，才能控制好现场。而观察采访对象更为重要。采访对象的情绪如何？是否有异常？有没有说出真实情况？愿不愿意真诚交流？细致的观察能力是出镜记者在采访时取得成功的关键，因为一旦观察力不足，就很容易丢掉重要的新闻信息和素材，甚至导致报道的不客观、不全面。

最后，现场意识要求出镜记者有正确的情绪表达。情绪的表达可以带来现场感，使现场变得生动。焦虑、痛苦、紧张、悲伤，这些来自出镜记者本人的情绪最能直观感染观众，所以出镜记者要能够正确表达自己的情绪，而不能太死板，显得毫无趣味。

三、合作意识

（一）合作意识的含义

合作意识，顾名思义，就是出镜记者应该具有的同电视新闻制作、播出等各个环节、部门、人员的整体协作的团队意识。在出色完成自己任务的同时，也要站在他人角度想问题、做工作。

（二）合作意识的要求

出镜记者要适应直播报道的各个环节和流程，密切配合各个工种的工作人员。很多新闻学专业的大学生都将出镜记者作为自己的职业理想，大多因为“出镜”的诱惑力，可以在镜头前展示自己各方面的能力，同时还有“露脸”甚至出名的机会。殊不知，一次成功的新闻直播少不了任何一个岗位上工作人员的付出，很多人都是在背后默默付出着。文字记者、摄像、灯光师、编导等，都是这个流程顺利运转的要素，缺少谁都不能完成任务。

举个例子来说，出镜记者绝对不能只顾自己发挥，而不遵守和摄像师的位置约定。一般在出镜报道之前，记者都会事先和摄像记者商定好整体的拍摄流程，尤其是涉及出镜记者的位置移动时，一定会提前有个行动顺序安排，那么出镜记者就要遵守这个商议的流程，若是在正式的报道中随意走动，任意改变，再有经验的摄像记者也很难拍出好的电视画面。

出镜记者也一定要遵守与后方导演的时间约定。在直播开始之前，导演通常会告诉前方记者，这一段直播在几分钟之内结束；作为前方记者，一定要遵守约定。在一个直播系统当中，互相信任是关键，千万不要因为自己想出风头而打破它，这是作为直播出镜记者必须遵守的第一原则。

合作意识还要求出镜记者能够同采访对象处理好关系。除了现场的情况，采访对象也是出镜记者需要把控的一个因素，更是重点的合作对象，因为他们往往是事件的亲历者、见证者，或者是能够对事件做出评论的人。尤其是出镜记者在面对自己不了解的领域和知识时，采访对象的介绍、讲解、评论都将是直播报道的重要内容，也是观众最希望获得的讯息。同采访对象合作好，可以使出镜采访与报道进行得更顺畅、更有效、更出色。

合作意识还要求记者同新闻现场之外的大环境合作好，包括同正在进行出镜报道的其他电视台的记者和上级领导机构等。在2008年汶川地震的后期，有两位记者在唐家山堰塞湖已经告急的情况下，不顾所有人的劝阻上了大坝，最后营救人员动用了救援资源把这两个人救了下来。这两个人直到被救下来的时候都非常高兴，非常得意，觉得自己作为一个现场记者，到一线去了。我们且不从大的社会效益的角度评价这两个人的行为是否给整个的灾区救援带来更大的负担，但是当你是一个让人不放心的人，给大系统添麻烦，给领导添麻烦，你可能就没有下一次的工作机会了。

四、语言素质

（一）语言素质的含义

语言素质指的是出镜记者的有声语言表达能力，具体体现在语音标准、熟练掌握语言技巧、面对镜头时交流感强等方面。语言素质是出镜记者的基本功，要求记者平时多学习、多训练，此外，还要能听出采访对象的“话外之音”，创新语言表达技巧，以获得丰富的信息。

（二）语言素质的要求

对于出镜记者来说，最基本的语言素质是说一口标准的普通话，并且能够在镜头前流利地表达。想要说好普通话记者必须要进行大量练习，要在日常生活中下工夫。在镜头前流利地表达，更是需要大量实战经验的积累和平和、稳定的报道心态，以及一定的表达技巧。在出镜报道前，记者要打好腹稿，用较为简练、通俗的语言准确表达，不要一味追求说得冠冕堂皇或者“高大上”，往往是“接地气”的表达更流畅简单，同时也利于受众理解，从而把想表达的意思表述清楚。

此外，出镜记者还要提高现场表达的逻辑性和条理性，也就是使语言链条和思维链条同步起来。在日常生活中就要多培养自己的逻辑思维能力，在出镜报道时尽可能获取丰富的信息和事实，从而为自己的表达提供更多的感性资料和素材。在处理和使用这些材料时不要片面、偏倚或者将它们割裂开来，而要进行合理地筛选、组织、总结，做到客观而有条理地表达。

语言素质还要求出镜记者善用有声语言表达的各种技巧。这一部分我们会在后边的章节中具体阐释，在此不做详述。

出镜记者在面对镜头时也要有交流感。这种交流感体现在向观众尽可能地传递出有用的信息，在这一点上，经常在电视新闻直播中进行现场报道的出镜记者们应该多向调查型出镜记者、记者型主持人学习。让我们来看一个《新闻调查》的主持人柴静采访的例子。这是央视《新闻调查》在2003年7月21日播出的《双城的创伤》的部分片段。

《新闻调查》的主持人柴静在这个节目中曾有一段被传为经典的表现，甚至一度被认为有“摆拍”“作秀”之嫌，引起过不小的争议。这期节目是报道甘肃武威地区小学生连续服毒自杀的事件，在调查采访即将结束的时候，柴静意外地找到了第一位自杀的小学生苗苗的同班同学小孙。在去往小孙家的路上，摄像师就已经开始记录。柴静见到小孙后，小孙一开始锁门拒绝接受采访，在朋友的劝告下，他走了出来，把柴静带到了他家门口一个十几米高的大土台子上，柴静脱下了高跟鞋，和他一起爬上了高高的土坡后开始和小孙聊了起来。

主持人柴静：你喜欢这儿啊？……别人看不见你，但你什么都能看见。……刻的什么呀？疼吗？

小孙：不疼。

主持人柴静：已经退了，是刻的“519”（苗苗自杀的日子）吗？

小孙：是。

主持人柴静：什么时间刻的呀？几号刻的？

小孙：20号。

主持人柴静：拿什么刻的呀？

小孙：刀刀。

主持人柴静：刀刀啊，刻的时候出血了吗，流血了吗？

小孙：流血了。

主持人柴静：如果妈妈打你，但是苗苗没出事，你会有这个念头吗？

小孙：没有。

主持人柴静：你把那个药都吃了，身体难受吗？

小孙：难受。

主持人柴静：哪儿难受啊？……

（这时小孙忽然站起身跑下土坡，镜头跟着小孙拍摄到他远远地跑开后摇回到柴静。意识到摄像机在对着自己拍摄，柴静略加思索后，面对镜头进行了评论）

主持人柴静：在这样的谈话当中，看着孩子离开，你知道他的内心世界里还有很多谜没有解开，还有很多话很难说出来给我们听，我们只知道在这些孩子的内心深处有很多从来没有被人了解到的东西，这些东西也许就是他们后来相继服毒的原因。其实在整个双城少年服毒的事件调查过程中，到最后我们才发现，最大的谜其实就是孩子们的内心世界。怎么样去打开它，可能是每个人都需要面对的问题。

这段镜头曾被部分人士认为有“摆拍”“作秀”之嫌，但是从镜头上看，可以很明显地看出这是一个未加剪辑的长镜头，期间小孙忽然起身跑开是任何人都始料未及的，因此这在某种程度上可以被看作一段真实的现场记录。在这段镜头之中，柴静首先用了很亲切的语言同小孙交流，试图让一个心理受到伤害的小学生打开心扉，虽然小孙的语言超乎想象地简短，但更能让观众感受到他内心的伤痛。他们的交流虽然在电视上表现为一对一的人际交流，但向观众传递出了有用信息；而在小孙意外地起身跑开之后，柴静对着镜头进行了现场即兴评论，将前面对话中的印象加以深化，通过一系列不同形式的交流，令观众对青少年心理问题的严重性有了更深的认知。

五、法律意识与道德修养

出镜记者的法律意识和道德修养，对于所有的新闻传播工作者来说，都是非常重要的，也是必须要具备的。这种法律意识和道德修养可以时时刻刻监督着包括出镜记者在内的所有传媒人，也应该是出镜记者进行报道时的一条“戒尺”。

“世界各地的广播电视记者，面临的最大的法律诉讼是诽谤。诽谤又分为口头诽谤与书面诽谤。前者是一种口头表述方式，而后者是一种出版的表述方式。”[①]出镜记者是透过镜头，通过有声语言表达来进行报道、采访、评论的，因此，很容易因为说话方式不正确或过激而触犯到法律。要知道，现场直播的每一句话都是同时进行播出的，一旦出现触犯到法律的问题，是很难及时纠正的。另一个易引发争议的是版权。版权保护的作者和作品的类型有很多，涉及文学作品、艺术作品等，出镜记者不能冒险，不能在镜头前肆意妄为、胡言乱语，而应该有法律意识。

因此，出镜记者若想安全且成功地完成出镜报道，就必须要学习和了解相关的法律知识，培养法律意识。

关于道德性的争论是出镜记者在直播报道及出镜报道中更容易遇到的问题，尤其是调查性的电视新闻节目，出镜记者经常面临道德的难题。在一步一步解开事件谜底的过程中，会遇到很多问题，有时往往会触及道德底线，引发社会的讨论，因此良好的道德意识和修养、尊重新闻伦理是出镜记者必须具备的素质，更是一种要求。但是，面对道德问题时，我们又不能矫枉过正，如果整个报道全是在捍卫社会主义道德，想必节目也索然无味，甚至令人反感。笔者认为，出镜记者应该在直播中快速找到法律、道德、新闻事实的平衡点，有态度、有内容地完成好新闻报道。

道德修养还要求出镜记者在采访报道时能够关照他人，不能为了完成采访任务或追求轰动画面和效应，而做出不良采访行为。以下这两个例子或许可以帮助大家更好地理解道德修养的重要性。

施救人员正在营救一位老大爷（他上方有一块板，随时有可能垮塌）。某电视台女记

① 〔英〕安德鲁·博伊特、彼得·斯图尔特、瑞·亚历山大著：《广播电视新闻报道（第六版）》，嵇美云译，北京：清华大学出版社 2012 年版，第 24 页。

者对施救人员说："你让让好不好，我们先拍。"大家都说救人要紧。女记者竟然说："只要5分钟就好。"女记者现场报道说："在我们的下方还掩埋着一位老大爷，一直发出呻吟，我们现在试试把话筒放下去看能不能听见老人的声音。"女记者喊："大爷，能听见吗？大爷，说说话。"大爷又发出了呻吟声。

一位女警察在地震中失去了父母和女儿。记者追问她在地震中是否失去了亲人，怎么能在痛失亲人的情况下还在拼命工作。最后问："你在救助这些灾民的时候，看到老人和小孩，会不会想到自己的父母和女儿？"女警察悲伤得话都讲不出，很快昏倒。

因此，在报道突发灾难事件时，记者的道德修养在改善新闻报道、营造有利的救灾氛围方面至关重要。记者应致力于提高自身的道德修养和法律素质，以改善新闻报道的质量，增强媒体的公信力。

第三节　出镜记者在镜头前的采访

出镜记者在新闻现场进行报道时主要承担了传达新闻事实、采访相关人物和发表事件评论的任务，综合起来看，出镜记者具有"叙述人""采访者"和"评论员"的三重角色。在电视新闻直播的过程中，出镜记者在新闻现场针对事件情况，对相关人员进行的提问和采访应该说是最为重要的，因为大量的新闻信息都需要通过采访获得，对事件进程的关注在采访中体现，也只有深入、有效地采访过后，才能对事件做出正确、全面的评论。而出镜记者在镜头前的采访同样需要精心的准备，并遵循正确的采访原则，运用好非语言符号，在非常情况下采用隐性采访，则会为出镜记者的采访添彩。这一小节，我们主要关注以下这几个问题。

一、采访前的准备

出镜记者在采访前的准备是一个较为笼统的概念，它包含的内容很多，根据准备内容性质的不同，我们将其分成硬性准备和软性准备两个类别，下面稍做详述。

（一）硬性准备

1. 含义：

硬性准备主要是指出镜记者在采访前，需要做的充分且必要的准备工作。硬性准备是采访前必须进行的环节，硬性准备充分与否往往决定着出镜记者采访的成败。

2. 内容：

（1）关于新闻事件本身

新闻事件本身是出镜记者采访的核心主题，只有受到关注的新闻事件才有采访和报道的价值，因此对新闻事件的深入了解、找出核心价值点，是采访前需重要准备的内容。

第一，要明悉新闻事件的既有事实，关注新闻事件要素的完整性，了解其实时动态以及影响。这是新闻采访的最关键的部分，是采访展开的重要依据。

第二，要关注新闻事件的来龙去脉，尤其要探究事件背景，寻找相关事件或共性话题。这方面的准备可以使记者的采访报道更加立体，内容更加饱满。

第三，要把握新闻事件的细节。人们常说“细节决定成败”，对于新闻事件来说，细节之处往往隐藏着巨大的内容，越是细小的信息，越不应该放过。当然，这里也需要记者在进行硬性准备时做出一定的判断，细节不是琐碎。

（2）关于采访对象

出镜记者在现场报道时的采访一定是同采访对象共同完成的，采访对象是采访的核心人物，因为他身上带有大量的信息，是新闻事实的载体，又扮演着表达、示意、传播的重要角色，也常常代表着采访的权威性和影响力。关于了解采访对象，徐列曾经在《在追问中逼近事实》一书中这样说过：“事先尽可能地熟悉你的采访对象，包括他（她）的性格、话语方式。你不要设置太多的问题，至少不是全部，重要的不是具体问什么，而是希望你在哪方面有所收获。”①

对采访对象在采访前有充分的了解和准备，能够帮助出镜记者在采访时减少紧张感，同时提升采访对象的亲切感，令交流变得顺畅；还可以增强对采访对象和采访现场的控制力，使出镜记者更好地掌握节奏，在直播报道中最快最好地获取想要的内容和素材。在搜集和了解采访对象的信息方面，记者要重点把握采访对象的独特之处，可能是独特的经历、个性，也可能是超出常人的成就。此外，记者也要善于整合信息，从信息层中发现新的新闻价值点。

电视直播的时间有限，不可能给出镜记者过长的时间同采访对象交流，有了对采访对象的事先了解和充分准备，才可以单刀直入，取己所需。

（3）关于采访环境

电视新闻直播报道中，出镜记者的采访环境一般是其所处的采访现场。对于采访环境的熟悉和了解，能够帮助出镜记者更加沉着自如地表现，颇有点占据“地利”的意味。

面对可能复杂、可能危及生命，抑或陌生的采访环境，出镜记者应该做哪些准备，以促进采访的顺利进行呢？

首先是地理环境。出镜记者要了解自己在报道时将要到达的地理位置，这是现场环境描述中最基本的信息，要求出镜记者能够具体、准确地说明自己所处的位置。如果没有事先的了解和准备，加之经验的缺乏，很容易说得不准确或者不流畅，甚至是胡乱描述一通。这种做法将会大大破坏新闻的“现场感”，也不利于受众理解。因此，熟悉地理环境

① 徐列：《在追问中逼近事实》，广州：南方日报出版社 2006 年版，第 5 页。

是非常必要的。

其次是事实环境。对事实环境的了解可以理解成出镜记者对现场情绪的感受，要认识到新闻事件本身带来的环境、状态、气氛等。为什么说它重要呢？地理环境标明地理位置，是一个客观的存在；事实环境则可能有千万种情况。奥运开幕式直播现场想必是一片欢腾，人大、政协会议的直播会议室气氛一般是热烈、庄重，而抗震救灾的前线的氛围则是肃穆、紧张。出镜记者也应该将正确的情绪和态度带入采访现场，切记不能扰乱整个现场的气氛。还以抗争救灾的现场为例，在紧张救援的状态下，非要采访刚刚劫后余生、惊魂未定的受灾群众肯定是不合时宜的。

最后是政治环境。政治环境是对整个新闻传播环境的感知与了解。电视直播的同步性、时效性，让出镜记者的采访面临着潜在的风险。每一次采访、报道、连线、直播，其实都共存于整个国家大的政治环境当中，它给新闻传播划定了一定的界限，有些敏感地带是不好触及的。这就要求出镜记者在对整个采访环境的了解和感知中，知道哪些该问、哪些不该问、哪些好问、哪些问起来毫无意义，并且学习新闻传播的政策法规，坚持法律和职业道德要求。

（4）关于采访计划、问题提纲与应急预案

出镜记者采访的魅力在于记者同采访对象的你问我答、你来我往，只有观点的交锋和知识的互动才会让直播报道变得生动，更加具有可看性，才能吸引住受众。新闻现场也处在不断变化中，所以，出镜记者要精心准备采访计划，列好问题提纲，并且准备好应急预案。

采访计划是对出镜报道与采访内容和流程的双重把握，要求出镜记者不仅要在内容上做好准备，在出镜采访与报道的形式上也要多加考虑，因为这里涉及一个和其他工种的配合问题。从内容上看，采访计划的制订应该从以下方面入手：快速确定主题—选择采访对象—运用事实细节；从形式上看，则要预判、解决如下问题：采访前典型环境的选择—采访中出镜记者的运动—采访后评论或报道的表现。

采访问题提纲的好坏直接反映在出镜记者的采访过程中：对问题的设定要有针对性，直击重点；要能紧密贴合新闻事件最重要的方面，也就是最有新闻价值和报道意义的地方；问题也要新颖，毫无建设性的问题不会带给观众对新闻事件直播报道的满足感，常规性和基础问题也不会让新闻事件展现其真正的内涵和意义。既要问得准，又要问得巧。

应急预案对于出镜记者来说也是非常必要的。说到预案，并不要求它多么宏大，多么全面，重要的是，一旦遇到突发情况，将预案拿出来可以帮助记者解决问题，使采访顺利完成，让出镜记者不至于无话可说，浪费直播报道的时间和机会。最简单的应急预案就是多设计几道问题，抑或是准备采访不顺畅时的应对方法，再比如说是现场出现重大变化或者突发事件时的转移措施等。出镜记者应该有灵活性，而灵活性通常来自对应急案的精心准备。

总的来说，应急预案的准备建立在对新闻事件本身、采访对象、采访环境的综合了解和掌握基础上，同时对采访计划和问题提纲要烂熟于心，这样才能做到“一切尽在掌控”，从而出色地完成出镜采访。

（5）技术、物质准备

主要包括：录音笔、手持麦克风等报道用具，以及对电视新闻直播报道各流程、各工种技术的基本了解。

（二）软性准备

相对于硬性准备，从字面上看，软性准备一般处于辅助性的地位。但软性准备对于出镜记者的采访来说也是必不可少的，如果准备充分，则能为记者采访“锦上添花”，准备不充分或毫无准备可能导致“满盘皆输”。

采访前的软性准备应该包括如下几个方面的内容。

首先是心理准备。良好的心理素质是出镜记者成功报道的重要因素。电视新闻直播报道的现场环境复杂、变化性强，在出镜采访的过程中，记者很可能会遭遇干扰、威胁，甚至是突发事件的打击。这时，出镜记者要沉着冷静、灵活应对。另外，良好的心理素质在访问采访对象时也能助记者一臂之力。记者面对难缠的采访对象，或者平和应对、不卑不亢，或者施加压力、步步追问，运用技巧打赢这场“心理战”“报道战”。记者心理素质的提升和成长需要长时间的锻炼，如此，才能收获一些经验。

其次是出镜记者的人脉资源。人脉资源之所以重要是因为广泛的人际关系能够为出镜记者提供更多的采访对象，甚至可以为其建立起一个“智囊库”。而且，深厚的人脉资源会因彼此间的熟悉而令采访进行得更顺畅。当然这对于常态化的出镜报道比较有效，对于突发事件现场的出镜采访来说，就另当别论。

最后是出镜记者的仪态准备。出镜记者的仪态，既涵盖镜头感，又包括服饰、身体、眼神等软性元素。不同的新闻现场，出镜记者的仪态需要与所报道的新闻事件的环境相吻合。在时政新闻报道时，记者要着正装，表情自然，语言表达上要体现出大气。但在报道灾难性新闻时，出镜记者不能穿得太正式，而要选择一些特殊装备，例如救生衣、口罩、手套等，这不仅可以突出现场气氛，还能保证报道过程中的安全。仪态和仪表对于出镜记者来说也是非常重要的准备内容，毕竟电视是声画合一的媒介，出镜报道时，观众透过电视屏幕第一眼看到的就是出镜记者。得体的仪态和仪表会给出镜采访加分。

另外，还有一个需要着重准备的是采访技巧，它贯穿于采访的全程，但更多地体现在采访过程中，尤其是在采访的有声语言表达上，我们将在后边做较为细致的梳理。

出镜记者采访前的准备主要分为两部分：硬性准备主要考察的是出镜记者的新闻业务能力和素质，包括信息搜集和处理能力、策划能力、同采访对象的沟通能力、对新闻现场的把控能力等方面；而软性准备主要要求出镜记者在心理、技巧、仪态等方面的素质。只有将采访前的准备做得全面且有效率，才能给受众带来最好的报道，出色地完成出镜记者的使命与任务。

二、采访原则

采访原则是出镜记者在采访时应该遵循的内容，它们指导着记者的采访，使记者能够充分抓住机会，完成报道。对于电视新闻的直播来说，出镜记者更要把握一些重点原则来实现采访报道的时效性与准确性，提升对直播的适应性。

那么，出镜记者在镜头前采访时应该遵循哪些原则呢？从出镜记者提问的语言表达和同采访对象的沟通两个方面，我们可以看出出镜记者采访时的原则。

（一）语言表达的原则

首先是简洁原则与“短句子”。采访时出镜记者要删繁就简，把话说得简短、干净。对于出镜记者来说，简短的自我介绍和简明扼要的采访很必要，这不但利于受访对象回答，也利于收看直播报道的观众理解。啰啰嗦嗦、艰涩难懂很容易让对方反感，也不利于提升记者采访的时效性和可听性。但是，需要注意的是，使用短句子不能丢弃提问的完整性，问题的意思还是要传达得准确、全面，这时就需要出镜记者灵活运用眼神等非语言符号，在表达时注重语气的变化和情绪的正确表达。

其次是“一次过”原则。“一次过”原则是最能考察出镜记者现场采访能力的标准，也是对出镜记者现场采访经验和综合能力的双重考验。电视直播的特点决定了出镜记者采访的传播形态和传播速度是快速同步的，这也是直播带给观众“真实性”和“同步性”体验的原因，更是直播的优势。出镜采访的提问做到一次性通过，可以更好地展现电视直播的魅力，同时也是对出镜记者专业素质和能力的展示，这要求记者在提问中减少排练的仪式感和生硬造作的套话。

采访的一次性顺利通过原则要求出镜记者出镜前做好充足准备，并且在现场细心、沉着，减少不必要的失误。一次性顺利通过原则能集中体现记者的语言表达能力和调控现场的能力，是记者的核心竞争优势。

简洁原则、尽量使用短句子，努力做到一次性顺利通过，这两点原则可以说是相辅相成的。简洁有力的短句子有利于出镜记者对问题的表达和对现场情况的介绍，一次性顺利通过原则反过来对出镜记者的采访提出了快速、及时的要求，两者共同构成了出镜记者在提问时所要遵循的原则。

（二）沟通采访对象的原则

既然是采访，那一定是有问有答的过程，这就是一种沟通和交流。那么出镜记者采访同采访对象沟通时又要注意哪些具体原则呢？

首先是“倾听”原则。且不说出镜记者在采访时要有倾听意识，其实在日常生活中，“倾听”也是非常重要的人际交往原则。会倾听的人，往往能够从谈话中获得信息与对方的信任，帮助我们更好地了解对方、了解话题。学会倾听，是一种智慧。

可以说，很多出镜记者都喜欢步步追问或者长篇大论，思考着如何把自己准备的问题全都派上用场。事实上，急于提问而不注意倾听，常常是出镜采访失败的主要原因。倾听的过程会给出镜记者提供大量重要的信息，而且出镜记者的问题往往是观众想知道的，那么采访对象的回答应该说是占主要地位的，出镜记者霸占着时间，不能从“倾听”中更好地继续采访，也会导致观众的反感。

那么出镜记者在同采访对象的交流中，都该听些什么呢？

第一要听核心事实和核心信息点，并做判断。这应该是记者采访中观众最想知道的部分，在倾听时，出镜记者要善于对事实和信息进行快速整理，并且筛选出关于问题的核心答案和核心内容，从而在报道时用以突出或者强化信息传播。需要注意的是，出镜记者也要对采访对象的回答进行专业判断和法律道德方面的思考，要准确提取出其中的事实信息，而不是受制于对方的观点。观点往往带有一定的主观性，不做出及时准确的判断和筛选，很容易削弱报道的客观公正性。核心事件信息是观众最想知道的内容，是记者出镜采访的原因所在。

第二听到不理解的话，及时判断和反应。有时候，采访对象的回答也会超过记者本人的理解范围或者认知范畴，尤其是专业性较强的语言，往往会形成出镜记者和采访对象之间的、电视新闻传播与观众理解之间的屏障。听到不懂、不明白、不理解的话，记者首先要做一定的判断，并适时地追问，以求采访对象进一步解释，从而把问题理解清楚。要知道，出镜记者代表的不仅是电视媒体本身，更代表着千千万万关注事件进程的观众，观众享有知情权，出镜记者就要抓住机会，提出疑问，并找寻答案。

第三要听细节和言外之意。在新闻采访的现场，要注意采访时受访者所表达的细节点。细节中往往蕴藏着重要的信息，听细节也是记者在现场即兴提问可依据的部分。听言外之意建立在对采访对象所说内容的分析基础上，有些采访对象并不愿直抒胸臆，或者表达得并不清楚、透彻，尤其是面对比较敏感的话题时，这就要求出镜记者善于倾听，并能听出言外之意。两者都是完善出镜记者采访与报道的重要内容。

在同采访对象沟通方面，记者还要坚持互动原则。出镜记者在采访中的互动，不仅是语言上、观点上的互动，还包括运用非语言符号同采访对象达成的互动。心理、情绪上的互动可以形成较好的采访氛围，有利于采访对象的情感表达，也使出镜记者的采访更加真诚，电视新闻直播的画面也更加丰富、生动。

试想一下，出镜记者在同采访对象的交流中没有语气、情感的变化，只像“柱子”一样立在采访现场，可能他在进行思考，但是没有互动感，也很难获得采访对象的好感。其实，增强互动性并不难，恰当的语气、关注的目光、不时点头和肯定的微笑，甚至是疑惑不解的眼神，都可以拉近采访双方的距离，令采访进行得更顺畅、更活泼。

出镜记者在整个采访的过程中都应该认真遵守采访原则，这也已经成了出镜记者的采访成功与否的重要标准。提问时简短有力一次过，交流时认真倾听、把控节奏、增加互动，做到以上几点有利于采访的顺利完成，这也是出镜记者需要不断研究的大学问。

（三）非语言符号的运用

回顾出镜记者的定义，镜头前的语言表达是出镜记者最重要的信息传播方式，正是通过有声语言符号，以及叙述、提问、交流、评论等方式，出镜记者才能将新闻现场的信息传递给观众，完成出镜的采访报道工作。除了语言符号，非语言符号在出镜记者的采访中也越发重要。

关于非语言符号的定义，叶子在《现代电视新闻学》一书给出了这样的解释，“伴随着人物同期声讲话的手势、动作、神态、表情、语气、语调，乃至空间环境、氛围等非语言符号都是具有潜信息的，即通过观众的联想而产生信息，也因此有人把它归类到‘语言’中来，成为‘体态（或体势）语言’‘环境语言’等”[①]。由此我们可以得知，不同于语言符号传递信息的确实性，非语言符号是要通过观众一定的联想、想象才能产生语言效用，这也就造成了非语言符号在信息表达上的不确定性。

非语言符号的运用对于出镜记者来说是十分重要的，因为出镜记者在采访和报道中，除了语言交际外，还要进行的就是非语言交际。对于非语言交际，西方学者萨莫瓦和波特在其名著《跨文化交际》一书中将其定义成为“在一定交际环境中言语因素以外的，对输出者和接收者都具有信息价值的那些刺激因素，这些刺激因素既可以是某人自己发出的行为，也可以是其利用一定的环境而生成的手段”。而我国学者毕继万从教学的角度把非语言交际手段大致分为四大类：（1）体态语（body language）：包括基本姿态（姿势和身势）、基本礼节动作（握手、拥抱、微笑等）以及人体各部分动作所提供的交流信息。（2）副语（paralanguage）：包括沉默、话轮转换和各种非语义声音。（3）客体语言（object language）：包括皮肤的修饰、衣着和化妆、个人用品的交际作用等。（4）环境语（environmental language）：包括空间信息（如近体距离、领地观念、空间取向、座位安排等）、时间信息、声音、灯光、颜色、标识等。萨莫瓦等绝大多数交际研究专家认为，在面对面的交际中，信息的社交内容只有 35% 左右是语言行为，其他都是通过非语言行为传递的。[②]

由此我们可以看出，完成好采访现场的非语言交际、合理运用非语言符号在记者的出镜报道中占有非常重要的地位。对于同在现场的采访对象来说，非语言符号的运用可以增

① 叶子：《现代电视新闻学》，北京：中国广播电视出版社 2005 年版，第 122 页。

② 参见吴为章：《新编普通语言学教程》，北京：北京广播学院出版社 1999 年版，第 178—187 页。

强两者的互动；对于电视机前的观众而言，出镜记者在镜头前的一言一行都是被电视媒介同时传播出去的，记者的反应等非语言行为也会影响观众对于事件的接收和判断。因此说合理地运用非语言符号是必备的素质和能力，面对不同的采访情况、采访对象也要懂得灵活变化，使采访充满活力。

出镜记者在采访报道中应该做到既要敢于使用语言符号，又能善于运用非语言符号，将语言符号与非语言符号有机结合使用，能够充分增加采访报道的效果以及深度。

我们来看看央视《新闻调查》栏目 2004 年 8 月 9 日播出的报道《河流与村庄》。在这期节目中，主持人长江出镜采访，她来到村中一户农民家了解饮用水受到污染的情况：

记者：（这水）看着挺浑的。

村民：就是浑。

记者：现在吃也还是这个水？

村民：吃的这个水。

记者：就打出来就烧饭？

村民：澄一会儿。

记者：也让它澄一澄。（捧起一捧水先闻了闻，继而喝到嘴里后吐掉）闻着闻不出来，喝着可不好喝，这个水。这个井是多少米？

村民：十米吧。

村民：十米。

记者：村里大部分人都用这个水？

村民：是，深井很少，有个别的打二三十米深。

在这段电视调查中，记者从视觉、嗅觉、味觉这几方面对黄梦营村村民家中的饮用水水质进行了体验，用有声语言和行为语言将当地饮用水水源受到污染的情况呈现出来，记者把水喝到嘴里后由于味道难忍而本能地马上吐掉，这一动作形象地证明了这种水是无法直接饮用的。这一系列在电视镜头前的语言表达和行为浑然天成，借助新闻现场所提供的实物线索或者场景线索，记者的行为和体验达到了很好的传播效果。这其实就是中国传统的思想文化中，荀子所倡导的“君子生非异也，善假于物也”。对于《新闻调查》的电视观众来说，记者（主持人）在镜头前的亲身体验要比检测结果上面的数字、百分比来得更加直观、形象，使记者整体的调查采访也更有说服力。记者在采访现场的感官体验，已经成为新闻深度的有效构成。

出镜记者在镜头前的采访配合使用非语言符号，可以令语言符号表达更清楚、明白，也可把新闻采访现场变得更加生动，使记者的采访更加鲜活。

第四节　出镜记者的表达技巧

出镜记者主要是通过在镜头前的表达来完成报道任务的。电视新闻直播报道的发展对出镜记者的表达提出了越来越高的要求。研究出镜记者的表达技巧能够帮助出镜记者在新闻现场更自如地表达和发挥，也能帮助他们提高自己的专业能力。出镜记者的表达技巧，我们主要从有声语言表达和情感表达两个方面对其做以讨论和论述。

一、出镜记者的有声语言表达技巧

（一）有声语言表达的含义和地位

从定义看，出镜记者在新闻现场主要的工作任务是信息传达、人物采访、事件评论，以上几项主要工作无不需要有声语言的介入。有声语言的声音既表现出物理的音响，包含着生理的天赋及用声方法，同时它还作为重要的载体，承载着表达者的思想和情感，在交际过程中，承载着精神的、社会的信息。①

（二）出镜记者新闻语言的语体分类

出镜记者贯穿了出镜报道的全程，其新闻语言的语体存在着一定的变化，这种变化往往是交替发生的。从关注新闻现场的环境与新闻事件的事实信息，到同采访对象进行现场采访的沟通与提问，再到针对事件及访问过程发表的新闻评论。出镜记者的语体主要表现为报道语体和评论语体。

1. 报道语体

出镜记者的报道语体主要包括：复述新闻事实、描述现场环境和现场人物采访，涵盖了出镜记者前两部分的报道内容与任务，即信息传达及人物采访。

（1）复述新闻事实。了解新闻事实是展开出镜报道的首要条件，出镜记者若对新闻事件基本事实都没有清楚的了解，何谈分析、采访、评论？所要复述的新闻事实包括事前了解到的新闻背景、新闻事实要素。

对于新闻背景的复述，出镜记者需要在进入现场、进行报道之前做一定的调研和信息收集工作，这是出镜记者必须要做的。一是这能够使出镜记者更为全面地了解新闻事实，明晰前因后果、来龙去脉；二是记者在透过镜头对观众进行报道和介绍时，可以把事件介绍得更全面、更立体，易于受众理解。举个例子来说，出镜记者在进行关于“神六”升天的出镜报道时，是一定要先介绍事件背景的，一般会将我国航天事业的大体发展脉络介绍一下，同时也会对“神六”从开始的筹备工作到最新的工作进展做以梳理。这个过程不但

① 参见赵俐：《有声语言的声音是什么——论播音创造声音个性展现的理论基础》，载《现代传播》2003 年第 3 期。

可以满足受众的知晓需求，还有一定的教育功能。

对于新闻事实本身的复述是出镜记者立于现场、运用报道语体的主体内容之一。对于新闻事实的复述可详细也可简略，但是对于直播报道来说，记者一般都会简略表达，介绍清楚基本的新闻要素即可，因为直播状态下的现场瞬息万变，具有一定的不确定性，出镜记者需要随时补充新鲜信息，复述出新闻要素。

（2）描述现场环境主要用的也是报道语体。在新闻现场，除了现场整体的环境外，还存在着诸如人物等众多元素，但是对环境的描述是最重要的。因为从电视新闻直播的属性看，它对现场环境、气氛的展示不是很直接的，也就是说出镜记者对现场环境的描述能够帮助受众更好地理解新闻现场目前的状态、气氛等。

出镜记者需要在报道中营造现场感。描述现场环境时要尊重现场环境的真实情况，一般运用“复制式”的描述手法，即对现场的环境进行最切合实际的描述，不能带有自己的主观看法和想象，而是要如实地介绍现场的环境状况。

举个例子来说，在市中心老年活动广场上，出镜记者对将要参加地方春节联欢晚会的广场舞大妈们的排练进行现场的采访报道。出镜记者可以选参加排练的老年舞蹈队为采访对象，对他们的排练环境进行描述，可以说明他们所处的具体位置，同时要描述大妈们排练时的整体气氛以及周围整个广场的氛围。记者也可以把某位大妈设计为采访的核心人物，描述她学习和排练的过程，从而衬托出大妈们的精神风貌和排练现场的热烈气氛。

出镜记者在进行现场人物采访时运用的也是报道语体。出镜记者的现场人物采访是记者主要的工作任务之一，从采访发生的时间角度和结构性角度看，现场人物采访还有承上启下的作用，因为现场人物采访是在出镜记者同采访对象的对话、交谈中完成的，这种你问我答和意见、观点的触发常是引发评论的缘由，这也引发了出镜记者语体的变化。

在电视新闻直播的过程中，出镜记者是作为核心存在的，其对现场人物的采访也是出现比例最高、占直播报道时间最长的。我们还是从出镜记者采访原则的角度看一看在采访现场人物时应该注意的问题：

- 抓住核心事实，突出重点；
- 语言要简洁、凝练，争取“一次过”；
- 加强互动，增强现场感，提问符合现场气氛；
- 善于并灵活运用非语言符号。

2. 评论语体

评论语态是出镜记者在现场针对新闻事件和采访内容发出评论时使用的语态。评论就是发表观点、提出看法、表明意见和态度的过程。

出镜记者处在新闻现场，是离新闻事件最近的人之一，由于其所处特殊的媒体地位，他总是可以从现场最早地表达出自己的看法、意见或者观点。对于整个电视新闻直播报道来说，出镜记者的评论是时效性最好的，也是观众能最早接触到的观点。因此，出镜记者的评论要注意体现时效性和把握新鲜感，要综合现场的各方情况以及现场采访的结果，给观众最客观的信息和观点反馈。

出镜记者进行事件评论时应该注意以下问题：

同采访一样，出镜记者评论也应该尽可能语言简洁、言之有物；

评论时要善用语气、重音等语言表达技巧来表现态度；

评论要以事实为依据，客观公正。

无论是报道语体还是评论语体，出镜记者进行现场报道时都需要通过准确的有声语言表达来实现对新闻语体的使用和转换。语体可以作为基础，来指导有声语言表达技巧的使用。

（三）出镜记者的有声语言表达技巧

在电视现场报道中，出镜记者承担着多种任务角色，需要完成的工作也是最多的，这也是出镜记者能够成为整个电视新闻直播报道核心的原因所在。出镜记者在新闻现场，需要复述新闻事实，关注事件动态，进行现场采访，发表事件评论，其采用的主要方式就是口语表达。具体来看，这些表达技巧包括：

1. 针对性表达

出镜记者语言表达要说得有针对性，也就是有一定目标性，力求说到点子上。电视直播的快节奏要求出镜记者能够根据新闻现场、新闻事件、采访对象及采访目的等不同情况，有针对性地快速选择报道语体和采访、评论语言，善用不同的语体和语言表达方式，来达到预期的效果。在不同的新闻现场，面对不同的现场环境，出镜记者的语言表达也一定是不同的，要有针对性地进行报道。

比如，在灾难性事件的现场，记者出镜时的语言表达是一定不能用较为欢快的情绪和节奏的，应该是一种较为急切的心理，但话语中又要透露着关心。

2. 流畅性表达

出镜记者的语言表达要尽量流畅，这也是出镜记者采访报道最基本的能力要求，流畅的语言表达可以使报道的整体节奏更顺畅，交流感也更强。流畅性符合直播时效性的需要，同时更加符合观众的收看要求，倘若出镜记者在镜头前连最起码的语句通顺、表达流畅都做不到，想必这样的出镜记者和出镜报道也不会得到观众的喜欢与认可。

流畅的表达来自于较为充分的准备和良好的心理素质，同时也需要正确运用口语表达技巧，包括停连、重音、语气、节奏。

停连是有声语言语流中声音的停顿和连接的统称。[①] 出镜记者在出镜报道时的停连要符合整体表达的流畅性要求，要尽量多连少停；同时也要符合逻辑，不可乱停乱连，另外要能配合语体，并且适应不同形式报道的要求。

① 参见吴郁：《当代广播电视播音主持》，上海：复旦大学出版社 2005 年版，第 34 页。

重音是在有声语言的语流中，为了突出表达具体的语句目的和具体感情色彩而着意强调的词或词组。出镜记者在报道中使用重音这个技巧可以较为有效地吸引受众的注意力，从而达到突出或者强调的效果，对出镜记者的态度和情感表达也是很有帮助的。另外，重音的强调功能可以使表达更加简洁、有力，一定程度上减少了事后补充说明的麻烦，令表达更加流畅通顺。

语气是出镜记者思想感情最好的表现方式，不同的语气传递出出镜记者不同的思想感情和态度，能够使现场报道变得更加丰富和生动，观众也可以从出镜记者语气的变化中感受新闻事件的特征和类型。比如，突发性事件的出镜报道记者会有急切、关心的语气；春节晚会前的直播连线一般是紧张、期待的语气；采访刚刚在赛场上勇夺金牌的体育健儿又是激动、兴奋、骄傲的语气，等等。总之，恰当的语气符合新闻现场气氛，使表达也更流畅，更具表现力。

最后是节奏。一般认为，节奏是以思想感情为依据的声音运动形式，是表达的核心。就像我们唱歌时有节奏，出镜记者的表达也有节奏的变化。没有节奏容易使表达显得刻板、无力。或高或低、或快或慢，得体的节奏感是出镜记者表达的“利器”，能够使现场的采访报道随着记者的节奏快速有效地展现，对于制造悬念感也有一定的帮助。但是为使语言表达流畅、得体，出镜记者的报道节奏不应有特别明显的变化，而是主要为流畅性服务。

3. 丰富性表达

丰富性表达既是出镜记者有声语言表达的技巧，更是对其能力和素质提出的要求。出镜记者有声语言表达更加丰富，主要是运用丰富的词汇、修辞和口语表达技巧等。

出镜记者要有丰富的词汇表达，一旦词汇匮乏，会大大降低出镜报道的感染力和新闻价值。丰富的语言可以使新闻事件更具体，使新闻现场更立体，使采访报道更得体，提高报道的准确性和分寸感，令语言表达更恰当。丰富的词汇能够增强新闻的可听性，更好地吸引观众。

出镜记者要有丰富的修辞表达。修辞的使用可以在出镜报道中为出镜记者的语言表达增色，能够增加趣味性，同时令记者的语言更好地被理解。在新闻现场，经常会遇到一些不好描述的情景或者现象，出镜记者通过使用修辞，如比喻、反问、排比等可以让表达更加简单和形象。

除了丰富的词汇和修辞，出镜记者还应该力求“变换”的丰富。这个变换包括的内容较多，比如长句与短句的变换，出镜记者应尽量多使用短句子，这在之前的章节中我们曾经谈到过，但是长句的穿插也是很有必要的，这样使语言表达更有层次感，也更符合说话的习惯；再如祈使句、疑问句、感叹句等不同句式之间的变化要尽量丰富，这样可以更加准确地表达出镜记者的言中之义以及情感、态度等。

丰富性表达给了出镜记者在有声语言表达时更多的选择，记者可以根据实际情况以及报道的需要，丰富自己的表达。这既是个人能力的展现，也是对受众需求的满足。

出镜记者的有声语言表达技巧内容颇多，这些技巧的掌握和能力的提升，离不开出镜记者每一次报道的锻炼和每一次出镜的体验。尤其是通过经验的积累，出镜记者应该努力形成自己的有声语言表达风格，这对其个人的成长也是非常有益的。

二、出镜记者的情感表达技巧

随着电视新闻报道的发展和人们认识能力的提高，受众的欣赏水平和欣赏要求也随之提高。出镜记者精彩、准确的语言表达可以提升其报道的吸引力，而出镜记者较好的情感表达能力则可以提升报道的“温度”。好的新闻报道，在传播的过程中，情绪情感的作用大致是沿着轨道进行的：事实——记者感知——创作激情——报道情感——观众情感——观众观赏情绪——社会效果。[①] 可以说，作为最早接触新闻事实的出镜记者，他们的感知能力和情感表达是能够直接影响到观众的情绪和体验的，对社会效果的形成也有深远意义。因此，出镜记者的情感表达是非常重要的，其表达技巧有以下几种：

（一）情感的自然流露

就出镜记者在新闻现场的情感表达来说，情感的自然流露应该是最简单、最基本的要求，但是许多出镜记者却无法很好地做到这一点，总是带有很多表演、演绎的成分在里边。这对真实的情感表达是很不利的，对于观众来说，演出来的情感和情绪很容易被识破，很难给观众带来“身临其境”“感同身受”的体会。

情感的自然流露既是技巧，也是要求。没有什么比真实更有说服力和感染力。出镜记者真实自然的情感可以很好地触动观众，达到良好的传播效果。央视记者李小萌泪洒北川，在去绵阳采访时碰到一位执意要回到受灾家里看看的大爷，李小萌叮嘱大爷注意安全，戴上口罩，大爷临走前回头说了句，“谢谢你们操心啊”。这句话让一直强忍情绪的李小萌潸然泪下，转身躲开镜头，却也被摄像记者真实地记录下来了。这不是李小萌刻意的情感表达，却是最真实的，而正是这种自然真实的表达才让这次出镜更具感染力，也触动了电视机前千千万万观众的心。

（二）有声语言的创新表达

出镜记者的有声语言可以传达其情感，准确的语言符号可以帮助出镜记者实现情感的表达。尤其是出镜记者要善用口语表达的技巧，停连、重音、节奏等都能更好地表现情感和态度。而记者要注意的是使用这些技巧的准确性。只有准确的，才是合适的；只有合适

---

① 参见叶子：《现代电视新闻学》，北京：中国广播电视出版社 2005 年版，第 103 页。

的，才是情感表达需要的。

（三）善用非语言符号

非语言符号对于出镜记者的重要性和主要作用我们在之前的章节中就介绍过。人的情感表达主要有三种方式：面部表情、语音语调表情、身体姿态表情。在这主要的三种表达方式中，面部和身体姿态表情都可以被划分到非语言符号的范畴内，也就是说出镜记者的情感表达，大部分是能通过面部的变化和身体姿态的变化来呈现的。

潸然泪下是表达心中的感动，注视的目光是表达关注与信任，挑起的眉头可能是心存疑惑。面部是最有效的表情器官，能够快速、准确地表达一个人的情感，而这种情感也往往是真实的。人体的姿态也是表情达意的重要途径。出镜记者在现场任何动作上的变化都在表明出镜记者情感的变化，比如记者急匆匆转移到现场的某个位置时，就有可能表现出记者对现场某事或某物的好奇、关注，说明记者急于了解。

出镜记者的有声语言表达和情感表达，这两者是紧密联系的。出镜记者在现场一定会说话，而说的内容和讲话的方式一定包含某种情感，出镜记者只有充分掌握这两种表达的技巧，才能做到完美地表达和报道。

要点小结

1. 出镜记者是指在新闻现场，在镜头中从事信息传达、人物采访、事件评论的电视记者和新闻节目主持人（新闻主播）的总称。

2. 美国电视新闻节目主持人的产生及发展经历了新闻节目主持人和固定新闻栏目的出现、新闻节目“主持人”称谓的正式使用、杂志型新闻节目和记者型主持人的出现这三个发展阶段。

3. 中国大陆电视新闻节目主持人的发展经历了早期电视新闻播音员出现、电视新闻专题节目主持人的问世、新闻评论类主持人的催生这三个阶段。

4. 在我国，第一次出现的真正意义上的电视新闻记者出镜报道应该是在央视的《中国新闻》节目中。

5. 出镜记者的专业素质体现在直播意识、现场意识、合作意识以及语言素质、法律与道德修养上。

6. 直播意识要求出镜记者在报道现场要有清醒的头脑和从容不迫的状态；现场意识首先要求出镜记者具有镜头意识；合作意识要求出镜记者应该具有同电视新闻制作、播出等各个环节、部门、人员的整体协作的团队意识。

7. 语言素质指的是出镜记者必须具备一定的有声语言表达能力，具体来说表现为语音标准、恰当准确地使用语言技巧、有声语言表达流畅、语言链条与思维链条同步、面对镜头时交流感强。

8. 语言素质要求记者说一口标准的普通话，还要提高现场表达的逻辑性和条理性，也就是使语言链条和思维链条同步起来，并能善用有声语言表达的各种技巧。

9. 镜头前采访的准备包括硬性准备和软性准备。硬性准备主要是指出镜记者在采访前，需要做的充分且必要的准备工作。硬性准备是采访前必须进行的环节，硬性准备充分与否往往决定着出镜记者采访的成败。软性准备主要是心理准备、人脉资源和仪表形态。

10. 采访原则是出镜记者在采访时应该遵循的内容，它们指导着记者的采访，使记者能够充分抓住机会，完成报道，这主要体现在提问的语言表达和同采访对象的沟通两个方面。

11. 出镜记者的表达技巧主要是针对性表达、流畅性表达和丰富性表达以及出镜记者的情感表达，这体现为情感的自然流露、有声语言表达的创新表达和善用非语言符号。

思考与研讨题

1. 出镜记者的定义是什么？有哪些特点？

2. 简要概括我国和美国出镜记者的发展历程？

3. 出镜记者的专业素质体现在哪些方面？

4. 出镜记者的语言素质具体体现在哪些方面？怎样提高记者的语言素质？

5. 镜头前采访的准备有哪些？

6. 镜头前采访的具体技巧有哪些？

7. 新媒体和公民记者对传统出镜记者造成了哪些冲击？传统记者该如何应对？

延伸阅读

1. 宋晓阳：《出镜记者现场报道指南》，北京：中国广播电视出版社 2008 年版。

2.〔美〕安德鲁 · 博伊特、彼得 · 斯图尔特、瑞 · 亚历山大著：《广播电视新闻报道（第六版）》，嵇美云译，北京：清华大学出版社 2012 年版。

3. 徐列：《再追问中逼近事实》，广州：南方日报出版社 2006 年版。

4.〔美〕唐 · 休伊特：《〈60 分钟〉：黄金档电视栏目的 50 年历程》，马诗远、林洲英译，北京：清华大学出版社 2004 年版。

第八章　电视新闻直播的摄制

本章要点

固定与运动镜头拍摄
多机位拍摄
声音与字幕
全能摄影师
几种常见的直播摄制

第一节　固定与运动镜头拍摄

一、固定镜头

固定镜头即拍摄画面框架处于静止状态的画面。从摄影师的角度，摄像机机位，镜头的焦距、光轴，拍摄角度、方向等都保持固定不动的状态进行拍摄，就是使用固定镜头。

机位的固定限制了移、跟、升、降等运动，焦距的固定限制了推、拉等运动，而光轴的固定则限制镜头甩、摇等运动。从被摄对象的角度，它们既可以是静态的人或物，也可以是动态的人或物，被摄对象的运动与镜头的固定并不矛盾。

在电视现场直播中，固定镜头占到了新闻镜头的大部分，其中一个重要的原因是固定镜头与人眼的相似性。在生活中，人们对外界事物的观察大多是从固定的视角出发，而运动地观察事物相对少些。特别是当我们观察运动物体时，固定的视点让我们更清晰地观察运动带来的变化，而当观察者与被观察者都处于运动状态时，观察者的注意力分散，观察到的影像模糊而没有重点，无法带来直观的认识和感受。

如图 8-1 中，人大代表从同一车厢门陆续走出来，镜头没有跟拍任何一名人大代表，而是固定拍摄车厢门口，利用固定镜头将十二届全国人大三次会议的全国人大代表陆续抵京的画面呈现给观众。因为利用固定镜头的画面的时空特点，以及镜头组接的方法，不仅可以表现静态的事物，也可以展现事物运动变化的过程，动静巧妙结合，能更好地为新闻内容服务。

（A）

（B）

图8–1　十二届全国人大三次会议 全国人大代表陆续抵京

（一）固定镜头的特性

1. 稳定性

显而易见，固定镜头的画面框架的静止状态使得它具有最强的稳定性。固定的视角符合观众的日常习惯，对于静态的事物，固定的画框可以充分详实地展现其整体与局部；对于运动的事物，通过固定画框所提供的参照系，镜头可以捕捉到其运动的方向、形态的变化和规律性，可将事物的运动清晰、完整地传递给观众。除此之外，固定镜头为观众限制了视野范围，虽然镜头运动会带来的画面的起伏，但是新闻工作者也可以利用这一点对摄录的影像进行编辑与重组，这也是固定镜头在视频编辑中占据重要地位的原因。

如下图 8–2——央视对“南京军区‘特殊’的紧急拉动演练”的报道画面为例，新闻中共包含 32 个镜头，其中固定镜头占 22 个。固定镜头的稳定性使得部队的拉动演练完整而生动地呈现在观众面前，该新闻不仅交代了时间、地点、环境等背景信息，也展现了战士们在演练中的精神面貌。此外，记者对战士的采访，则进一步说明了此次演练的特殊意义。

（A）

（B）

（C）

（D）

（E）　　　　　　　　（F）

图8–2　南京军区“特殊”的紧急拉动演练

2. 动感性

固定镜头的画面框架是静止的，当被摄对象为运动对象时，被摄对象会与画框形成对比，从而就具有十足的动感。同时，由于固定镜头的轴线静止，因此轴线可以在画面中形成一个坐标轴，被摄对象的运动方向可以被确定，其运动轨迹也可以被清晰地呈现，从而使得被摄对象的运动能直观地被观众接受，就像在生活中亲眼所见一般。因此，当我们观看奥运会等体育赛事的直播节目时，尤其是在田径运动和游泳、跳水等比赛中，除了特写外，我们会不自觉地关注固定镜头的拍摄对环境以及其他选手的比赛等方面的表现。

3. 客观性

固定镜头具有与人眼视点的相似性，因此，新闻工作者常常在新闻报道中大量运用固定镜头，尤其是在电视现场直播报道时。现场直播最重要的是给观众以现场感，以及直击事发现场的真实感。而固定镜头画面框架的静止状态给观众以最直接的角度，冷静客观地直播报道，不带有个人情绪，使得观众常常感受不到摄像师的存在，这便增强了现场报道的客观真实性。

图8–3　“神州八号”点火发射升空

从摄像师的角度出发，拍摄运动对象时，为了不破坏物体的自然运动，保持客观的视角，摄像师往往选择固定镜头拍摄，根据被摄对象的运动以及预测其运动的方向来设置拍摄的机位。另外，在一些突发新闻事件或危险的环境中，为了保证摄影师的安全和画面的客观性，固定镜头是最好的选择。比如在战地报道中，摄像师往往将摄像机固定在制高点上，通过远景别来拍摄战地，进行全面、客观的报道。

4. 细节化

固定镜头通过静止的画面框架可以将事物的细微变化和小幅运动甚至人物的神态表情一一捕捉。在直播新闻中，这样的特性有时也会被用到。如图 8-4，这是 2015 年 1 月 25 日，一则有关希腊议会选举投票的直播新闻。从图片的左侧可以看到，选民正在投放选票，这段以固定镜头来拍摄不仅可以表现选民投票的动作过程，也可以表现选民丰富的神态表情，这样的画面更容易吸引观众的注意，并引起人们情感上的共鸣。

图8-4　希腊议会选举投票

（二）固定镜头的局限性

虽然固定镜头在现场直播中占据重要的地位，但是它在电视画面的表现中仍然存在一定的局限性，当镜头数与报道时长受到一定限制时，运动镜头看起来要比固定镜头更加适用。

1. 对立体空间表现不足

固定镜头虽然具备较强的稳定性，但也受到稳定性带来的局限。静止的画面框架、固定的焦距和光轴使得固定镜头只能展现有限的空间，而我们生活在一个三维立体的世界中，无数固定镜头的累积无法给观众立体的视觉感受。当报道的环境空间结构简单时，观众尚可以通过想象力将多个固定镜头画面进行构建；若遇到复杂多变的环境，观众则会有混乱的感觉，无法获取完整的信息。

2. 对复杂运动表现不足

当固定镜头遇上复杂运动的事物时，摄像师往往陷入一个两难的境地。一方面，事物的运动幅度较大时，若以固定镜头来表现则需要拍摄大景别，而事物的细节或者人物的神态样貌就难以表现；另一方面，当摄像师选取小景别拍摄运动特写时，运动的整体性和连续性就受到限制。所以无论遇到哪种情况，运用固定镜头来拍摄都会顾此失彼，拍摄的成果也不尽如人意。

3. 构图单一

固定镜头的强稳定性使得画面中各元素的构图关系也相对稳定，造成构图单一的劣势。当报道中全篇都是固定镜头时，画面缺乏多样性，呆板无趣，观众难免会产生视觉疲劳。如上面提到的选民投票的例子，试想如果全部使用固定镜头来拍摄每一位选民投票的动作，或者切换多个机位从不同角度拍摄选民投票的动作，那么这样的新闻就会太过单调。再如会议新闻中，除了使用固定镜头外，适当地加入一些运动镜头可赋予整个新闻画面构图的动态性，也可以烘托出会议的氛围。图 8-5 是全国政协十二届三次会议新闻发布会即将举行前记者在现场进行的直播报道，为了凸显到场记者的人数众多和场内紧张热闹的气氛，央视新闻频道《两会直播间》的记者运用了一个运动镜头，从发布会现场的后面摇至前方，表现出现场的气氛并且打破了固定镜头的累积，从而避免了画面构图上的单调。

（A）

（B）

图8-5 全国政协十二届三次会议的新闻发布会即将举行

（三）摄影师如何把握好固定镜头

1. 把握固定镜头的稳定性

稳定性是固定镜头最根本的特性也是其最大的优势，下面从两方面来谈稳定性。首先是摄像师心态的稳定，拍摄过程要以客观冷静的视角和谨慎入微的态度去把握固定镜头，无论被摄对象出现什么变化都要保证固定镜头是稳定的。其次，固定镜头的镜头本身要保持稳定，这是从技术层面对摄像师的要求，镜头的画面框架一定要保持静止状态，一旦打破了这个稳定，固定镜头也就失去了它的最大优势。尤其在突发事件的现场，这考验摄像师的应变能力以及稳定的心态和持机能力。

2. 把握固定镜头的节奏

电视画面中被摄对象的多寡和运动状态都影响到固定镜头的节奏。通常情况下，当画面内部被摄物体的运动速度较快时，固定镜头表现出的节奏较强；反之，当画面内部表现的物体形态复杂、数量较多时，固定镜头在时间上应相对长一些；当画面内部表现的物体形态简单、数量较少时，固定镜头在时间上应相对短一些。①

摄像师要把握好固定镜头的节奏，根据不同的被摄对象控制每个镜头的时长，从而使固定镜头表现出最佳效果。

3. 把握固定镜头的流畅性

通过固定镜头来拍摄运动场景时，最重要的是把握镜头的流畅性。只有逻辑顺序正确，而且画面中的内容承接连贯才能实现流畅的运动场景。作为一名优秀的摄像师，在拍摄时候要考虑到镜头的剪辑与组接。为了尽可能生动、自然、完整地表现运动场景，摄像师要从多角度、不同景别来拍摄物体，保证拍摄的镜头数量。除此之外，还要考虑到镜头的质量，因为在直播的情况下，没有后期剪辑的时间，所以每一个固定镜头都必须有较高的质量，这就要求摄像师在遵守“轴线原则”等基本原则之外，更要关注到多机位间的配合，以呈现出流畅的运动过程。

二、运动镜头

运动镜头是拍摄过程中摄像机机位、镜头的焦距、光轴以及拍摄的角度和方向发生变化的一种拍摄方法，也是一种在不间断、无剪辑的拍摄过程中实现多种构图的方法。

由于机位的移动，运动镜头可以进行摇、移、跟等运动；焦距与光轴的变化使得画面中的景别更换，实现推、拉等运动；而拍摄的角度和方向的变化促使摄像机进行升、降、仰、俯等多种运动。将这些运动综合起来，不同运动间相互组合的镜头就称为运动镜头。

（一）运动镜头的特性

1. 运动性

运动性是运动镜头的主要特性。拍摄机位，镜头焦距、光轴，拍摄角度、方向等运

① 参见刘荃:《电视新闻摄像》，北京：中国广播电视出版社 2014 年版，第 119 页。

动或是其中几项的综合运动都是运动镜头运动性的具体体现。而运动镜头的运动性不局限于摄像机的运动，就被摄对象而言，它既可以是静态的也可以是运动的，无论哪种，通过运动镜头都会体现其运动性。这种运动不仅形成了多景别、多角度的变化，丰富了画面内容，也丰富了画面内部的元素，如被摄主体、陪体、前景、后景等位置也会发生相应的运动。

比如图 8–6 有关 3D 打印建筑群的新闻就运用到了许多运动镜头。图（A）通过摇镜头从左至右的运动给观众呈现建筑全貌，并符合人眼观察的习惯。图（B）是一个跟镜头，摄像机跟随记者的脚步向建筑靠近，吸引观众注意，让观众期待接下来记者将介绍的事情。图（C）、图（D）是同一个运动镜头，通过推摄表现建筑外壁的特写，让观众近距离观察外壁的纹路并理解 3D 打印一层一层浇筑的特点。图（E）、图（F）为同一运动镜头，通过仰角拍摄和上升机位来进行运动，图 E 中作为前景的树丛在图 F 中被移出镜头，引导观众把视线重新移到建筑外貌上。

（A）

（B）

（C）

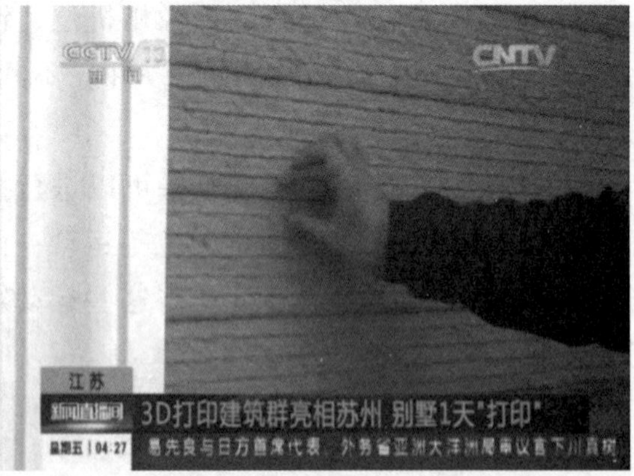

（D）

（E）

（F）

图8–6　3D打印建筑群亮相苏州

2. 完整性

运动镜头由于其运动的多样性也使得被摄对象的运动过程更加丰富，因此摄像师可以拍摄完整的运动过程。相对于固定镜头，运动镜头表现物体运动时无需切换镜头，就可以表现物体完整的运动轨迹。利用摄像机的推、拉、摇、移等运动不断变换角度和方向，将运动全过程以丰富的构图呈现出来，画面不仅完整且更加精彩。体育赛事报道中的运动镜头，可以使得观众看到完整的比赛，甚至比现场观看的效果更佳。

（A）

（B）

（C）

（D）

图8–7　首届青奥会男子110米栏小组赛

3. 真实性

运动镜头丰富多样的运动，与人们生活中流动的视角相似，所以运动镜头符合人们的视觉习惯，给人强烈的真实感。当运动镜头完整地表现被摄对象的运动时，观众仿佛亲临现场，并且被摄对象运动的时间与观众观看的时间相同，所以观众可以真实地感受到被摄对象的运动。另外，当运动镜头以主观视线的形式拍摄时，镜头的运动就有了极强的带入感，观众与摄像机十分贴近，能体会到被摄对象的心理感受，这进一步增强了运动的真实感。

如图 8–8（A）所示，以主观视线来进行拍摄，将观众与记者紧密地联系在一起，观众可亲眼见证地铁票购买过程。图 8–8（B），镜头推进，给票价特写。图 8–8（C），镜头随着屏幕上操作的手，摇到北京地铁运营公司 13 号线西直门车站副站区长毛长欣，观众如同在现场听副站区长讲解如何购票。图 8–8（D），跟随副站区长“点蒲黄榆站”的指示，镜头摇回屏幕，展示点击蒲黄榆站按钮的过程。

（A）

（B）

（C）

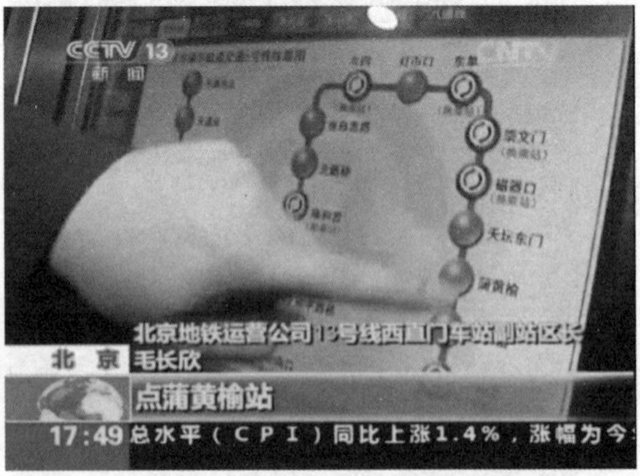

（D）

图8–8　地铁调价后的购票体验

（二）摄像师如何把握好运动镜头

1. 把握运动镜头的操作

相比之下，运动镜头的操作较固定镜头更复杂，难度更大。这就要求摄像师在现场选取拍摄机位的同时控制摄像机的焦距、焦点以及摄像机的运动方向和运动速度（在运动拍摄中，摄像师常使用固定光圈，从而避免画面闪烁）。这不仅需要灵活的思维、较高的审美能力，更需要过硬的技术，如平稳地操控摄像机，精准地进行调焦，匀速地调整机位，等等。摄像师要在不间断拍摄的情况下，将现场具有新闻价值的事物呈现给电视机前的观众。

2. 把握运动镜头的节奏

在进行运动拍摄时，摄像师要根据被摄对象运动的情况来调整摄像机的运动，与之相匹配，同时还要考虑到观众的接受情况。如拍摄过程中要尽量避免大幅度摇晃镜头，或大角度地倾斜镜头，过于快速和非匀速的运动也会使观众产生不适感。比如拍摄垂直运动的物体时要尽量放慢摄像机的运动速度，拍摄距离近的事物要尽量使用大景别，拍摄距离远的事物要使用小景别，避免画面比例与生活中的比例差距过大而导致观众的眩晕或其他不适。

3. 把握运动镜头的叙事

运动镜头的叙事区别于对现场事件的叙事。被摄对象的运动主导了摄像机的运动，但运动镜头绝不与被摄对象进行完全一致的运动。也就是说，运动镜头的叙事在某种程度上是独立的。摄像师根据对现场事物的观察和对新闻事件的理解，以及对新闻结构和内容的设想等，多方面考虑镜头的叙事逻辑和结构，这会使画面更加丰富，也更能凸显新闻报道的本质。

（三）运动镜头的形式

1. 推拉镜头

推拉镜头是一种变焦运动的运动镜头，是摄像师根据拍摄需要将摄像机镜头由短焦距推向长焦距或者由长焦距拉回短焦距，不断变化镜头与被摄对象距离的一种拍摄方式。

在镜头画面中，推拉镜头可以分为起幅、推进、落幅三个部分。起幅是观众看到的原被摄主体；在推进部分，随着镜头向前或向后的移动，镜头也逐渐靠近或远离被摄主体；最后到落幅，被摄主体或被细节化，或被缩小而展示被摄主体与周围环境的关系。

在纪实影像中，推拉镜头的使用主要是在不改变摄像机位置的前提下改变与被摄主体之间的距离。在新闻、纪录片等纪实作品的创作实践中，由于现场条件的限制，摄像师有时不能接近被摄对象，难以获取理想的画面。特别是在例如“两会”报道等重大场合，或战争等极端情况下，摄像机只能固定在某个点，拍摄者并不能随意根据拍摄对象改变机位。在这种情况下摄像师就可以利用推拉镜头代替机位的移动，改变被摄对象与镜头之间的视距，调整画面景别，捕捉到最为合适的镜头。[①]

在直播报道中，摄像师会受到场地或其他客观条件的限制，推拉镜头则是非常实用的一种运动镜头。下面我们分别从推、拉两种镜头的角度分析它们在现场报道中的作用。首先，当被摄对象是独立个体时（如火箭发射），推镜头可以突出被摄主体，而拉镜头则能补充被摄主体周围的环境信息。其次，摄像师会通过镜头向观众传达情感，推镜头往往是为了强调被摄主体的某一特征或是为了吸引观众的注意力，拉镜头则产生一种抒情的效果，也给观众以报道渐入尾声的意味，同时也能给人回味无穷的感受。再次，当在现场拍摄人物时，推拉镜头可以帮助表现人物内心，推镜头可以通过局部的特写来强化人物的情绪，如现场进行人物采访时，当受访者情绪激动时，摄像师将镜头推进到人物的眼睛，强化人物激动的情绪；拉镜头则通过对人物周围环境的关注，用环境衬托人物，从而间接地表现人物内心世界。

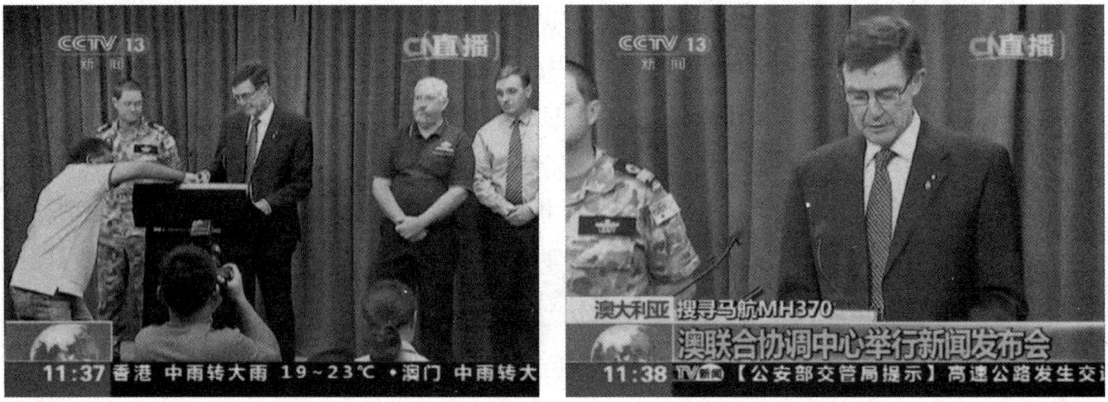

（A）　　　　　　（B）

图8–9　澳联合协调中心举行搜寻马航MH370新闻发布会的推镜头

2. 摇镜头

摇镜头是一种改变镜头轴线的运动镜头，是根据摄像师的拍摄需要，在保持机位不变的前提下，借助摄像师的身体、三脚架云台等辅助器材，改变摄像机的拍摄角度的一种拍摄方式。

在镜头画面中，摇镜头也可以分为起幅、推进和落幅三个部分。由于摇镜头的机位不变，只是拍摄角度发生变化，这与人们在生活中转动头部，环顾四周的视角相似，所以这也是纪实摄影中常用的运动镜头之一。

在纪实摄影中，利用摇镜头与人环视四周的相似性，可以真实地再现被摄对象运动的过程。在突发事件现场，摄像师很难在第一时间把握整个现场全方位的情况，而摇镜头通过连续不断地改变镜头的角度和方向进行拍摄，多角度、全方位地展示现场的环境，并且清晰地表现事物之间、事物与环境间的位置关系。就像记者第一

① 参见雷蔚真：《电视新闻摄制》，北京：中国人民大学出版社 2010 年版，第 88 页。

时间赶到现场时，站在某位置环顾四周，掌握基本情况一样，摄像师利用摇镜头带领观众一同感受现场。

在现场直播报道中，摇镜头有以下几点作用：第一，交代环境背景。摇镜头通过改变轴线促使拍摄角度和方向的不断变化，突破了画面框架所带来的限制，可以将观众的视野扩展开来，将全面、立体的环境展示给观众。第二，表现多个被摄对象间的关系。摇镜头可以在多个被摄对象间摇动拍摄，就像生活中我们同时观看多个物体一样。摇镜头的起幅和落幅为不同的被摄对象，而推进的过程则能展现它们之间的关系。第三，营造现场氛围。摇镜头的起幅和落幅间存在着时间差，从而制造悬念，使观众产生预测和期待的心理，增强了直播报道的现场感。此外，摇镜头的节奏与被摄对象运动的节奏相配合，增加了新闻现场的紧张感和突发性。

（A）

（B）

图8–10　马方再次举行新闻发布会

图 8–10 镜头从右边的马来西亚代理交通部长希沙姆丁摇至左边马航首席执行官叶海亚。

3. 跟移镜头

跟移镜头是一种机位发生变化的运动镜头，是摄像师根据拍摄需要，手持或借助轨道、索道、汽车、飞行器等运动物体，使机位沿水平方向做无轴心运动，一边移动一边进行拍摄的一种拍摄方式。

跟移镜头分为两种类型，跟镜头与移动镜头。跟镜头是指摄像师跟随被摄对象一起运动的镜头，移动镜头则又可根据其运动的方向细分为横移镜头、纵移镜头以及特殊移动镜头（如“S”形、“L”形等）。

在纪实影像中，跟移镜头是最具纪实性的一种运动镜头，由于现实中被摄对象的运动往往是无法预测的，所以跟移镜头既可以很好地适应被摄对象的运动，对其进行完整的、全面的拍摄，又不会因预设机位而带入新闻工作者的主观感受，影响到纪实影像的真实性。

在现场直播报道中，跟移镜头可以起到以下作用。第一，表现运动对象的细节形态。跟移镜头表现动体，优势在于表现相对不动的动体的具体形态，包括表情（“走”

访类)。[①]跟移镜头与被摄主体共同运动，在保证记录运动过程之外还可以捕捉到被摄对象的动作细节以及情绪变化。第二，突破画面框架的限制。跟移镜头通过镜头的移动，突破画面框架，展示多层次、立体的现场空间。横移镜头拓宽了画面左右边框的限制，纵移镜头延伸了画面的平面限制，打造了具有纵深感的立体空间，丰富了观众的视听体验，增强了现场的真实感。第三，增强观众的参与感。跟移镜头的运用使摄像机与被摄对象同步运动，而电视前的观众会有种自己与被摄对象同步运动的视觉体验。

(A) (B) (C)

图8–11 地铁7号线开通首日记者乘车体验的跟移镜头

下面我们以央视新闻频道《新闻直播间》2014 年 8 月 8 日播出的新闻《牛栏江堰塞湖昨夜下雨 堰塞湖水位 1,245 米》为例(表 8–1)，来看看将多种运动镜头综合使用后得到的效果。

《新闻直播间》是央视新闻频道于 2009 年 8 月 17 日推出的一档 8 小时的新栏目。这档号称“大直播时段，焦点新闻播报”的新改版栏目，也为央视新闻频道自 2009 年 7 月 27 日以来长达半个多月的全面改版画上句号。以下是该期节目的部分实录。

① 参见雷蔚真:《电视新闻摄制》，北京：中国人民大学出版社 2010 年版，第 99 页。

表 8–1 《新闻直播间》2014 年 8 月 8 日《牛栏江堰塞湖昨夜下雨 堰塞湖水位 1,245 米》直播节目实录节选

画面	声音
演播室 （主持人背景的屏幕显示堰塞湖区的地图） （固定镜头中近景）。	（主持人顾国宁）昨晚的22:45，堰塞湖区开始降雨，而且水位也在不断地上涨。详细的情况，我们马上来连线前方的本台记者高珧。
分屏：“演播室”在左，“牛栏江堰塞湖”在右。	（主持人顾国宁）高珧你好。 （记者高珧）你好，顾国宁。 （主持人顾国宁）来给我们介绍一下你掌握的情况。
现场切到全屏。 高珧出镜报道的中近景。 拉镜头：从记者的中近景拉至堰塞湖环境的全景。 摇镜头：随着记者手指的方向摇到堰塞湖水面的全景。 推镜头：从堰塞湖全景推至湖面近景。	（记者高珧）好的，顾国宁。我现在就在堰塞湖的正上方，而我脚下就是1,200万个立方的堰塞体。刚刚你也提到了在昨天晚上22:45的时候，在我所在的这个区域是下了一场暴雨。那么暴雨过后我们最关心的自然是堰塞湖水位的情况。那么，刚刚我也是问了一下时刻在这里监测水位的官兵。他告诉我们，比照昨天的水位，这里的水位又上涨了50厘米，达到了1,245米，距离警戒水位仅有36米了。那么为什么暴雨过后上涨了50厘米呢？
切至另一机位拍摄红石岩水电站的全景。 推镜头：从红石岩水电站的全景推至泄洪口的近景。	（记者高珧）这里的官兵告诉我们，那是因为本来在牛栏江上是有一个红石岩水电站，水电站本身是有一个泄洪口的，所以说，这个泄洪口的存在对于堰塞湖水位上升放缓是起到一定的作用的，但是我们在这个现场，大家可以看一下，水位距离堰塞体的距离真的是非常非常近了。
切至另一机位拍摄堰塞湖边的挖掘机的远景。 推镜头：从远景推至挖掘机的近景。 摇镜头：从挖掘机沿施工通道摇向湖近景。 拉镜头：由施工通道近景拉至堰塞湖中景。 摇镜头：从湖面摇至堰塞体的山坡上面的中景。	（记者高珧）因此，在我们镜头所及的这个范围之内我们能看到，这台挖掘机正在不间断地挖出一条施工通道，好让后续的挖掘机和大型的设备能够进入到堰塞体进行作业、进行施工。那么，这一台挖掘机是昨天白天到这的，其实啊，还有一台挖掘机也在下面施工，但是由于山体的原因现在我们还暂时看不到。 而昨天下午13:30打通的那条排险通道上的15台挖掘机，它们在哪儿呢？顺着我手指的方向，我们往山的另外一面望过去，那些挖掘机还都停滞在那个地方。因为到堰塞体的道路实在是太险峻了，大型机器无法通过，它们还在开辟着这样的一条通道往堰塞体的方向上前进。
切至另一机位拍摄堰塞湖面上的水面部队的远景。 切到水电部队的官兵徒步前进的全景。 切至一名正在徒步的官兵脚的特写。 摇镜头：从脚的特写向上摇至官兵上半身的中近景。 跟移镜头：跟拍徒步的官兵的中景。 切至落石从山体滚落入堰塞湖的全景。 推镜头：推至落石造成的烟雾团的近景。 切至堰塞体山上施工的官兵的远景。 摇镜头：从山上施工官兵的远景沿山体摇下来至高珧入画。	（记者高珧）虽然说大型机器无法进入，但是水电部队的官兵以及我们都还可以徒步通过堰塞体。虽然说，道路通行非常非常困难，中间有很多的落石，也有塌方，而且还有很多的杂草和带着刺的一些植物，但是所有的先遣部队都已经到达了这个堰塞体上，所以在这个画面当中我们能够看到很多的武警部队的官兵在这个现场进行施工、进行作业。 其实从昨天，有这些大型机械进入开始，虽然说昨天晚上有暴雨，虽然说昨天晚上暴雨也带来了很多塌方，但是为了尽快地排泄，所有的官兵昨天晚上连夜都守候在这里，进行连夜赶工、连夜施工，为的就是能够尽早地、尽快地把堰塞湖的险情排除，能够把这颗定时炸弹解除。在这儿呢，我也会时刻关注着整个堰塞湖排险的进展情况，顾国宁。

续表

画面	声音
推镜头：推至高珧的中近景。 切至演播室。	（主持人顾国宁）谢谢高珧在前方给我带来的这个直播报道，你带来的这个关键性的信息非常重要，也就是说现在堰塞体的水位比昨天晚上又上升了50厘米，那么距离警戒水位又上升了一米。当然了，我们知道所有的武警官兵都非常辛苦，而且他们所处的环境也很危险，我们还是希望堰塞体这个大麻烦能够尽快被解决。

这是一条关于云南省鲁甸县发生地震后致使堰塞湖水位上升的新闻报道。在这则新闻中，除了演播室的主播是直播状态以外，其他的内容都是在演播室与记者的连线中报道给观众的。在连线过程中摄像师综合运用了多种运动镜头，且数量众多，使电视画面丰富多样，增强了现场感，也增加了直播的可信度。在我们的新闻拍摄中，要创新性地运用多种运动镜头，以凸显新闻叙事的节奏，营造现场感和体验感。

第二节　声音与字幕

一、同期声

电视节目中通常存在四种声音，分别是话音、现场声、音乐和音响效果。最常见的话音是对白和解说词。现场声是动作发生时的实际场景内存在的声音，环境产生的如水声、鸟鸣声、车鸣声、机械声等都属于现场声的范畴。而在电视现场直播报道中，最常见的是话音与现场声，所以我们将引入一个概念——同期声。

同期声是指摄像师、记者等新闻工作者在新闻现场摄像时同步记录的现场声，也可称为“有源音响”，是存在于现实生活中，源自电视画面中的客观事物的音响。同期声包括人的有声语言，自然环境发出的音响以及人与自然接触而产生的各种音响等。

同期声与画面是不可分割、相伴而生的。一方面，同期声在电视传播中属于听觉传播的范围，但它又是电视画面不可或缺的一部分，所以同期声是电视传播中具备视、听双重属性的重要元素。在现场直播报道中，对于被摄对象的声话采集往往是一体化进行的，摄像师常常需要身兼数职，在完成画面拍摄的同时也要保证声音的收录，下面我们简单介绍收录同期声所需要用到的工具。

首先是话筒。话筒可分为随机话筒和外接话筒两类。

随机话筒在大部分便携摄像机中都随机配备。家用摄像机的随机话筒多为内置，而专业的摄像机通常配以附加式话筒，不仅在现场更具灵活性，它的收录效果也要优于前者。

这类随机话筒的优势在于其便利性，但缺点也是显而易见的，随机话筒限制了被摄对象与摄像机的距离，越接近话筒的声源往往成为更主要的声音，而在复杂的直播现场，噪声、杂音等不良声音难免会取代被摄对象发出的声音而占据主要地位。

图8-12　摄录一体机

外接话筒不设置在摄像机中，在现场的新闻工作者根据现场情况选择最适合的外接话筒。外接话筒的种类也相对丰富多样，有手持话筒、纽扣话筒、支架式话筒、强指向性话筒等。手持话筒在过去的新闻直播中很常见，记者手持话筒，当进行采访时要将话筒对着受访者的方向才能收录到优质的录音，一旦话筒位置偏离声源就会造成声音的损失。如今的现场直播中记者多使用纽扣话筒或者“耳麦”，用一个夹子将话筒夹在记者的衣领处，或者戴耳机式话筒进行现场报道。在使用纽扣话筒时要注意控制嘴与话筒的距离，距离太近会造成声源音量过大而破坏声音信号，同时也要避免剧烈运动造成衣服与话筒摩擦而产生的噪声。支架式话筒如图 8-15，因为需要放置在坚硬而平坦的表面上才能使用，所以在现场直播中很少使用，不做过多解释。强指向性话筒常被置于声源附近，但不出现在电视画面当中。由于它的指向性极强，所以即使不出现在电视画面中依然可以精确地在众多声源中识别并收录特定声源。有时，为保证收录优质的同期声，话筒多配以防风罩或减震座等配件以隔离外界噪声。

图8-13　手持话筒

图8-14　纽扣话筒

图8-15　支架式话筒

图8-16　强指向性话筒

（一）同期声的作用

“声画合一”的实质是：电视画面是有声音的画面，同期声是其声源画面不可分割的一部分。同时，同期声又是在声音通道上进行传播的，按照传播通道的分类，它属于“听”的范畴。同期声的作用具体体现在：

1. 结构和转场

同期声是电视新闻节目中重要的结构性因素，它对于新闻报道中的叙事和转场都起到一定的作用。

首先，同期声可以代替一部分解说词，对新闻事实进行叙述、评价。解说词是向观众描述现场的环境并将节目的各个部分连接为一个整体的话音方式。解说词分为摄像机镜头内解说与画外解说两种，画外解说词称为画外音解说（voice-over，VO），解说者在镜头内进行解说时称为画内音（SOT）。在直播现场，记者为了向观众介绍现场的环境、背景资料以及事件发生的起因和经过，常要在现场进行大量的描述，有时也需要采访相关的知情人和专家学者，并将所有的资料整理为解说词。但这种转述会造成信息损失，甚至出现信息的变形，降低新闻的可信度。而在今天许多的新闻报道中，同期声代替了部分解说词，观众可以听到来自现场的声音，如赛场上球迷的助威，火箭点火发射前指挥官的倒计时，战场上的枪炮轰鸣声，火场中消防车的鸣笛声，等等。这些同期声丰富了现场报道的内容，也更直观地完成了解说词的任务。

其次，同期声具有转场的作用。在现场报道中，转场对于记者来说有很大难度。在叙述告一段落后，新闻报道往往需要一个视觉或听觉的刺激暗示观众转场，将观众的注意力吸引到下一场当中。这时，利用同期声是最自然而有效的方法。例如在记者发布会中，当新闻发言人就当前问题进行回答之后，下一个提问的记者先发出“声音”，然后自然地过渡，将画面切换到记者席当中。这样一来，观众可以把投入在上一问题中的注意力转到这个记者提出的新的问题当中，这样的效果远比画外音叙述记者的提问和新闻发言人的作答更生动、更自然。

2. 加深现场感

电视画面为观众提供二维平面，同期声的加入创造了第三个维度，增强了新闻报道的现场感。通过画面我们并不能看到所有音响的声源，但由于声音具有与视觉形象同在的唯一性，所以当我们听到一些声音时，我们可以瞬间调动自己的想象力，知道该声音是从哪种声源发出的，由此将电视画面的二维空间立体化，这既加深了现场感，也增强了现场报道的可信度。在现实生活中人们通过五官来感受世界，当现场报道中加入同期声后，观众不再只通过眼睛接收信息，听觉和视觉的结合充分调动了人们的感官能力，让观众犹如亲临现场。

（二）同期声的处理

1. 保证同期声的真实性

保证同期声的真实性主要是从两点出发。第一是要保证其与发声主体的画面是同步进行的，电视画面若与同期声不符，那么新闻报道的真实性将会受到质疑。第二是要保证同期声的清晰度。就像电视画面有不同景别、角度以及运动轨迹之分，同期声也有距离声源远近、声音的强弱、不同方位的区别。因此，在实际拍摄中，在保证同期声与画面时间同步的前提下，为了避免上述差异造成的视听感受上的不统一，新闻工作者要对同期声进行一定程度的处理。比如，云南省鲁甸县发生地震后，堰塞湖水位上涨。在现场报道当中，记者首先站在堰塞体上，当画面用大景别介绍堰塞湖区的整体情况时，同期声中只有记者的声音较清晰，各处施工的声音和大型机械的声音以及武警官兵现场作业的声音都相对较弱，充当背景声。而镜头摇至堰塞湖边，利用小景别表现正在作业的挖掘机时，挖掘机作业的同期声则成为主声源，从整个堰塞湖区的声音中脱离出来，其他声音成了背景声。接着，当画面切至徒步进入堰塞湖进行施工的官兵部队以及从山体上滑落下来的落石时，落石的同期声增强，成为主声源，而其他声音则成为背景声。因此，新闻工作者要依据电视画面的变化对同期声的清晰程度和音量大小进行处理，要做到视听体验的同一性，从而保证同期声的真实性，进而实现现场报道的真实性。

2. 对同期声进行选择与提炼

对同期声的选择与提炼从两个方面入手，一方面是对画面同期声进行处理，另一方面则是对收录方式的选择。电视现场直播不同于其他录播的新闻节目，它没有后期剪辑的步骤，所以对同期声的收录也要谨慎小心。为了避免错失有价值的同期声，不要从开机起开始收录声音，因为收录到与报道内容无关的同期声是对现场报道的一种干扰。因此摄制人员要对现场的情况进行判断和推测，并结合电视画面的内容，选择适当的收录方式，能够在恰当的时间收录有价值的同期声，并对同期声进行及时的处理。

3. 保证同期声的完整和连贯

对于同一现场、同一被摄主体来说，记者对声音的采制必须是完整而连贯的。与同期声不同，电视画面不必完整连贯，因为就观众的视觉习惯来说，人们可以接受画面不间断的切换或是利用空镜头等技巧进行的转场。而声音的中断和缺失则无法弥补，尤其在现场报道的情况下，更易被观众察觉。所以，为了避免同期声的中断而带来的报道失误，摄像师必须时刻关注主体声源的时间长度，使之与拍摄的画面相互配合，完成一段完整、连贯的现场报道。

二、字幕

字幕是电视画面中附加的具有解释说明作用的文字。电视是一种时效性强、保存性弱、选择性弱的媒介。但文字一般代表着印刷媒介，具有较弱的时效性、较强的保存性和选择性。所以，电视画面和字幕的结合能够形成一种互补的效果。虽然字幕属于电视画面的一部分，随着电视画面的消失而不复存在，但是相对于动态的画面来说，静态的字幕具有更好的保存效果和反复阅读的优势。

在20世纪80年代以前，我国的电视字幕几乎靠手写，效率低且作用小。进入新媒体时代后，通过电脑录制字幕成为一件快捷、高效的事，字幕的作用也慢慢得到发挥。下面我们主要介绍几种电视现场报道中字幕的常用功能与作用。

（一）标题性

标题一般是指节目或者片子的题目或名称，有些频道名、电视台名也算作字幕的范畴，通过字幕的形式进行标示能起到区分和强化的作用。如习惯于每晚 7 点钟收看新闻的观众，打开电视机后不需要先分辨节目内容，仅看到“新闻联播”的字样时，就知道该频道正在播放《新闻联播》节目。

（二）说明性

现场报道中的字幕常用来说明新闻报道的时间、地点、重要事件、人物姓名、人物的身份以及与其他人物的关系等信息，与同期声或解说词一同为电视画面服务。如此，观众只需浏览字幕内容就可以快速掌握新闻报道的基本要素和补充信息。比如，针对马航 MH370 失联客机，马来西亚举行的新闻发布会的直播中，字幕中对发布会的时间、地点、事件、人物姓名及其身份进行了简要说明（图 8–17）。

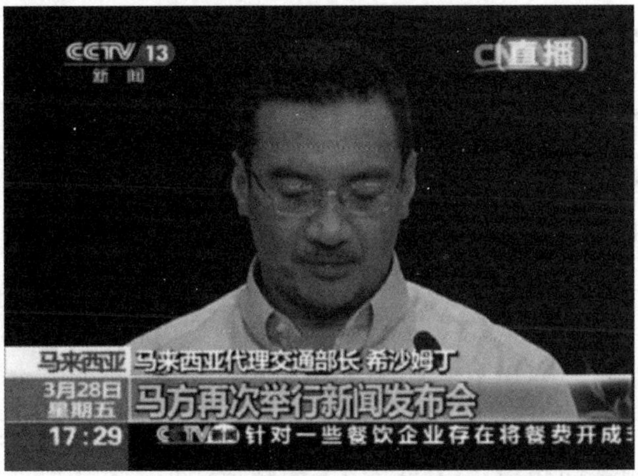

图8–17　有字幕的效果（希沙姆丁答记者问）

（三）字位作用

字位是指字幕出现的位置。字位是一种信息传播的手段，它具有指示、导视等作用。没有字幕指示时，观众对画面的视线是散的，不易抓住关键信息点；而有字幕提示时，观众不仅可以准确把握直播报道的关键信息，还能理解画面所表现的内容。如图 8–18，依然是马来西亚针对马航 MH370 失联客机举行的新闻发布会现场。左边的图去掉了大部分与本则现场报道相关的字幕，观众在打开电视后短时间内不能掌握报道的内容。右边的画面中的字幕具备时间、地点、事件、人物等关键信息，使得整个画面一目了然。

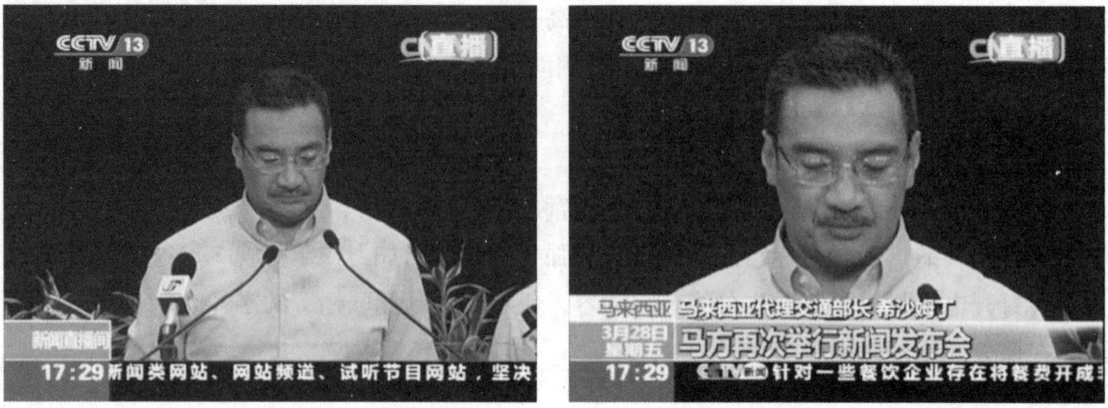

（A）　（B）

图8-18　对比有无字幕的效果（希沙姆丁答记者问）

（四）翻译作用

直播报道中，涉及外语内容时，往往通过同声传译者进行同步解说。但画面中的字幕不是逐字逐句的翻译，而是去掉其中的重复和错误，提炼并显示主要的内容，帮助观众理解同声传译者的翻译。另外，汉语语言中包含着多种方言，还有些受访者的发音吐字不清晰，也让观众难以理解，这时字幕便能起到很大的“翻译”作用。

（五）网络页面效果

人类正进入互联网时代，文字、图片、视频相结合的网络页面越来越为人们所熟悉，这种网络页面的呈现方式逐渐得到了人们的认可。丰富的信息量、多种多样的媒体形式，人们似乎已经习惯这种复杂多样的视觉体验。而固定字幕、滚动字幕、飞字幕等多形式的字幕与新闻图片、现场报道的视/音频等内容相结合，形成了电视画面的网络页面式的视觉效果，增加了信息传播的通道和数量，实现了很好的传播效果。这也预示着电视画面正走向多元化、多屏化、多格式、分立化的局面。如图 8-19，电视画面中左上端是央视新闻频道（CCTV-13）的频道标识，右上端是直播标识，左下端是节目《环球视线》的名称和现在的时间显示；画面的中间为两个分立视窗（即双视窗），左侧分屏是受节目邀请的特约评论员尹卓正进行相关评论，右侧是“彼得大帝”号核动力导弹巡洋舰的画面；画面下端是两条字幕，最底端是一条不断横向移动的新闻简讯，其上是当前讨论的话题或特约评论员的观点。这种网页式的画面布局，能够在最短的时间内传递更多的信息，而且画面形式和构图也富于变化，实现了“赏心悦目”的信息传播。

图8-19　电视画面网页化效果

（六）美观性

在直播报道中，字幕的应用越来越频繁，字幕的作用也越来越重要。但字幕是辅助性因素，它不能占据画面的主要位置而使得画面复杂混乱，或者喧宾夺主。而且，字幕还要发挥其美化画面的作用。当画面内容单调、色彩单一时，要合理地运用字幕进行画面的补白，以此充实画面。当画面内容多样，色彩丰富时，应尽量提炼关键信息，简明扼要地加入字幕，这样能在画面中起到点缀的作用，避免引起观众的视觉疲劳或忽略关键的信息。

第三节　几种常见的直播摄制

一、演播室直播摄制

电视直播节目基本都包含演播室直播的部分。演播室直播是在专业演播室拍摄，由主持人（有时包括邀请的嘉宾）简单地口述新闻事件，并利用图片、VCR以及记者连线对新闻事件进行详细报道的直播方式。下面我们从几个部分来介绍演播室直播的摄制。

首先，是主持人口述新闻时的摄制工作。在演播室直播中，主持人是整个节目的中心，摄像师的工作是记录主持人的非语言动作。演播室的空间有限，为了让观众更好地理解主持人的解说，产生交流感和亲切感，摄像机多以稳定、客观的固定镜头进行拍摄。在演播室直播中，主持人有站播和坐播两种状态，所以在拍摄过程中多以中景和中近景为主要景别，景别变化相对较少，整个节目呈现一种稳定的状态，也从侧面反映了严肃认真的直播态度。此外，节目的首尾会使用全景或不同角度拍摄，以暗示节目即将开始或结束，推拉镜头也会应用到其中，这是演播室直播中少有的运动镜头。如全国家喻户晓的新闻节目《新闻联播》，即典型的演播室直播节目。在主持人播报新闻内容的过程中，中近景的固定镜头几乎贯穿全篇，只有在节目的片尾会改变拍摄角度以示结束。

图8-20　《环球视线》主持人进行演播室坐播直播

图8-21　《东方新闻》进行演播室站播直播

(A)

(B)

图8-22 《新闻联播》使用固定镜头

其次，是主持人与嘉宾交流时的摄制工作。在拍摄主持人与嘉宾交流互动的过程中依然使用固定镜头进行拍摄；对主持人或嘉宾的单独拍摄以中近景为主，并要遵循“轴线”的拍摄原则；在主持人提问和嘉宾作答的环节采用反打镜头，以表现两者间的关系以及交流沟通的状态。主持人与嘉宾共同入镜时，镜头则以中景为主，这样的镜头绝不能被忽视，摄影师需要保持稳定的取景和构图，以备导播随时切换或转场需要。

(A)

(B)

(C)

图8-23 《环球视线》使用反打镜头

最后，是直播中使用图片、VCR或记者连线时的摄制工作。摄像师要在拍摄时充分考虑主持人或嘉宾在评论中使用图片、VCR或记者连线的可能，并做好拍摄的景别和镜头的角度等方面的准备。此外，还要使得VCR的亮度与对比度和演播室现场的照明相一致，避免直播事故的发生。

二、现场连线摄制

现场连线是记者第一时间赶到现场，采访相关人员，了解新闻事件的前因后果，并基于对现场情况的观察和分析，整理解说词，进行现场解说或对新闻进行评论等。

摄像师对连线记者现场报道的摄制，要同时把握记者评论与事件现场两方面的内容，尽量将现场信息全面形象地呈现给观众。摄像师可以利用摇镜头，从事件现场摇到记者；或利用推拉镜头，将记者放入事件现场的环境中等拍摄技巧。在现场拍摄时，固定镜头与运动镜头要配合使用，尽量使用多景别、多角度的拍摄手法，丰富直播画面。此外，摄像师也要注意同期声的收录工作。

图8-24　记者在泰国对“红衫军”集会声援政府进行现场连线

三、现场采访摄制

现场采访是直播报道中的重要组成部分，采访对象主要是新闻事件的目击者、知情人或是相关的专家学者。在现场报道中，采访分为两类：旁观式采访和介入式采访。

旁观式采访是指在采访过程中，以受访者为被摄主体，以其行为和言语为中心的采访方式。旁观式采访不干涉受访者的表达，从而避免了因记者介入而破坏报道的客观性。这种旁观式的采访形式，淡化了观众对记者和摄像机的关注，突出了观众的参与感和现场感。旁观采访尊重现实生活的原貌，用镜头记录并为观众呈现事物的真实情况。

介入式采访也称为出镜采访，是记者以收集资料并进行现场报道为目的，在镜头前进行人物采访的方式。记者与受访者面对面的交流，会获得比旁观采访更多、更全面的信息。镜头前的采访也像是出镜记者带领着坐在电视机前的观众一同走进现场，共同进行采访和收集信息，这和人际传播相似，缩短了观众与现场的距离，增强了观众的参与感。在今天的新闻直播中，出镜采访占据着主要的地位。

现场采访摄制的第一步是要把握好对被摄对象的拍摄。摄影师选取的拍摄内容应以被摄对象的动作、语言、情感等为主，采取多景别的拍摄以丰富镜头画面。采访过程中则以中、近景为主，用特写捕捉面部神态和特殊的动作细节。较少使用远景和全景，但为了叙事的完整性和转场的需要，常用远景和全景表现现场的大环境。为了突出被摄对象的面部特征和神态变化，摄像师多以斜侧面的角度进行人物拍摄，这样的角度不仅利于人物的造型，也减少了镜头对被摄对象造成的心理压力。此外，收录人物采访的同期声，也是摄像师的重要工作，有关同期声的收录在前文中已详细介绍，不再赘述。

其次，采访现场的拍摄也需要一定的技巧。一是要简化采访现场的环境背景，在不破坏现场的前提下选取适合的采访环境，设置简单干净的前景和背景。远距离、长焦距的近景拍摄会缩小景深范围，虚化背景，从而起到简化环境背景的效果。二是要保留采访现场的背景环境，当背景环境信息利于表现人物性格以及营造现场气氛时，可以适当保留，从而更加充分地展示新闻现场，增强可信度。拍摄时还要充分调度被摄对象，避免人物与背景环境失调，如被摄对象在镜头画面中被背景环境的线条切割，或被摄对象的穿着与背景色相近等。

最后，我们介绍两个拍摄采访时的技巧性方法：一个是过肩镜头，另一个是反打镜头。

过肩镜头一般指的是以倾听者的肩膀为前景所拍摄的镜头，即隔着一个人或数个人的肩膀，朝另一个或数个人拍摄的镜头。过肩镜头既可以突出被摄对象的主体地位，又可以表现两者的位置关系和建立两者间的互动关系。摄像师使用过肩镜头时要注意景别、焦距的选取以及对前景人物的选择。

反打镜头是拍摄倾听者反应的镜头，也可以表现拍摄者和被摄对象的互动关系并增强画面的丰富性。

图8-25　旁观采访

图8-26　介入采访

图8-27　过肩镜头

第四节　多机位拍摄

一、机位的概念

在现场直播中，机位是对摄像机的拍摄位置与拍摄高度的统称。摄像机的拍摄位置决定了摄像机与被摄对象之间的距离，摄像机的拍摄高度是在拍摄位置确定后，根据对被摄对象高度的观察，来确定的摄像机拍摄的角度，常见的角度主要有正面、侧面、平视、仰视、俯视等。不同的机位设置会决定不同的镜头画面、表达方式、表现层次以及最终呈现出来的直播效果。

一个机位包括许多配置，如摄像机、三脚架、高台等。其中摄像机由机身和镜头组成，常用的有标准镜头、广角镜头、长焦距镜头；三脚架由支架和活动脚轮组成；高台有不同的高度，常见的有 0.5 米、1 米、2 米或更高的特殊高台。一个最简单的机位也要有完成拍摄任务必需的摄像机，且每个摄像机只配一种镜头。

在一场直播报道中，常见的机位分为两类：

（一）定点机位

定点机位是指在各个机位确定后，直播过程中不再进行调整的机位，有远距离机位和近距离机位两种。

1. 远距离机位

远距离机位是在距离被摄对象较远处进行拍摄的机位，它侧重于展现环境背景，用以表现事物之间、人与人之间以及人与事物之间的关系。常见的远距离机位包括制高点机位、升降车机位和高点机位等。由于摄像机与被摄对象的距离较远，所以摄像机的镜头多选择广角镜头和标准镜头，镜头的景别则以远景、全景为主，几乎无法拍摄到活动主体的近景或特写。

2. 近距离机位

近距离机位是指除远距离机位以外的其他各机位，它们多用来拍摄被摄对象的运动、人物的反应与情绪以及其他具体的活动内容和细节。长焦距镜头有利于对事物细节的表现，是近距离机位很好的选择，而广角镜头和标准镜头也常用于近距离机位当中。

（二）游动机位

游动机位是指摄像师在直播现场，根据被摄对象的运动进行流动式拍摄的机位。这种游动机位灵活地流动在一定的范围之内，一方面可以捕捉到被摄对象突发性、随机性的动作，另一方面也可以对定点机位没涉及的部分进行补充。因游动机位是流动式地拍摄，所以该机位常以摄像师手持摄像机进行拍摄为主，一般不使用三脚架和高台等设备。

除了上面的几种常见机位，还有一些特殊配置的机位，如吊臂、斯坦尼康等特殊配置，再比如将摄像机架设在移动车或铺设好的轨道上进行拍摄等。

如今，大型现场直播常采用各种机位相结合的形式进行直播摄制。因为不同的直播，它们的题材和内容不同，形式和规模也各异，所以拍摄机位的分布也不尽相同，每场直播的机位都需要依据特定的直播内容进行设置。下面是关于选择和确定机位的基本原则：

新闻现场直播机位的设置主要取决于三个方面：第一，依据事件的内容；第二，依据事件的形式；第三，依据事件主体的形态、状态和程度。[①]

二、远距离机位

远距离机位包括制高点机位和高点机位等，在这里我们主要研究制高点机位。在大型直播现场，摄像师往往通过制高点机位来展现现场的规模、环境背景和现场氛围，对制高点机位的功能进行梳理，我们可以得到以下结论：

制高点机位主要具备三种功能：第一，展示事件主体的全貌；第二，突出现场环境气氛；第三，交代事件主体与所处环境的关系。

图8–28　2014年巴西世界杯现场

如 2014 年在巴西举办的第二十届世界杯足球赛的直播摄制，现场制高点机位的设置效果如图 8–28。首先，通过制高点机位，观众可以从宏观上掌握世界杯足球赛的比赛场地的规模和整体构造，另外也可以感受到运动场内座无虚席的热闹气氛；其次，从画面中观众可以看到摄像师对足球比赛、足球队员以及观众的概貌勾勒；最后，观众可以通过该

① 参见沈忱：《中国电视新闻现场直播：导演手记》，北京：中国广播电视出版社 2004 年版，第 62 页。

画面得知球员比赛的赛场位于运动场的中心，现场观众观看比赛的位置是环绕场地中心的四面看台，看台共有五层等信息。

为了实现制高点机位的三大功能，摄像师要合理地安排机位的设置。首先，制高点机位的数量要根据直播现场的规模和布局进行设定。当直播现场规模庞大，整场直播活动涉及多个分散场点时，一个制高点机位已经不能完整地将全部活动囊括其中，这时摄像师就需要依据现场事件主体的分布情况进行多个制高点机位的设置，从而清晰且全面地交代整个直播现场的环境。比如拍摄国庆庆典活动时，庆典活动主要分布在天安门城楼、天安门广场、长安街、天安门广场上空等多个位置。这时摄像师就需要根据各处活动的范围、时长、顺序等因素，在人民大会堂、国家博物馆、毛主席纪念堂、天安门城楼等地进行多个制高点机位的设置。其次，对制高点机位高度的规定并没有一个严格的标准，设置制高点机位时要靠摄像师把握好这个度，既不能与被摄主体太近，削弱机位表现现场规模的作用，也不能与被摄主体太远，模糊活动主体与环境的关系。最后，当直播现场设置多个制高点时，要对它们进行合理的布局，尽量从多角度、多层次展现直播现场立体的空间，让观众感受到现场恢弘的气势。

三、近距离机位

近距离机位主要拍摄活动主体的中景、近景、特写等景别。从现场直播的角度来看，近距离机位要承担的拍摄责任更重。近距离机位因具体情况的不同有不同的功能和作用，与前文中对固定镜头和运动镜头各自作用的分析相似，不再重复说明。

近距离机位的设置主要取决于三个方面：第一，依据事件主体的形态；第二，依据事件主体的状态；第三，依据事件主体状态的程度。①

在以人物为拍摄主体时，比如奥运会的跳水比赛中，运动员从高台向下跳水是人物的行为，即事件主体的形态；跳的动作是运动的状态，即事件主体的状态；运动员的位置从高台到水中，水面溅起水花的大小等是事件主体状态的程度。

当以事物为拍摄主体时，如挖掘机在地震灾区进行抢险施工时，挖掘机的形态是事件主体的形态；挖掘机不停地进行挖掘，并将大块的石块投入大型货车中的动作是事件主体的状态；通过连夜施工，挖掘机已经成功开辟了一条抢险通道供给抢险部队使用，这是事件主体状态的程度。

在设置近距离机位时，摄像师需要分别确定摄像机的位置和摄像机的高度，此外，对摄像机镜头画面的构图也要进行构思。记者在直播现场中，第一，要依据被摄主体的位置、被摄主体的运动状态以及被摄主体表达的态度和主题，选择合适的距离，即确定机位

① 参见沈忱：《中国电视新闻现场直播：导演手记》，北京：中国广播电视出版社2004年版，第85页。

的位置；第二，对被摄主体的形态进行分析，选取合适的角度，即确定机位的高度。第三，在已经确定的机位位置观察被摄对象，依据被摄对象自身的外观造型、运动状态等因素，结合画面构图的审美需要，选取合适的景别，使主体在画面中呈现最佳比例，与画面中其他要素均衡分布，即确定机位镜头的构图。

四、多机位设置

由于直播的特殊性，无法对拍摄内容进行后期编辑，但是多机位拍摄的方式为直播提供了一个切换画面的机会，所以多机位拍摄是直播节目中最常用的拍摄方式。一般情况下，现场直播由两台或多台（多者可达几十台）摄像机同时进行多机位拍摄，这给机位设置带来了一定难度，下面我们介绍多机位的几种基本设置。

（一）多机位布局

现场直播节目通过多个机位同时拍摄，一次性从多角度、多层次对现场进行摄制，为了最大程度上丰富直播节目的画面，又能保证不同机位之间不重不漏、互不干扰，多机位在设置时要先保证遵照轴线原则和三角形机位布局原理。

轴线原则是指摄像师进行拍摄时始终保持在轴线的一侧进行调度，只有遵守轴线原则才能保证不同机位拍摄的两组画面相连时，被摄对象运动的方向和人物目光的方向一致。

如下图所示，摄像师只能在轴线的一侧进行 180° 调度。

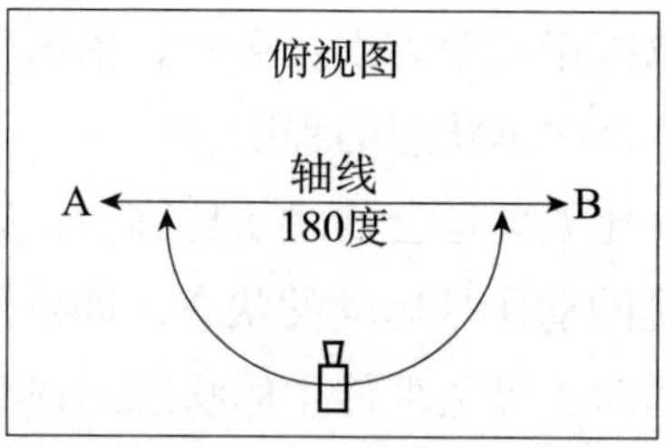

图8–29　轴线原则

三角形机位布局是多机位利用三角形的稳定性原理进行的机位设置，是最基本的多机位布局。摄像机的机位可以设置在三角形的顶点上，多机位之间相互联系形成一个稳定的多机位布局。平行机位、内外反拍机位和顶角机位是集中常见的多机位布局形式。

1. 平行机位

根据三角形机位布局原理，位于三角形底边两个顶点处的机位处于平行关系。他们在同一光轴上，拍摄角度、方向一致，常用于演播室直播节目中。人们最熟悉的《新闻联播》就是采用这种平行三角形三机位布局方式。

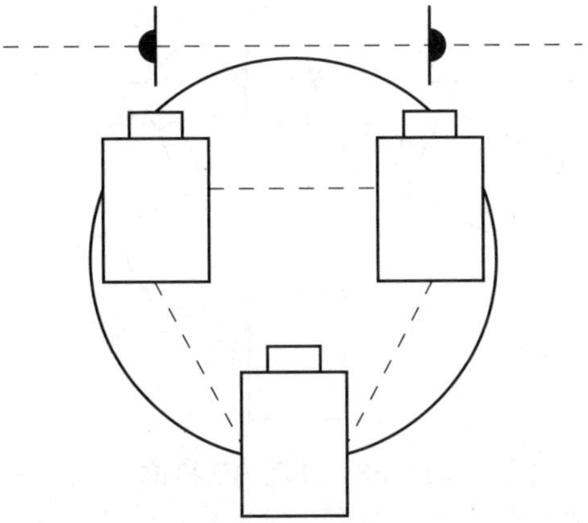

图8-30 平行三角形三机位

（A）　　　　（B）

图8-31 平行三角形三机位在《新闻联播》中的应用

2. 内外反拍机位

在轴线的同一侧设置两个互为反拍的机位，两机位的拍摄角度、方向以及与同一被摄物体的距离都不同，但镜头画面中被摄主体的运动方向仍具备一致性（轴线原则）。这种反拍镜头的角度分为内、外两种内反拍镜头。此类机位布局常在谈话类直播节目中以及现场采访的拍摄中出现。

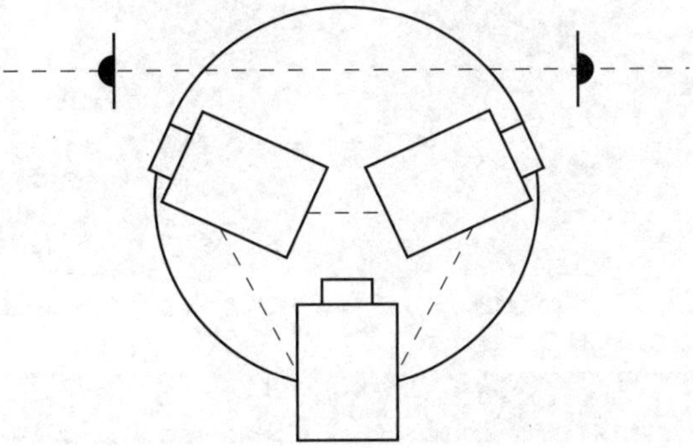

图8-32 内反拍三机位

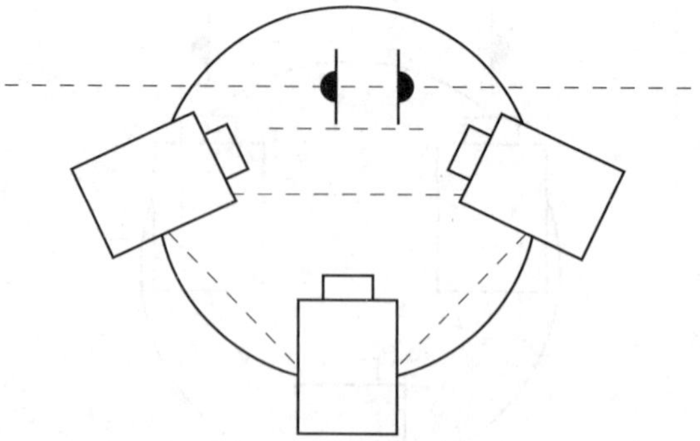

图8–33　外反拍三机位

（A）　　　　　　　　　　（B）

图8–34　内反拍三机位在《今日关注》中的应用

3. 顶角机位

顶角机位是指摄像机位于三角形机位布局的顶角，该机位的景别往往要比底角机位的景别大，可以交代环境背景以及人物之间的关系。

图8–35　顶角机位在《新闻联播》中的应用

图8–36　顶角机位在《今日关注》中的应用

（二）多机位拍摄的优势

第一，在电视直播中，多机位拍摄可以在同一时间内，对被摄主体进行多角度、多景别、多背景的记录。这丰富了电视画面，模拟生活中人眼的多视点，增加了认识事物的角度，增强了直播的可信度。

第二，多机位拍摄可以在同一时间内，对表达同一主题的多个对象进行同步记录。这既丰富了节目内容，也形成了前后的呼应，互为补充，突出主题。

第三，多机位拍摄在现场报道中能起到很大作用。当记者向观众解说时，一台摄像机只能对记者以及记者身后的环境进行记录，具有局限性。多机位拍摄使得摄像师在记录记者言行举止的同时，也将更大范围的环境背景记录下来，在保证直播真实性的同时兼顾了画面效果。当记者进行采访时，多机位拍摄可以将记者、受访者以及采访现场的环境情况进行记录，最大限度地增加信息量，尽可能地把第一现场完整地展示给观众。

此外，当一台摄像机记录现场时，另一台摄像机从更大的景别或者其他角度对新闻工作者以及前面的摄像师进行拍摄。这样的画面不仅增强了真实性和现场感，也能捕捉到现场紧张的气氛，增强直播效果，这也是多机位拍摄独具的优势。

图8–37　《中国新闻》多机位拍摄马澳双方联合发布会

巴西世界杯的转播机位为30个，超过了上届德国世界杯29个转播机位的记录。其中包括1架直升机、1台蜘蛛摄像机、8台超高速摄像机、2台高速摄像机。正是因为有如此丰富的摄像机种类和多机位拍摄，才能将精彩的比赛现场呈现给观众。

第五节　全能摄影师

如今，在突发事件的直播报道中，无论是直升机报道员还是地面摄制组的摄影师，都是复合型的工作者。直升机报道员既要驾驶直升机，传送信号，还要进行采访报道。如果说直升机报道员相对特殊，那么地面上的摄影师则更有代表性。他们就像一个全能运动员一样，要完成多个报道环节的多个工种，而且这一切都要在非常短的时间之内完成。这是直播时代摄影师工作发生的重要变化。

以下通过一些图片来了解摄影师在直播新闻报道过程中的工作内容、流程与环节。

图8-38　转播车驾驶室

上图是转播车的驾驶室。摄像师在接到技术主管的指令后会立即赶往事发地点。在行车的过程中，摄像师必须利用所有的通讯工具获取事态发展的信息。在驾驶室旁有一个功能强大的通讯平台，主要功能有对讲、打电话和监听。用对讲装置可以与电视台及相邻的转播车之间通话；电话则可以与自己掌握的新闻来源和政府部门联系；监听设备可以听到警察、法院、救护、消防等公共信息，从而获知事件的进展和可能的原委。

图8-39　多辆直播车的直播现场

驾驶和操作直播车是摄像师在直播报道中第一位的工作。上图中最显眼的就是微波车，液压杆升起来以后接近 30 米，升起来的时间约 2 分半钟。NBC 的操作手册要求摄像师到达现场以后，必须在两分半的时间里升起微波头，接通与总台的信号。

图8-40　卫星转播车

图 8-40 是新闻现场严阵以待的卫星转播车。卫星车在操作的过程中不需要升起微波头，但需要寻找对应的卫星和频道，这个过程即称作“找星”。一般的卫星车都具备自动找星功能。

图8-41　BBC的卫星转播车

下图是江苏广播电视台《南京零距离》使用的卫星车，三讯道，可以支持现场三路摄像机的同时拍摄。

图8-42　江苏广播电视台卫星车

下图是中国教育电视台新闻中心的单讯道小型卫星车，方便灵活，摄像机与车载转发器之间可以无线连通。

图8-43　中国教育电视台新闻中心的卫星车

图8-44　NBC洛杉矶直属台微波车

上图是 NBC 洛杉矶直属台的微波车，上面的新闻即由这样的微波车进行直播报道。该台有 20 多辆同样的微波车，每天派出 20 辆车在全城“扫街”，设备的使用频率非常高。由于微波车比卫星车要便宜很多，而且微波信号的传送费用也比卫星传送要便宜，因此微波车仍然大有用武之地。国内电视台近年来掀起了购买直播车的热潮，而且购买的大多是非常高端甚至往往是顶级的卫星车，如 8 讯道的地面卫星上行站，动辄需要花费几千万元，买 10 台微波车都绰绰有余了。由于这些设备非常昂贵，不是特别重大的报道一般“不舍得”使用，造成设备成本高而使用率低，长时间放在库房，形成极大的浪费。而现在的数字设备更新换代非常快，这些高端设备往往没有得到充分使用就过时报废了。同样的投入购买 10 台微波车，大量地交给新闻栏目使用，那么对于新闻带来的变化要大得多，产生的效益也要大得多。因此，直播车的选择和购买一定要根据工作的实际需要，并不是越高端的设备就越好。

图8-45　微波头和反射网

图 8-46 是发送微波信号的微波头和反射网。到达现场以后，摄像师的第一项工作就是要在最短的时间之内接通微波信号。它是进行直播报道的生命线。

微波信号方向感很强，摄像师到达现场以后，需要在非常短的时间之内找到合适的线路，才能把微波信号发送到转播塔台，再由塔台传送回位于电视台的总站。为了转播各个电视台的微波信号，洛杉矶在城市周围的山顶搭建了 15 个转播塔。摄像师到达事发地点以前就会与塔台控制中心联系，确定哪些塔台目前没有被占用，一般而言会有两到三个可以选择的塔台。摄像师到达现场以后就可以在这几个塔台中选择角度最好、距离最近的进行连接。

图8-46　直升机发送信号到塔台

接通微波信号取决于摄像师的工作经验和现场处理能力。有时在城市中转播，周围的建筑会挡住微波信号发射的角度，这时就必须根据现场的情况进行调整。有的摄像师曾利用玻璃幕墙将微波信号反射到塔台上去，在实在无法与塔台进行连接的情况下，微波车还可以将信号发射到直升机上，由直升机发送到塔台，再传回总站。卫星车一般不存在这个问题。

图8-47　转播车内设备

接通转播信号以后，摄影师就要开始紧张的现场拍摄工作。他们要非常熟练地使用车内的这些设备。图 8-48 是转播车门打开以后我们能够看到的内部装置。由近及远的设备分别为三脚架、摄像机和剪辑台。三脚架位于车门边，是为了方便取用，而且有专门的固定装置，可以避免行车过程中的颠簸造成损坏。摄像机位于一个抽屉柜中，在不用时可以上锁。位于画面远端的剪辑台不用时也可以合上。

图8-48　摄像师为提高效率粘贴磁带盒

拍摄事件的核心画面是摄像师在现场最重要的工作。NBC 洛杉矶直属台的摄像师们会在摄像机外粘一个磁带盒，目的是提高换磁带的速度。这尽管是一个小的细节，但在突发事件的现场拍摄中，有时哪怕只是换磁带的一两分钟，也可能漏拍掉最关键的镜头，这是摄像师们最不愿遇到的情况。因此，有经验的摄像师一定会提前做好各种准备工作，不会让一些最细小的问题和失误影响新闻报道的水平。

图8-49　转播车内的剪辑台

在完成现场关键镜头的拍摄之后，摄像师需要将这些素材剪辑成一个新闻短片。转播车内的剪辑台可以让摄影师完成这项工作。图 8-50 中的这个便携式的剪辑台是对编机，相对于非线性编辑机，对编机不需要采集素材和生成成片，可以直接对素材进行编辑，在现场制作的过程中，工作效率较非线性设备要高。

按照直播新闻报道的要求，摄像师一般会把素材剪辑成一个 1 分 30 秒的综合报道短片（西方称 news package，港台称“罐头”）。如果记者赶到现场以后时间还比较充足，那么就会在进行连线报道之前写好报道词，并给这段短片配好音，由摄像师将这个配好音的短片传回电视台。如果在时间来不及的情况下，记者会准备好报道词，摄像师则将短片放在剪辑机中，将剪辑机设为遥控，画面即可以由控制机房进行切换。记者在出镜报道的时候再将报道词与这段画面相配合，完成连线报道。

图8-50　摄像师与记者的配合

与记者一起完成连线报道是摄像师在现场最重头的工作，之前的一切准备和努力都是为了这一刻的到来。除了拍摄记者的出镜以外，摄像师在现场还需要为记者的出镜做好各种技术方面的准备。在上面的图片中可以看到，记者面前有一个便携式的显示器，由转播车提供信号，可以看到电视台正在直播的新闻。因此，在镜头切换到记者的时候，记者的视线从监视器转移到镜头上来，因此有这个“抬头”说话的动作。

正如前文所说，记者的这个“抬头”的动作是一个很“专业”的动作，它显示了技术系统对记者出镜的良好支持。由于记者是可以看到直播画面的，从而保证了镜前的记者与播控机房之间的精准衔接，不会出现主播与记者之间来回询问“能听到吗？”的问题。记者在现场没有时间给短片配音的情况下，在短片播放的时候配音也是可以看到画面的，也可以保证报道词与画面的准确对位。另外，记者一般在镜头上出现 5-10 秒左右即会切换画面，记者不出现在镜头上，即使是要在连线直播的过程中来配说报道词，状态也会比较松弛，不会有那么大的压力。因此，现场的监视器对于记者出镜报道而言非常重要。

图8–51 现场与演播室、播控机房的连通工具

上图是记者和摄像师在现场与演播室和播控机房进行连通的工具。除了监视器以外，提供给记者的有耳机和带台标的话筒。记者的耳机中听到的主要指令来自责任编辑或主编，即直播的内容控制者。在记者出镜直播报道前，主编或责编会数秒提醒，一般从30倒数到1，记者即可抬头说话。这样的流程设计给记者与主播的衔接加上了“双保险”，从环节设计上保证了人际交流模式和“对话”语态的顺畅实现。摄影师的耳机中听到的指令主要来自技术主管，主要是关于拍摄、传送等技术方面的问题。

保证现场与后方的及时、有效连通是做好直播报道的基础。如果前后方沟通不畅，将会给直播带来不可估量的负面影响。技术部门需要为直播报道者提供最优的解决方案，以保证直播的各个流程和环节能够顺利衔接。

要点小结

1. 在电视现场直播中，固定镜头占新闻中镜头的大部分。它具备稳定性、动感性、客观性、细节化等优势，同时也有对立体空间表现不足、对复杂运动表现不足以及构图单一等缺点。摄像师应尽量保证固定镜头的稳定性、节奏感和流畅度，从而得到满意的电视画面。

2. 运动镜头可以进行推、拉、摇、移、跟、升、降、仰、俯等多种运动。它具备良好的运动性、完整性、真实性等优点，摄像师应当熟练掌握运动镜头的操作，并保证其节奏感，满足运动镜头的叙事特点。

3. 主要的几种运动镜头有：推拉镜头、摇镜头以及跟移镜头。在电视现场直播的过程中，摄像师需要综合运用多种运动镜头，使电视画面丰富多样，增强直播的现场感，增加直播的可信度。

4. 同期声是电视新闻节目中重要的结构性因素，它对于新闻报道中的叙事和转场都起到一定的作用，并使得直播报道具有很强的现场感。摄像师在摄像过程中要保证同期声的真实、完整与连贯。

5. 字幕在新闻直播画面中具有标题性、说明性、字位作用、翻译作用、网络页面效果、美观性等多重作用。

6. 在现场直播中，机位是对摄像机的拍摄位置与拍摄高度的统称。多机位主要分为定点机位和游动机位，其中定点机位又分为近距离机位和远距离机位两种。多机位布局时要遵循三角形机位布局原理与轴线原则，几种常见的机位有平行机位、内外反拍机位和顶角机位等。

思考与研讨题

1. 固定镜头的特点是什么？它在电视新闻中有什么作用？
2. 简述运动镜头的拍摄要求。
3. 什么是综合运动摄制？它的画面特点和作用是什么？
4. 什么是同期声？它在电视直播中的作用有哪些？
5. 除了本章中提到的字幕的功能与作用，你还可以补充几点？
6. 现场采访有几种形式？分别需要在拍摄中注意什么？
7. 什么是轴线原则？如何在拍摄过程中避免“跳轴”？
8. 现场直播机位的基本设置有哪些？

延伸阅读

1. 任金州、马莉等：《电视新闻摄影》，北京：北京师范大学出版社 2004 年版。
2. 雷蔚真：《电视新闻摄制》，北京：中国人民大学出版社 2010 年版。
3. 刘荃：《电视新闻摄像》，北京：中国广播电视出版社 2014 年版。

第九章　电视新闻直播的现场制作

本章要点

编辑意识　　建立现场制作的工作机制

写好解说词

电视新闻的现场制作，是电视新闻工作者在现场的新闻制作，突出了现场的空间因素。和单纯的电视新闻摄制不同，现场制作是对整个新闻生产流程的考量，是生成新闻产品的最终环节。在直播环境下，现场制作的环节常常就是新闻的摄制过程，但较于后者，会更加注重电视的形声传播特点和观众的接受特点。

在新媒体环境下，人人都是记者，尤其是突发事件现场的目击者，能够采集到第一手的画面和信息，通过互联网、手机等新媒体及时发布，从而成为事件最初的报道者。传统的电视记者随后跟进报道，赶赴现场，进行新闻的摄制和现场制作。来自目击者（一般被称为公民记者）的报道被有机地融入到电视记者的报道中，现场制作的环节并没有因此而消失。相反，在当前媒体竞争日益激烈的情况下，现场制作是电视新闻工作者的优势所在，也是电视新闻专业性的重要体现。直播报道的现场制作集中体现了记者的综合素质和电视台的专业水平。尤其是重大突发事件的直播报道，现场制作的水平是报道成功与否的关键。

第一节　编辑意识

编辑意识就是记者的拍摄和报道经验，这种编辑意识反映在具体拍摄过程中，对景别的处理方式就是“上紧下松”：画面上方扣得“紧”一点，因为画面上方一般不会出现文字，因此人的头顶与边界之间的距离要严格控制，不然画面上方会很“空”，整个画面看上去就会下沉；画面下方则要“松”一点，要有意识地留出多余部分，因为下方往往会出现字幕，在被字幕遮挡掉的多余的这部分内容，画面才会成为真正的景别。摄像师拍摄的原始画面一般要经过编辑处理才会呈现在电视屏幕上，后方的编辑会给画面加上多级字幕，画面下方的一部分区域会被字幕遮盖，成为无效的画面内容，原始画面上所呈现的元素就会受到影响。因此摄像师在拍摄时会根据播出需要，给后方的编辑留出空间。

除了画面上讲究“上紧下松”外，文字记者，尤其是出镜记者也要有编辑意识，要配合摄像记者的拍摄，找准画面重点，用蒙太奇思维结构报道。下表是 2014 年 3 月 15 日 CNN 记者在马航事件报道中的一些出镜片段，很好地体现了编辑特点。

表 9–1　CNN 记者 2014 年 3 月 15 日对马航失联事件出镜报道的实录节选

画面	声音
中景：处在模拟客机中的出镜记者。	（记者）如果一架正常行驶的波音777客机遭遇劫持，机组人员通过哪些方式通知地面呢。近日，CNN记者进入波音777客机模拟舱，高度、位置甚至时间都设定为与马航MH370一模一样。

续表

画面	声音
	现在我们所要做的就是坐进波音777-200客机模拟舱，我们输入马航MH370从起飞到消失的所有飞行参数。我的意思是，我们使用模拟舱模拟从吉隆坡起飞，模拟舱显示了类似马航的飞行路线，目的地是北京。我们有路线图，我们有高度图（高度为35,000英尺）。马航通过联系和控制来飞行，马航通过自动驾驶来飞行。我们也模拟自动驾驶飞行。 你能看到我们试图完全模拟马航。
摇镜头：由出镜记者的中景到路线图和应答器的特写。	（记者）我们正在朝贝塔（Beta）飞行的路上，贝塔不是一个真实的地方，只是路线图上表示飞机的一个点，是飞行中的参考点，是飞机上次的位置，也就是上次飞行报道的位置。那之后，无论发生什么，贝塔就会消失，所以，我们大体朝那个方向飞行。 为了更生动，我还想说几点，刚刚说的这些都中规中矩，其中的一个东西是应答器，就在这，在我膝盖旁边。非常简单，在这个巨大的驾驶舱里，它就像一个收音机，但它非常重要。
中景：记者采访驾驶员 切到驾驶员的中景。 摇镜头：从驾驶员的中景摇到主持人采访驾驶员的全景。 中景：记者出镜报道。 拉镜头：出镜记者的中景到记者的全景。	同期声： （记者）M正在驾驶这个飞机，M，为什么这个东西必不可少？ （驾驶员M）之所以必不可少，是因为如果没有应答器监控我们，航班的地面交通控制台就不知道我们在哪，我们的位置就不可估测。他们需要估测每个航班在空中的位置，以此让航班之间保持一定的间隔。没有应答器，他们就不知道我们的速度、高度、方向，什么都不知道。 （记者）问题来了，为什么有人会将其关闭？正常情况下，我们是不会关闭应答器的？ （驾驶员M）不会关闭。 （记者）但是，它是可以被关闭的。我给大家展示一下如何关闭。其实很简单，你只需要将这个三个按钮按到左侧，然后应答器就被关闭了。但这并不意味着飞机就消失了，飞机仍然可以出现在雷达上，但飞机会变成一个不可识别的光点。这会立刻引起地面控制台的关注，地面会了解发生了什么情况。 （驾驶员M）是的。他们会反对关闭应答器。如果你关闭应答器，会引起流量控制，地面不知道发生什么，他们就会开始寻找这架飞机。关闭应答器的几个原因中，最有可能的就是恐怖袭击。“9·11”事件中，恐怖分子首先做到的就是关闭应答器，两者如出一辙。
摇镜头：出镜记者的中景到应答器和按钮的特写。 拉镜头：由按钮的特写拉到出镜记者的中景。	（记者）我再给大家展示下应答器的其他作用。飞机可能已经不受驾驶员控制。我把按钮扳回来，驾驶员可以输入代码，这不是真的代码，但它们是一回事。然后开始发送信号，驾驶员不用说话，但是地面上的人已经知道，飞机遇到了危险，已经不受驾驶员的控制。我们还没有发现MH370遭劫持的迹象。 最后一个问题，大家会问，飞机如何改变航线呢？ 我面前的自动驾驶仪，如果我把它关掉，然后转向，警报就会响起（音响）。换句话说，（我们把警报关掉）如果飞机没有收到具体的指令，不可能转向。还有很多我们不明白之处，仅仅理解波音777-200客机的工作原理，仍然不能解释马航370是如何消失的。

这是CNN记者模拟马航客机遭劫持的过程。记者身处客机模拟舱，和驾驶员一起探讨客机失联的真相，而且客机模拟舱和马航MH370在高度、位置甚至时间方面均相同，因此，记者的报道具有很强的说服力。在当日下午9点27分，CNN记者也对客机GPS卫星定位做了形象的报道。

表9–2 CNN记者对客机GPS卫星定位的报道实录

画面	声音
双屏：左侧为查梅尔，右侧为主持人，查梅尔约占画面的3/4。	（主持人）我们现在连线气象学家查梅尔，给我们解释一下地球上的弧线是怎么来的？这两条并不是飞机的飞行路线，那么调查组如何得到这些方向的呢？
由双屏画面切到查梅尔的全屏画面。 中景：查梅尔出镜，背景是地图，查梅尔在画面的1/4处。 特写：地图 摇镜头：地图的特写到查梅尔的中景。	（查梅尔）这是由卫星定的点位，叫作国际海事通讯卫星。可能飞机上卫星娱乐设施或卫星电话使得飞机在8点11分被一颗卫星探测到在一条弧上（查梅尔指着地图上的弧线）。就是这样，飞机起飞，在这里左转，可能飞到了这里，然后朝孟加拉方向飞去。这条弧线只是表示飞机在8点11分飞到了弧线上的任意一点，可能是这儿，可能是那儿，可能是飞机上的任意一点，这条弧线并不是飞机的飞行轨迹，只是表示早上8点11分飞机在这条弧线上的某点，或那条上的某点。这是这个意思。可能在这，这，在弧线上的任意一点。好，那为什么我们要这么认为呢？ 好，它是这样的。比如印度洋上空的太空里的一颗卫星，恰好它搜到了那架飞机，发现它的时间是早上8点11分，但只有一颗卫星无法完成三星交弧定位，因此，它只能知道飞机飞离卫星中心定位有多远，就知道飞机离开它的角度，我再把这个圆锥体去掉，就剩下一个圆圈，在地球表面上的圆圈。现在我们只知道飞机是在圆弧上的任意一点，然后咱们来排除一些可能性，我们可以排除掉这半边，因为飞机不能那么快到达那里，而且带的油也不够飞到那里。现在只剩下半个圆弧，这就好办了，现在我们回到马来西亚上空，这部分排除掉，因为这里是雷达覆盖区。现在我们就只剩下这两条弧线了，因此，调查人员就知道，飞机当时要么在北边，要么在南边，并不说飞机沿着这个圆弧飞。这里说明无论是在什么情况下，总之在早上8点11分，飞机曾出现在要么这里，要么这里，要么这里，总之当时在圆弧上的某一点。现在他们说更可能出现在南边，我是更相信咱们美国的说法，因为可能不止有一次定位点，假如8点11分有一次记录，那么可能7点11分，6点11分，5点11分也有，那么跟着这些点，就能看出飞机如何移动。这还未确定，我们暂时并不知道，他们仍在研究数据。如果当时有另一颗卫星，那么一切就搞定了，完全没问题。假如有两个卫星或者三个，就能得到三条弧线相交的定位，也就知道它当时确定的位置了。但在只有一颗卫星的前提下，就没法实现GPS，好比只有一个G一样，没有另外两条，因此就无法精准定位了。就像一进隧道你的车载导航定位就不准了，因为GPS没法定位了。

这是记者就客机的卫星定位做的报道。客机的卫星定位是个很难解释的名词，但 CNN 记者通过连线气象专家查梅尔，将卫星定位这么一个普通人完全搞不懂的问题用如此直观的图像和语言描述出来。相信全球观众都很好奇，为何调查人员今天把失联航班的定位确定在两条圆弧上？那两条圆弧是怎么得来的？为什么说它不是飞机的真实飞行轨迹呢？对于这些问题，CNN 记者的这条报道很简单地就给出了答案。通过 CNN 记者这两条报道，我们来看直播的现场制作中，记者的编辑意识具体要求有哪些呢？

一、加强文字记者与摄像记者之间的沟通，减小信息误差

直播报道中的现场制作时间很短，需要记者在报道之前明确整个报道流程和报道重点，尤其是重大突发事件的报道，记者的前期心理准备至关重要。我们常说的无剪辑拍摄，就是摄像记者在丰富的实践经验的基础上，熟练掌握整个报道流程和充分领会报道重点的结果。这也是记者编辑意识的重要体现。一般而言，文字记者（也常常是出镜记者）和摄像记者承担大部分直播的现场制作，因此，他们之间的前期沟通和配合就是决定整个报道水平的关键。我们说的掌握报道流程和报道重点是对记者编辑意识的基本要求，而在这基础上的双方之间的沟通是对编辑意识的更深层次的要求。

图9-1　CNN记者手指应答器，做现场报道

在一些报道场合中，采访还没开始时，受访对象处在最自发、最有活力的状态，这时，记者和摄像记者之间应该事先有自己的暗号，能够捕捉到受访对象最好的采访时刻。“用一个手势，就像放一支圆珠笔在口袋或衬衫口袋那样简单，这样记者就能通知摄像师开始摄录，甚至连受访对象都不知道。”[①] 这样，报道会更有现场感和真实感。

①〔美〕弗雷德·舒克等：《电视现场制作与报道（第五版）》，雷蔚真译，北京：中国人民大学出版社 2013 年版，第 127 页。

图9-2　CNN记者现场采访驾驶员M

在CNN记者关于马航MH370失联客机的报道中，记者以中景出现的画面居多，这样既能捕捉到记者的报道神情和动作，还能有效地展示出现场环境信息，如模拟机舱内的信息。摄像记者在拍摄过程中也会随着文字记者的报道重点变化而有所侧重，如特写镜头的运用，就是对这种报道重点的阐述。在第一篇报道《CNN记者模拟马航客机遭劫持过程》中，反复出现的应答器的特写，就是对马航客机遭劫持这一说法最有利的论证，而在这之前文字记者大量的解释性的信息阐述，则支撑了应答器被关闭和遭劫持这两者之间的联系。所以，该报道既直观地模拟了飞机遭劫持的过程，又为这一说法提供了强有力的证据。

二、创新蒙太奇思维，用画面结构报道

电视新闻借助画面叙事和传达信息，和电影一样，电视新闻工作者也要采用蒙太奇思维，即用连续的画面来构思新闻报道的整体结构。在直播报道中，尤其是突发事件的直播，信息传达是第一要务，提供最新的和独家的信息是电视台的核心竞争力所在。因此，在直播报道中，新闻工作者要充分利用并创新蒙太奇思维，以图在最短的报道时间内传递更多的独家信息。这也是记者编辑意识的重要体现。落实在具体的现场制作中，就是要构建视觉报道的语法。

视觉报道，就是用画面结构报道，这是电视新闻特殊的生产方式。视觉报道开头要有明确的重点信息，可以用一个陈述句概括报道的主要内容，或者用一个典型的画面来引出报道的事件。一般而言，在直播报道中，中心应该是一个简单、生动的陈述句，传达报道的中心思想。在决定好报道的开头后，接下来的拍摄画面是第一位的。为了使报道更有影响力，记者要善于捕捉那些稍纵即逝的典型细节。在这一过程中，拍摄序列镜头至关重要。所谓序列镜头，就是能够进行叙事的一系列镜头和镜头组。在制作电视新闻时，如果

要让观众从新闻报道中获得身临其境的感受，我们就必须在拍摄和报道的过程中遵循和剪辑视频过程同样的规则，要像电影导演一样，在脑海中编导一部“微电影”。因此，记者要遵循日常生活的过程原则，在进行现场报道之前，就要构建一套镜头序列，有选择地拍摄画面，这是拍摄序列镜头的第一步。用画面来验证报道的重点信息，为新闻要点提供视觉证据是拍摄序列镜头至关重要的另一步。记者在接到报道任务后，首先会确定报道的中心，一旦确定了报道的中心，就要想方设法地捕捉到能验证这些中心的典型画面，没有典型画面支撑的报道中心，也就失去了说服力，传播力自然会下降。因此，记者的报道过程也往往是确定要点并用画面证明要点的过程。虽然大部分报道都会经过后期剪辑处理的过程，但在重大突发事件的报道中，具有编辑意识的记者的报道常常能为后期剪辑减少大量的时间和工作，这对强调以快、新制胜的电视媒体来说，是非常大的优势。

图9-3　连线气象学家查梅尔模拟马航MH370飞行路线

在后篇报道《马航失联航班如何被定位在两条弧线上》中，标题直接表明了报道的要点，因此用视觉画面来验证这一要点便是当务之急。气象学家查梅尔的叙述代替了记者的报道。可以说，之所以选择查梅尔，不仅是因为他有渊博的气象学知识，也因为他善于言语表达。报道中，模拟地图也成了视觉中心点，与查梅尔的解说配合，简单明了地阐述了GPS卫星定位知识。在该篇报道中，镜头序列的构建关键在于查梅尔的描述和模拟地图的统一，而后者承担了整个画面叙事的任务，这也为重大突发事件的直播报道提供了有益的经验。

第二节　写好解说词

电视画面和电视解说词，是电视新闻两个最重要的语言，正确处理两者的关系至关重要。声画结合是电视传播的重要特征，但一般而言，我们说的电视新闻主要以画面叙事区别于报纸和广播新闻，画面是电视语言中最重要也是最具表现力的手段。然而，画面也并不是万能的，对于过去的事物、抽象的理论和经验以及人的心理活动都难以借助画面表达。那些不能或不利于用画面表达的内容，常常需要借助语言的力量，通过语言抽象概括的能力，准确地表达记者的意图，从而顺利地完成报道。

在电视创作中，把握好画面逻辑和解说词文字语言逻辑的有机结合十分关键，将两套语言逻辑按照电视语言语法规则组成一套完整的语言表述系统，从而生成具体的电视作品。电视新闻的创作也就是在电视语言语法规则的基础上，按照新闻叙事说理的规范，有机地组合声画材料的过程。电视解说词的写作，要坚持“为看而写”的原则，根据画面的内容和整体的构思来进行写作。在进行正式的解说词写作前，要理清解说词与其他电视语言尤其是与画面的关系，通常，画面与解说的关系分为以下几种：

1. 画面担任主要的叙事，解说词适当略写

和正常人说话一样，话说过了头，往往过犹不及，还不如不说。话贵在准，贵在精，要追求“此时无声胜有声”的境界。解说词也一样。解说词不一定要把话说得过满，过于绝对，如果画面气氛十分热烈，已有足够的表现力，就不一定要加上快节奏的解说。否则，解说词很可能会与画面重复，从而降低电视画面的表现力。

大多数情况下，电视新闻坚持画面叙事为主，因为画面和解说词在表现力上有很大的不同，画面作用于人的视觉，解说词则作用于人的听觉。较于后者，前者更能发挥实证的作用，即“眼见为实，耳听为虚”，画面也更具美感，这也是电视新闻独特的表现力之一。那些富有表现力的新闻画面，常常能使观众过目不忘，而同样富有表现力的解说词，在加深观众印象方面的作用则逊色很多。根据心理学家的研究，人的回忆和联想更多地建构在脑海中不断浮现的连续影像的基础上，声音往往只是为了配合画面的逻辑或加深画面的真实性而出现或存在的。所以说，在正常情况下，要充分挖掘画面的表现力，在庆典如新中国六十周年的新闻直播、北京奥运会的直播中，以及突发事件如汶川地震、芦山地震直播中，更是如此。

2. 解说词叙事为主，画面作为辅助

电视新闻虽坚持“为看而写”的原则，但这并不意味着解说词无关紧要。解说既不能没话找话或废话连篇，又不能对画面无话可说。解说词要根据新闻整体构思的需要，完成对报道事件基本事实的叙述：对画面传达不全面或不充分的信息，给予必要的补充说明；对画面无法直接传达的信息，如事件的背景、重要性等，尤其是那些抽象的问题和哲理等，要给予充分的说明。

评论类新闻往往以解说词叙事为主，但也不排斥充分挖掘画面的表现力。为了实现更好地说理，解说词要跟画面紧密配合。有时候，突发事件发生时的现场画面或为了说理而需要的背景资料无法用拍摄获得，但可以通过解说来补充画面形象的不足。只要解说恰当，观众还是乐于接受的。

3. 画面是实在的，解说词做阐释说明

这是电视新闻解说词写作的一般模式。解说要对画面进行整合，突出新闻的主要信息。画面传达的形象信息，往往具有一定的多义性和含糊性。解说词要对处于无序状态的画面进行整合塑造，观众可以将听觉信息和眼前的视觉信息相联系，从而充分领会画面间的逻辑关系。根据语言学的知识，任何语言都可以分为能指和所指，二者的关系常常是约定俗成的，但对能指和所指的代表范围不做限制。这意味着指代关系常常是复杂的，一（能指）对一（所指）是理想状态，更多的情况是一（所指）对多（能指）或多（所指）对一（能指）。因此，解说词的写作，要创造适当的指代关系，为具有多义性的画面创造一个明确的指代关系，增强画面传递信息的准确性和形象性，从而实现理想的传播效果。

认真处理好解说词与其他电视语言尤其是画面的关系，是写好解说词的基础工作。对于电视直播这种高要求、高难度的新闻创作来说，解说词的写作时间更少，甚至是边拍摄边构思解说词边报道。在突发事件连线报道中，记者与主持人的解说甚至构成了新闻的全部内容。我们以央视在马航事件直播中的部分片段为例，从而充分理解解说词的创作。

表 9–3　央视马航失联事件报道中主持人文静和记者王建兵在 3 月 15 日 12 时 51 分的连线报道实录

画面	声音
演播室。	（主持人文静）今天是第八天，我们现在得到了这样一个消息：今天中午马来西亚方面决定将每天下午5点多钟举行的发布会提前到中午举行。我的同事王建兵现在已经在会场外等待最新的消息，接下来相关情况我就来连线他。 建兵您好。
双视窗：左侧主持人，右侧是连线记者。	（记者王建兵）主持人，您好。 （主持人文静）这次发布会提前时间，这么突然，是不是跟马来西亚这名官员所说的飞机被劫持有关？
切换到全屏：记者头像在右上方，其余内容是地图上的马来西亚。 切到马来西亚民航局搜救中心的全景画面。	（记者王建兵）在这所有的记者都有这样的感受，觉得提前是非常地突然。每天的记者会在下午的5点半，但今天的记者会突然提前到下午的1点，而且提前的时间非常匆忙。现在我们看到的就是记者会，对人员也是有所限制的。每家媒体只能派一个文字和一个摄像（记者），而且要进行严格的安检。现在我们看到记者会的门口，排了长长的队伍，大家都在一步步地进行安检，而且记者会的时间也从原来的1点推到了1点半。大家也在纷纷议论，觉得这次记者会非同寻常。因为我们知道这次记者会出席的人士也是非同寻常的，像马来西

续表

画面	声音
	亚的总理纳吉布要参加今天的记者会，所以大家相信会有非常重要的消息进行发布。从今天早晨到现在大家也纷纷猜测很可能是一场劫机，在今天的记者会上，是否是劫机也会水落石出。 （主持人文静）今天中午1点20分召开的记者会，有什么样的人员出席，现在了解么？ （记者王建兵）主要的人物还是马来西亚的总理纳吉布，还有之前我们非常熟悉的马来西亚的代交通部长，以及国防部部长希山慕丁也将出席这次的记者会。 （主持人文静）还有就是乘客的家属们，他们现在是不是知道了这条消息，有什么样的反应么？ （记者王建兵）我们相信现在互联网传播得非常快，这条消息无论在今天的国际媒体，还是国内媒体，通过微信等各种各样的方式传播得都非常快。我们相信家属已经知道了这条消息了，但是我们期望，如果是劫机的话，这些乘客还有生还的可能。

这是在 2014 年 3 月 15 日 12 点 51 分，距马航失联八天后央视的报道。也就是从 12 点 51 分开始，央视开启了直播报道模式。在马方将发布会时间提前到中午后，央视立即开启了直播报道模式，全程直播发布会进程。在距发布会不足半小时的情况下，主持人连线了在发布会现场的记者王建兵，但我们从以上截取的报道中发现，记者的解说并不是很充分，而且重复和推测的信息比较多，解说的作用很有限。而在当天 13 点 01 分的连线报道中，记者的解说却显得更加丰富而有效。

表 9-4　央视马航失联事件报道中主持人文静和记者王建兵在 3 月 15 日 13 时 01 分的连线报道实录

画面	声音
双视窗：左侧是主持人，右侧是在发布会现场的记者。	（主持人文静）现在我再次连线建兵。现在我们已经实现了视频连线，看得出来，他已经在会场里了，那现在从外围得到了什么消息？
中景：出镜记者的报道，背景是发布会现场。 摇镜头：从发布会现场的全景摇到排长队的记者的中景。 拉镜头：由排长队的记者的中景拉到发布会现场的全景。 中景：记者出镜报道。	（记者王建兵）现在是这样的。大家可以看到我现在的环境就是从3月8号一直到现在以来发布信息的重要场所，马来西亚吉隆坡的萨曼酒店。现在大家可以看到，大厅后面就是长长的记者排队的地方，平常的记者会都是下午5点半开始，但今天的记者会提前得非常匆忙，早上10点钟就开始说下午1点钟有记者会，而且有人数的限制，一家媒体只能有一个文字和一个摄像。所以我们看到今天这个情况是非同寻常的。特别不同的是，今天出席的是马来西亚的总理纳吉布，还有马拉西亚的代交通部长和希山慕丁先生（要参加今天的记者会）。所以我们说，今天记者会上发布的消息是非常重要的。今天记者进入现场也是非常严格，因为原来定于今天下午1点召开记者会，但是因为参加的人员要进行安检，大家看到排的队很长，排队时间很长，所以记者会临时推到了1点半。但是不管怎么样，我们相信今天的记者会将会有一条爆炸性的新闻传递给我们。

画面	声音
双视窗：左侧是主持人，右侧是出镜记者。 切到出镜记者的中景全屏。 双视窗：左侧是主持人，右侧是出镜记者。 切到出镜记者的中景全屏。	（主持人文静）建兵，你告诉我们今天已经推到了1点半的记者会，家属会参加么？ （记者王建兵）家属不会参加。今天这个会是对记者和媒体开放的，而且进入的记者也是有人员限制的， 所以是不对乘客家属开放的。而且在现场，我们也没有看到任何乘客家属出现在这里。 （主持人文静）还有一点，建兵，你身边有非常多的来自各国的同行，我们得到的这条最新的消息仅仅是据美联社和英国天空电视台这样一些媒体的报道，也并没有得到任何官方的确认，你们在一起交流过这个信息么？这个信息的可信度有多少？因为我们知道，在这八天的时间里，有过太多的猜测和来自各国各路的消息。所以马航给大家的感觉似乎只是在发布会当中，包括在沟通会上一直是在否认，我们想知道同行们对于现在这条消息（应该说是爆炸性的消息），大家有什么样的看法和揣测么？ （记者王建兵）好的，其实大家的揣测也是非常多的，从参加记者会到现在，这八天以来，我们在记者会上听到更多的词是否定，不断地否定。但是另外一方面，不断地被否定的消息往往都变成了事实。比如大家都否定了飞机向西飞，并进行了折返，而且马来西亚官方否定过，但后来证实这条消息是准确的。还有就是是否有劫持，是被否定的，但是现在这个消息慢慢地又有点浮出水面了。还有就是是否去搜查了一个机师的家，但是也是否定的，后来我们从当地的警察总署和内政部门的官员了解到，实际上他们到机师家还是进行了调查。所以很多事情在否定之否定后，我们自身又形成了自己的观点，所以这次西方媒体报道说很可能是劫持，但我们也相信这可能是最后的一个（猜测）。但是不管怎么样，没有得到最终的消息，我们只能说今天会有一个非常大的重要的消息发布。
双视窗：左侧是主持人，右侧是出镜记者。 切到出镜记者的中景全屏。 双视窗：左侧是主持人，右侧是出镜记者。 切到出镜记者的中景全屏。	（主持人文静）建兵，因为你在现场接触到很多的同行，包括家属，包括发布会或沟通会上的官员和相关人士，所以，我们尽可能多地问你问题，如果你在现场有新的工作和发现，可以随时打断，你告诉我就可以了。建兵，我还有一个问题，刚才你已经说到了很多，在整个八天的时间中，我们看到马来西亚，包括马航方面所做出的很多否认，之后又出现了消息和事实之间模糊的变化。那是不是让大家感觉这八天的时间里，有太多的事实似乎已经把搜寻真相这样一个关注的焦点变成了等待真相，是不是有这样的怀疑和质疑情绪在？ （记者王建兵）有些人是有这样的情绪，但是经过我的采访，因为我跟希山慕丁曾经一块上飞机，看了马六甲海峡（这样一个过程），据我对马来西亚官方的了解，我觉得马方还是有很大的诚意的，但是因为这样一个大灾难出现在这个国家的时候，其实它不仅仅是几个人的力量，而是整个国家的力量，它需要有整体的应急机制的存在，需要技术上、人员上各个力量的匹配，才能对这样一个事件进行深入调

续表

画面	声音
	查。而且这样一个事件对他们来说，是一个相当大的挑战。所以他们也想接近真相，揭示真相，给大家一个事实，但是，我觉得这个过程往往是不断接近真相的过程，我们也是可以理解的。 （主持人文静）是这样，建兵，因为现在我拿到的最新消息，你也听一下，英国《每日电讯报》报道说马来西亚民航局的局长在接受采访的时候已经否认失联马航MH370被劫持的报道，他说飞机可能被劫持，是我们推测的几种可能性之一，他说这一结论并没有最终确定。你看他现在的这个表述，说“这个消息并不准确，我是这起调查的负责人”，他说我们在研究飞机的各种可能性，但是没有确定的证据。而此前美联社等多家英文媒体援引马来西亚这位官员的话说，初步调查结果显示，马来西亚这架失联客机，也就是MH370是被劫持的，劫持者可能就是机师中的一个，或者其他可能会飞行的人，他也说到了，飞机曾被其他人关闭了通讯系统，并一度使飞机偏离了预定的航线。你看，我们正在担心可能在待会儿举办的发布会上，大家在空欢喜之后，等待着一个否定的态度，现在看起来有这样的可能，的确有这样的可能。那建兵你说，如果在发布会上，出现了这样一种仍然否认的态度，大家还会相信或者是平静地接受，作为你旁边的同行来讲，有没人交流过，大家会很平静地接受这样的一个结果么？ （记者王建兵）嗯，从我个人来说，觉得很多事情都是一切皆有可能，因为很多事情并不是我们想去相信我们相信的东西，因为我们一定是要以事实为依据，马来西亚官方如果说这不是劫机事件，那我觉得他是有他的道理的。如果得到足够的证据来证明这样一个消息，那我们应该相信马来西亚官方的表态。 （主持人文静）我们要尊重事实本身，因为飞机出现了这样一个状况，调查是一个非常严谨的，对于科技依赖程度很高的这样一个过程，他可能需要耗费的时间会非常的长，所以从本身来讲，我们是愿意尊重并相信的。当然，我们也希望马来西亚方面能够让大家能够有份踏实的感觉。谢谢建兵，现在距离发布会现在按照预定的时间可能还有20分钟，如果有最新的消息，我们随时保证线路畅通进行连线。

这时的连线报道完全是记者和主持人的解说，较于常规的新闻创作，这种连线报道的方式是直播的常态。此时，记者王建兵和主持人文静更多的是对发布会提前这一事实做理性的解释和分析，尤其是记者王建兵摆脱了之前期望口吻式的解说，多了些冷静和理性，而主持人也开始援引其他媒体的报道，并向前方记者求证。在常规的直播报道中，还有一种特殊的报道形式，就是记者在演播室和嘉宾的互动，这往往是解释或补充已得到的信息。此时，主持人的提问也是对新闻事件的解说。在发布会召开后，也就是在 14 时 32 分主持人和嘉宾之间进行了互动：

表 9–5　央视马航失联事件报道中主持人文静和嘉宾在 3 月 15 日 14 时 32 分的直播互动实录

主持人文静	今天下午的这次发布会是原定于下午5点半左右却提前召开的，但是比原定时间推迟了1个小时。我们看到在刚刚结束的这次发布会上，持续了大概12分钟的时间，马来西亚总理纳吉布梳理了很多的信息。就刚刚纳吉布总理在发布会上的信息我们来做个梳理和分析，你看李先生，纳吉布总理首先还是从情感来介入，首先说到的是失联此次航班所有的营救搜救仍然在进行当中，对各国联合搜救力量也表达了感谢。但是对于大家关心的，就是在北京时间中午美联社还有其他媒体所爆出的这样一个猛料，说飞机被劫持了，而且说是马来西亚一位官员所表述的，对于这样一个重量级的消息，大家都在等着官方的回应，你认为在刚才十几分钟的发布会上他做出了正面的回应么？
国际反恐专家李伟	我个人认为，马来西亚总理还是做出了非常坦诚的，可以说是正面的回应，并且他几乎是认可了飞机折返，有可能被劫持的这种现象。我们要说的是，马来西亚总理说话，现在不可能下定论。
主持人文静	也就是现马来西亚官方并没有确认的消息。
国际反恐专家李伟	对，因为没有找到飞机谁都下不了结论。但是我们看到马总理呢，有这样几个方面：他就要求实质上马来西亚的民航调查署将这样一个调查问题要扩大面，扩大到各层面，我们可能一开始就提到了，马航调查要想更多的国家（参与）或者更多的信息，这次可能间接地批评了马航调查这次过程中可能有些信息通报得不充分，可能引起国际社会对马航调查的不满。这点，我们看到马总理在一开始的时候就强调了这点。
主持人文静	对，质疑是比较多的。但是我们也听到，纳吉布总理也提到了这是马来西亚总理第一次遇到这样的一个事件。
国际反恐专家李伟	而且，他还强调了另外一句，这关系到马来西亚的国家安全。
主持人文静	也就说马来西亚对此事是非常重视的。
国际反恐专家李伟	非常重视，但是为什么他们有些信息模糊，因为这确实涉及马来西亚国防能力的问题，也涉及他对本土整体的监护监视的能力问题。所以说呢，现在说马来西亚面临这样一个国家安全问题，但是还是承诺为了这次失联航班的调查，所以这些我们先放在一边了。其实我觉得马总理的这个表态，实质是充分肯定的。
主持人文静	首先从事实来讲，从专业角度来讲，我们现在无法判定，但是也没有否认，因为我们知道这条消息对于所有关注这架航班的人，尤其是乘客家属来讲意味着什么，这可能会是一场巨大的不幸当中现在闪现出来的一道最大的希望之光。
国际反恐专家李伟	但是马总理还是强调了，没有最后肯定，但是呢，他是准备按照这个方面来调查（双视窗，左边是嘉宾，右边是动画模拟马航客机飞行过程），更加深入地调查，等于这在一定程度上，承认或默认了这架飞机被劫持了。因为还有一些消息，我们说马总理默认，我们不能说承认，这种可能性是存在的。
主持人文静	比如说他提到的像雷达不可能那么短时间被关闭。
国际反恐专家李伟	雷达上，一个是各方面信息，包括动力的，飞机发送机的参数，所以信号消失以后，可能飞行了四个小时。所以说，现在这些都纳入到了调查范围，这也就是说，现在默认按照这个被劫持的路线调查。所以说现在马总理这个发布会还有一个很重要的一点，就是说现在的调查力量可能是不足的。所以马来西亚呼吁更多的国家来参与调查，来参与搜救。

其实，主持人和嘉宾的对话也可以看成是记者连线报道的一种，都是以解说架构整体的报道。主持人的提问既是对现有信息的解释和说明，又是对未知信息的描述。和非直播报道的新闻解说词写作不同，直播报道中的新闻解说词不仅要在坚持“为看而写”的原则基础上补充或解释难以用画面传达的信息，还要将记者出镜报道纳入报道的主体，根据主持人的提问，记者相应地做出回答。有时候，记者事先知道主持人的提问要点，但在大多数突发事件的连线报道中，记者事先并不知晓。这意味着出镜记者的解说难度很大，因此，为了避免连线时的手忙脚乱，草拟一份关于事件要点的解说词就至关重要。

图9–4　记者王建兵在发布会现场做现场报道

直播报道中的解说词写作要坚持“为看而写”的原则，后期编辑中，添加字幕、节目标志等工作也是不可或缺的。但是，电视台一旦开启了直播报道模式，记者仅仅做到这些是远远不够的。文字记者常常就是出镜记者，在个别情况下，文字、摄像和出镜记者都是同一人，为了争取在最短的时间内传递最多最新的信息，记者的解说就十分关键。然而，困难的是记者构思或写作解说词的时间很短，甚至没有，因此，对于任何突发事件的直播报道，记者都要事先构思好解说词的具体框架，要配合摄像记者一起工作，对画面表现的重点，有明确的感知和判断。尤其在与主持人的连线报道中，记者的解说就是整个新闻的全部内容，现场的画面和背景资料都是为了证明记者的解说。因此，如果有可能的话，前方记者应尽力与台里的主持人或者编辑提前沟通，以对主持人的提问心中有个最基本的判断。

连线报道中，主持人的提问也是新闻的重要部分。正常情况下，主持人事先都能拿到一个提问提纲，只要按照提问提纲和前方记者沟通就行。但对于马航失联这样重大的突发事件，主持人往往只能获得大量的相关信息和部分提问要点，一旦在连线报道中出现了最新的信息，主持人就要随机应变，及时调整提问方案，就此与前方记者进行新的连线。虽然主持人的提问主要涉及新闻采访方面的内容，但在直播报道中，提问也是对信息的梳理和补充信息的报道过程，同样具有解说的作用。因此，主持人要像前方出镜记者一样，对报道的要点和中心有个清晰的认识，在梳理和总结已获得的信息的基础上，明确未知的信息，这往往是提问的重心。主持人也要在提问中及时重复重要的信息（要点）。可以说，在直播报道中，写好解说词是对记者和主持人的双重考验。

（A）　　　　（B）

图9–5　（A）图为主持人文静连线在发布会现场的王建兵，（B）图为主持人文静采访国际反恐专家李伟

第三节　建立现场制作的工作机制

电视台或电视新闻频道的运作，需要大量的资源支撑，比如人力资源、社会资源、设备资源等，其中新闻资源是新闻频道最重要的资源。一般来说，电视新闻机构的运作体现在两个层面：新闻频道内部和外部。而内部的运作又包含频道和栏目之间以及栏目和栏目之间的具体运作方式。① 和新闻直播相关的主要是内部的运作，为了适应现代新闻事业的发展，各大电视台主要采用大编辑部的运作机制。

“大编辑部”思路的核心就是要设立“作为整个频道大脑和神经中枢频道编辑部，以频道为管理单元，协调选题策划，灵活调度记者，整体把握各新闻栏目对重大事件的报道”②。在大编辑部的制度下，新闻采访部门和制作部门之间就存在一个新闻汇总的中心，即大编辑部，它负责协调各部门之间的人力资源调配。尤其在面对重大突发事件时，由大编辑部牵头，打破部门与部门之间、栏目和栏目之间的划分，集中整个频道的力量，统一调配人力资源，持续跟进突发事件的报道，这是提高电视台直播报道能力的重要举措。在汶川地震、芦山地震、马航客机失联等重大突发事件的报道中，央视迅速推出了直播特别

① 参见曾祥敏：《电视新闻学》，北京：中国传媒大学出版社 2012 年版，第 256 页。

② 参见同上书，第 261 页。

节目，对白天和午间时段实施了直播全覆盖。央视地震晚间直播总导演，《东方时空》制片人在接受采访时表示，“我们栏目本身也有一个雷达机制，一旦发现热点就能快速反应”，“新闻中心包括采编部、新闻专题部、社会专题部等部门，平时各自为战，这时决定谁连线都是由导演组来统一负责，我们有专门的小组来编串联表”。[①]

大编辑部制是整个新闻频道的运作机制，尤其在重大突发事件的报道中，大编辑部制具有非常大的优势。单就直播报道中的现场制作环节来看，记者的新闻采编工作也常被纳入到整个编辑部的报道框架内。但和那些难以到达现场的编辑相比，现场记者是最接近事实真相的人，可以适当地发挥自身的观察力和创造力，丰富整个新闻报道。在大编辑部制的基础上建立现场制作的工作机制，能够有效地缩短记者的新闻采编时间，提高记者的新闻采编质量，还利于统一整个报道流程，增强直播的信息传播力。

一、做好前期准备，打“有把握之仗”

直播报道讲求“快”和“准”。快是对报道时效性的要求，在重大突发性事件的报道中，以快制胜是各大电视台的竞争法则；准是对报道真实性的要求，直播报道必须是“零失误”（允许“微失误”），一旦在直播中发生重大的信息传播或舆论引导错误，将不仅有损电视台公信力，更会给社会造成巨大损失。为了尽可能地减少报道失误，记者要做好前期准备。

一般而言，前期准备包括平时准备和临时准备两个方面的内容。平时准备是对记者的综合素养的要求，主要是学习理论政策，能准确把握当前形势，掌握社会动向、记者还要广泛积累各方面的资料和多方面的知识，这样才能够在现场报道中熟练地调用各种素材和知识来丰富自己的报道。较于平时准备，临时准备更重要，这方面的准备时间很短，即“快磨刀”才能“不误砍柴工”。临时准备主要是要求记者收集和报道对象相关的资料，拟定好报道提纲，对报道的重点和难点有明确的认知。临时准备还要求文字记者和摄像记者提前做好沟通，以减少具体摄制过程中的失误。在临时准备中，还需要仔细检查有关物品的完备情况，这看起来很轻松，但忽略或轻视了这个准备环节，将对报道的根本质量产生不可弥补的影响。尤其在重大突发事件的报道中，卫星电话、备用电池、备用镜头等，关系到整条新闻的制作水平。“巧妇难为无米之炊”，直播报道中的现场记者更是如此。

信息时代，拥有一个国际媒体组合也应该是大国的标配，加强我国媒体的国际报道能力迫在眉睫。在具有国际影响的重大事件报道中，如2012年伦敦奥运会、2014年马航客机失联事件、2015年台湾复兴航空坠机事件等，媒体的报道水平常能体现出所在国的软实力。站在国际前沿，发出中国声音，应是我国当代每个新闻工作者的共识。因此，这要

① 李梓新：《灾难如何报道》，广州：南方日报出版社2009年版，第57、59页。

求记者做好语言和国际知识方面的能力储备，以在和其他国家记者的竞相报道中突出自己的优势，及时发出中国声音。

二、坚持新闻专业主义，提高新闻采编能力

新闻专业主义（Professionalism）是指新闻工作者的职业精神、职业原则和专业要求的总和。它以履行媒体的圣洁使命为目标，认为新闻业是一种独立的职业，媒体要坚持客观中立的立场，要传播真相或真理。新闻专业主义是美国政党报纸解体后，大众化报纸兴起时，针对新闻业中出现的“公共服务”信念而发展起来的。新闻专业主义要求记者站在中立的立场，不带个人偏见地采集和报道新闻，新闻必须真实地反映事件的原貌，新闻工作必须为全体人民服务。除了对记者的报道做一定的限制外，新闻专业主义还强调新闻自由，认为新闻自由包括采访自由、出版自由、表达自由和信息获取自由等。新闻专业主义本是西方媒体发展的产物，但传入我国后，也开始被国内新闻工作者采用。

直播的现场制作完全依赖于记者的采访报道，而这最能体现记者的新闻专业主义水平。在突发事件的直播中，记者必须到现场，没有任何理由不让记者到现场，但要特别注意方式方法，比如记者如何提问，镜头是否该用长焦以尽可能不在近距离打扰家属，等等。同时，作为新闻记者应该有个自己的专业，然后再去学习新闻这个专业的技巧，如果没有自己擅长的专业，是很难写出好的新闻报道的，要尽可能让自己成为一个专项记者。一般而言，突发事件的直播报道也对记者的调查能力提出了很高的要求，而调查路径来自于记者所掌握的知识，如在马航失联报道中，如果记者不知道发动机和卫星有定期的信息联系，是不可能知道飞机的飞行路径和有被劫持的可能的。信息采集能力，也是直播报道中记者新闻专业主义的重要体现。现场记者要重视高品质信源及其整合。我们仍以马航报道为例，和CNN、BBC等国际媒体相比，国内媒体几乎完全成为越南、大马、欧美等外媒内容的搬运工和中转站，造成这种结果的主要原因就是国内记者的信息采集能力严重不足。我们的媒体应该去采访更多像中科大（发现海底事件）、罗罗公司之类的机构或负责人，民间技术派的分析也很有价值，但这些都是被我们忽视的。

因此，加强新闻专业主义教育是新闻工作者的必修课。整体来看，应当包括以下几个方面的内容：加强新闻意识教育，比如新闻是事实、新闻必须真实准确；加强科学知识、全球化意识和逻辑思维教育等新公民素养；加强系统深入地针对某个事件或问题进行专业调查研究的意识和能力；适当地展开更多分领域和分行业新闻深度报道，提高国际新闻采编能力，以及关涉高技术的重大突发事件，比如数据新闻等特殊领域的采编能力等。具有国际影响的重大突发事件报道，不能一味求快，在很大程度上，空白信息比谣言、假新闻等更有益。我们看到在马航失联客机报道中，西方媒体如CNN、《华盛顿邮报》等，和国内紧盯失联飞机、被动等待事件真相不同，重视事件关联的重点周边外联采访，从而取得

了很好的传播效果。这对我国新闻工作者来说，具有非常重要的借鉴意义。

三、创新运用新媒体，开发大数据的应用价值

如今，新媒体的发展日新月异，对新媒体的运用和融合程度也是衡量媒体报道能力和竞争力的重要因素。一般认为，新媒体是继报刊、广播、电视等传统媒体以后发展起来的新的媒体形态，包括网络媒体、手机媒体、数字电视等。目前，媒介融合是大势所趋，与之相关的全媒体记者也被提出来。全媒体记者具备突破传统媒体界限的思维与能力，并能适应融合媒体岗位的流通与互动，集采、写、摄、录、编、网络技能运用及现代设备操作等多种能力于一身，尤其在突发事件的报道中，全媒体记者更是不可或缺的人力资源。

全媒体记者对记者的信息采集能力和报道水平提出了更高的要求。成为全媒体记者难度很大，但成为具有全媒体意识的记者并不难，这方面最普遍的是能够在社交媒体，如QQ、微信、推特（Twitter）和脸书（Facebook）上获取新闻线索。如在马航报道中，机长的朋友在推特上发表了感想，记者才找到了他，从而获取了重要的新闻线索。这对习惯于使用 QQ、微信的中国记者来说，如果没有推特账号，就错过了这个重要的信息源。

2013 年被称为“大数据元年”，大数据从概念变为现实，并且对社会生活产生了全方面的影响。对大数据最朴素的定义是指那些大小已经超出了传统意义上的尺度，一般的软件工具难以捕捉、存储、管理和分析的数据。这其中的数据，不仅指数值型的信息（也就是我们常说的数字），也可以指文本、图片、音视频等其他类型的数据。基于大数据的强大影响，数据新闻再次焕发生机，同时在电视新闻中也广泛使用信息图表、图片、动画等。关于大数据对新闻业的影响，《2013 世界报业创新报告》表达得非常明确：数据新闻可以从两个方向扩张传统新闻业：一是应用技术来收集和深度分析数据，二是以交互方式呈现结果或将结果可视化。在马航失联客机报道中，CNN 采用大数据技术，将卫星定位这样一个常人很难理解的问题用非常直观的语言和形象描述出来，取得了很好的传播效果。

如今关于直播报道中的现场制作，我们可以通过大数据技术取得和现场报道一样甚至是更加准确和深刻的报道。央视在 2014 年两会报道中，创造性地开设了《两会大数据》栏目，通过统计分析大家在互联网上留下的海量信息，得出了许多有趣、有说服力，也可能是完全让人意想不到的结论，如两会关键词将大家的关注点、关注者、关注者的年龄和性别等都一目了然地展现出来。这和记者的现场报道相比，更加深刻，也更加接地气。但对大数据的开发和创新运用决不能代替记者的现场报道，在直播中，没有什么报道形式比记者的现场报道更有分量，更有价值。因此，新媒体的发展和媒介融合水平的提高，不仅没有抹杀现场报道的价值和重要性，反而丰富了现场报道的内容和形式，尤其是对现场制作环节的影响，数字化资源和水平也成为记者能力的一个重要考量。

CNN 在马航失联直播报道中的经验值得我们学习。事发当天，CNN 在各地设置多名

记者，远多于中国媒体，除了记者，还将新闻主播派到现场，搭建临时演播室。事件发生前两天 CNN 就在吉隆坡搭建了 3 个非常专业的户外演播棚。每隔几个小时，就会看到不同的主播出现，因此可以从容地进行 24 小时的滚动连线。第二个星期，CNN 建立了直播间之后，开始用 SNG 转播车，用卫星传送，每 10 分钟花费 1 千美元。CNN 还有专人做资料搜集以及联系的工作，即 Fixer。这些人本身就是当地的新闻人，熟悉当地的社会，具有广泛的人脉。该媒体也制定了确认一条消息的基本标准，即至少要从两个消息源交叉求证真伪，消息源必须是可靠的，如果信息源是官方机构，或者是有一定级别的人，一定要通过官方确认才可以使用，宁可慢，也不能不准确。[①] 这些都保证了 CNN 在马航失联报道中的高准确率，取得了很好的传播效果，国内媒体则相形见绌了。

直播报道中的现场制作机制，就是要在大编辑部运作的频道机制下，以出镜记者的信息采集和报道为主体，传达、解释和说明现场的最新信息。记者，尤其是出镜记者是工作机制的核心，其能力高低直接关系到新闻的最终生成。随着新媒体的发展和大数据的开发运用，适当地提高现场制作的数字水平，对整合新闻资源、提升传播效果具有重要的作用。

要点小结

1. 编辑意识主要来自记者拍摄和报道的经验，这种编辑意识反映在具体拍摄过程中，对景别的处理方式就是“上紧下松”。文字记者，尤其是出镜记者也要有编辑意识，要配合摄像记者的拍摄，找准画面重点，用蒙太奇思维结构报道。

2. 直播的现场制作中，记者的编辑意识具体要求体现在：加强文字记者与摄像记者之间的沟通，减小信息误差；创新蒙太奇思维，用画面结构报道。

3. 在电视创作中，把握好画面逻辑和解说词文字语言逻辑的有机结合十分关键，通常，画面与解说的关系分为以下几种：画面担任主要的叙事，解说词适当略写；解说词叙事为主，画面是虚的；画面是实在的，解说词可以虚写。

4. 在突发事件的直播中，主持人要像前方出镜记者一样，对报道的要点和中心有个清晰的认识，在梳理和总结已获得的信息的基础上，明确未知的信息，这往往是提问的重心。

5. “大编辑部”思路的核心就是要设立“作为整个频道大脑和神经中枢频道编辑部，以频道为管理单元，协调选题策划，灵活调度记者，整体把握各新闻栏目对重大事件的报道。”

6. 在大编辑机制的基础上建构现场制作的工作机制，能够有效地缩短记者的新闻采编

① 参见闾丘露薇：《那些关于中国媒体的批评》，腾讯大家，http://dajia.qq.com/blog/370534029258893。

时间，提高记者的新闻采编质量，在实践中要做好前期准备，打“有把握之仗”；坚持新闻专业主义，提高新闻采编能力；创新运用新媒体，开发大数据的应用价值。

思考与研讨题

1. 新闻直播现场制作中的编辑意识是什么？具体体现在哪些方面？

2. 前期准备在新闻直播现场制作中的重要性有哪些？具体准备又有哪些？

3. 新媒体在新闻直播的现场制作中的应用有哪些？

4. 总结一下新闻直播的现场制作机制。

延伸阅读

1. 高世明:《实用电视新闻》，北京：中国广播电视出版社 2000 年版。

2. 张君昌:《超媒体时代——新世纪电子传媒经营与创新》，北京：新华出版社 2003 年版。

2.〔美〕弗雷德·舒克等:《电视现场制作与报道（第五版）》，雷蔚真译，北京：中国人民大学出版社 2013 年版。

第十章　电视新闻深度报道

本章要点

电视新闻深度报道的概念

电视新闻深度报道的特点

电视新闻深度报道的定位

电视新闻深度报道的要素

第一节　电视新闻深度报道的概念

深度报道起源于西方新闻学，在 20 世纪四五十年代，为了应对广播、电视等电子媒介带来的压力，报纸通过挖掘新闻报道的深度，形成独特的优势，从而对抗电子媒介的竞争。

电视新闻深度报道是在西方国家报业竞争的环境下产生的，美国社会在 20 世纪 30 年代到 40 年代见证了深度报道中的一个下属类别——解释性报道的兴起。由于当时席卷全球的第三次工业革命迅速发展以及资本主义经济危机、第二次世界大战等事件的直接刺激，整个社会对内部各组成部分的整合越来越强，而且全球化的端倪已经在当时显露出来。因此，作为社会个体的人们对信息的广度和深度有了越来越高的需求。在那个年代里已经形成的激烈的媒体竞争环境中，仅靠传统的交代新闻六要素的消息报道已经不能满足人们对信息的需要，受众对新闻事件背景、原因和启示等方面的需求都很迫切。在这种情况下，以阐明新闻背景、事件因果关系脉络以及归纳发展态势的解释性报道开始率先兴起。

南京大学杜骏飞在《深度报道原理》一书中对“深度报道”做出了如下定义：“‘深度报道’所体现的是一种新闻旨趣（interests），它揭示了新闻的主体与客体间的关联，从深度（深刻性）和广度（广延性）两方面指出了新闻文本以受众认知效用为主导的运作方向。”[①]按照《简明新闻学词典》对“深度报道”的解释，深度报道的主要特点就是要在“‘为什么’（Why）和‘怎么样’（How）中进一步深化。要求‘以今日的事态，核对昨日的背景，从而说出明日的意义来’。……在‘时间’（When）上不仅要说明现在，还要追溯既往，推测未来；在‘地点’（Where）上，不仅要报道现场，还要注意到地点的延伸和波及；在‘人物’（Who）上，不仅要采访当事人，凡直接间接有关人员都应采访；在‘新闻事实’（What）上，与新闻事实有关的情形和细节都应搜集；在‘原因’（Why）和‘经过’（How）上，不仅要说明新闻发生的来龙去脉，前因后果，而且还要分析它的意义，预见时间的发展和影响”[②]。

从以上论述中可以看出，深度报道的“深度”就体现在报道的“深刻性”和“广延性”这两大方面。也就是说，在交代清楚了时间、地点、人物、事件后，着重“为什么”和“怎么样”这两方面内容，既要进行纵向的历时的深刻的对比，也要进行横向的共时的广延的分析，这是深度报道区别于其他形式新闻报道的最关键的特征。中国传媒大学教授陈作平用 12 个指标来概括深度报道的要件：“事件、背景、有关资料、说明、原因、意

① 杜骏飞、胡翼青：《深度报道原理》，北京：新华出版社 2001 年版，第 5 页。
② 余家宏等编写：《新闻学简明词典》，杭州：浙江人民出版社 1984 年版，第 172 页。

义、过程、分析、前景、时效、时态和建设性意见”[①]。根据新闻学理论的划分，深度报道可分为两大类，一是独立的深度报道，包括解释性报道、调查性报道和预测性报道；二是组合式深度报道，包括连续报道、系列报道和整合报道。下面我们简单介绍其中主要的四个类型的报道形式。

一、解释性报道

解释性报道起源于第一次世界大战，人们对新闻的要求不再仅仅是了解战场的情况，还需要新闻工作者对战争进行解释。《新闻学简明词典》中对解释性报道的阐释为：“一种提供背景的分析性报道，目的是通过记者的解释，来帮助读者理解复杂的社会问题。西方新闻学者认为，由于现代社会日益复杂，在五个‘W’中，要着重回答其中的‘Why’，即这一新闻事件为什么会发生，记者要尽可能完整、清楚地交代新闻背景，告诉读者新闻事件的起因、意义和影响，以及可能向哪个方向发展”[②]。

如 2011 年 7 月 31 日《东方时空》就“甬温线”特别重大铁路交通事故进行解释性报道，对铁道部副部长陆东福、中铁 24 局总经理助理路喜钢进行采访，解释事故发生原因并回答记者提出的几点疑问：（1）是否急于通车而忽视救人；（2）是否曾试图掩埋车体；（3）自动停车系统为何没启动；（4）为何两车行驶顺序倒置；（5）吊装时车内是否有幸存者。

二、调查性报道

调查性报道始于20世纪70年代，由揭丑报道发展而来，后来在西方新闻界十分流行。它是记者经过长期的积累和观察，结合近期热点事件或问题，对某一类社会现实或社会现象进行深入系统的报道。在中国电视新闻界，1980 年央视《观察与思考》栏目开播，其中已经开始出现新闻调查性报道的雏形。1994 年《焦点访谈》正式开播，该节目以调查为基础，逐步展示事实的报道方式也属于调查性报道。随着调查性报道越来越受到重视，1996 年，央视开设了专门做调查性报道的新闻栏目《新闻调查》，该栏目如今已成为闻名遐迩的名牌栏目。

三、连续报道

连续报道是对发生或正在发展中的新闻进行及时且持续的关注报道，特别是对重大新

① 陈作平：《新闻报道新思路——新闻报道认识论原理及应用》，北京：中国广播电视出版社 2000 年版，第 154 页。
② 余家宏等编写：《新闻学简明词典》，杭州：浙江人民出版社 1984 年版，第 171 页。

闻事件，追踪事件最新动向，连续不断地进行深入分析，时时关注新闻事件的发展动向并及时向观众进行报道。连续报道具备较高的时效性、报道结构上的完整性、报道层次的递进性等特点，是电视新闻深度报道的一种重要报道方式。

四、系列报道

系列报道是源于我国电视新闻界对宣传党的路线、方针、政策等的需要，而发展出的报道方式。系列报道是围绕同一新闻主题，从不同角度、不同层次对不同新闻事件进行的连续的报道，具备深度报道的信息密集的特点，具有显著的传播效果。

第二节　电视新闻深度报道的特点

一、思辨色彩

思辨色彩是电视新闻深度报道最显著的特点。深度报道是由表及里，以微观事实道出深层的道理，透过现象看本质。新闻工作者在对新闻事件进行分析、解释时，也引导观众主动进行思考。思辨色彩是衡量一个报道是否达到深度报道的根本标准，深度报道必须要有思辨色彩。理性思辨通过对新闻事件的深度剖析，提炼思想、颂扬精神，促使观众积极地思考，促进社会的进步。

当前，新媒体解放了受众的信息传播地位，受众也可以随时随地发布信息，这就对信息的真实性和信息深度提出了挑战。各种信息鱼龙混杂，真假难辨，加强新闻的深度迫在眉睫。而这也正是专业的新闻工作者重塑公信力和影响力的机会。因此，强化报道的思辨性，提升深度报道的比重，也成了记者要面对的时代任务。

二、立体化、递进式分析

电视新闻深度报道的题材复杂多样，新闻事实难以用一句话说清。为了深层次挖掘事实真相，电视新闻往往需要对新闻事件进行多角度、多侧面、立体化的报道，再进行一层层的递进式分析，通过密集的信息和翔实的资料展示新闻事件的报道过程，并引导观众得出最终结论。

较于报纸新闻和广播新闻，电视新闻具有立体化信息传播的先天优势。形声传播的特点可以调动多种信息元素，丰富受众的感官体验，从而实现更好的传播效果。

三、表现手法多样

表现手法多样化是电视深度报道在形式上的特点。电视新闻深度报道内容的多侧面、多角度、全方位、立体化特点决定了其表现手法的多样化。深度报道常常由主持人进行主持报道，在报道过程中加入现场采访的声音和画面，或是在演播室中现场采访专家、学者或其他权威人士等。由于电视自身的媒介优势，声、光、画等各方面技术手段都能应用在电视新闻深度报道过程中，给观众以视觉享受。

四、传播效果显著

和一般的新闻报道不同，电视新闻深度报道是围绕一个主题对新闻信息进行整合报道，而深度报道的焦点往往集中在社会关注程度较高的热点、难点问题，所以它容易吸引观众的注意力。另外，深度报道也是传播学理论中“议程设置”理论中显著特性的成功应用，它起到舆论导向的作用，引起社会对这些焦点议题的重视。也就是说，同样的新闻事件，采用了深度报道的方式，它的传播效果就更显著，能更深地影响人们的思想和行为，这就产生了“1+1 ＞ 2”的传播影响力。

第三节　电视新闻深度报道的定位

电视新闻深度报道的定位是什么，换一种说法是电视新闻如何进行深度报道。一个主持人、一期节目、一档栏目、一个频道，乃至一个媒介要在买方市场中培养起自己的忠实受众群体，都必须要对自身有一个明确的定位，只有这样才能够通过电子视听语言建立起一种视觉识别系统，然后以此同受众建立起一种人们常说的“约会意识”。定位的过程归结为一句话，其实就是一个“知己知彼”的战略过程。在本章内，我们以《新闻调查》栏目为例，分析如何对电视新闻深度报道节目进行定位，进而解答电视新闻如何进行深度报道的问题。

那么应当怎样去定义“定位”？又如何定位？美国学者艾·里斯（A. Ries）和杰·特劳特（J. Trout）认为，定位就是“简化你的选择过程”，“定位的基本方法不是创造新的、不同的东西，而是改变人们头脑里早已存在的东西，把那些早已存在的联系重新连接到一起。…… 定位思维的精髓在于，把观念当作现实来接受，然后重构这些概念，以达到你所希望的境地”①。而定位的过程实质上就是“帮助在人们的大脑中找到窗口的一个有组织的体系，它的基本概念是，传播只有在合适的环境中和合适的时间里才实现”。②

---

① 〔美〕艾·里斯、杰·特劳特：《定位》，王恩冕、于少蔚译，北京：中国财政经济出版社 2002 年版，第 10 页。

② 参见同上。

按照这种观点，我们可以把上述论断放置于电视传播的具体操作中进行解读。中国传媒大学教授胡智锋曾在其《电视传播艺术学》一书中对电视“定位”的策划有着这样的论断：“电视策划要为特定对象进行准确的‘定位’，并不在于绞尽脑汁地寻找从未有过的内容、样式或形式，而在于从已有的、人们已经尝试成功的经验中，提取有用、有益的部分，进行重新组合、配置”①。

《新闻调查》的创始人之一孙玉胜把一个栏目的定位大致分成了三个方面：“目标定位、形态定位和内容定位”②。这三个定位指标实际上分别描述了一个栏目“要做什么”“怎么表现”和“用什么来做”的三个基本思考点，也就是民谚中常说的“金刚钻”和“瓷器活儿”在电视新闻层面具体指代的问题。

一、目标定位——电视新闻深度报道要做什么？

从1996年央视新闻评论部筹备创建《新闻调查》栏目的时候开始，创业者们就已经对这个尚未出世的栏目提出了非常清晰的目标定位，即把《新闻调查》打造成中国的《60分钟》，办成央视最能代表国家电视台水准的深度报道栏目。就在这个栏目承载着各界的关注走过了10年历程的时候，这样一个目标定位至今仍然没有出现任何动摇，因为即使从现在的形势看，坚持“深度报道”的目标依然是《新闻调查》无与伦比的竞争力。

《新闻调查》一直把栏目的目标定位锁定在深度报道上，从而保证了这个栏目在已走过的10年和未来相当长的一段时间里都能沿着一条轨道前行而不至于有太大的偏移。就在节目开播一年之际，《新闻调查》用了一个在今天看来有些冗长的口号来概述这个新栏目的定位：“重大新闻事件，全面深入；改革话题，难点疑点解惑；大时代背景下的人物故事，一波三折——正在发生的历史，新闻背后的新闻”。这个在当时电视上听起来极为大气而震撼人心的口号确实比较鲜明地描述出了《新闻调查》栏目定位于深度报道的特质。当时担任新闻评论部副主任的梁建增曾对这段口号做出了这样的评述：

“《新闻调查》创办伊始，定位语为‘正在发生的历史，新闻背后的新闻’。‘新闻背后的新闻’确定了选题的原则，‘正在发生的历史’标出了节目的评价，而大时代背景下的新闻故事一波三折则进一步描绘了节目的表现形式。”③

一方面，“正在发生的历史”将栏目所报道的事件定位于当代社会中正在发生的、又能作为历史见证的新闻事件。换而言之，《新闻调查》的报道是要把所报道的事件置于历史的纵截面上，对其意义和启示性进行深刻剖析。而另一方面，“新闻背后的新闻”又体现着报道内容并不是对正在发生的事件做出第一时间快速反应的消息类报道，而是从新闻

① 胡智锋：《电视传播艺术学》，北京：北京大学出版社2004年版，第150页。
② 孙玉胜：《十年——从改变电视的语态开始》，北京：生活·读书·新知三联书店2003年版，第224页。
③ 张洁、吴征：《调查〈新闻调查〉》，北京：文化艺术出版社2006年版，第18页。

事件第一落点的背后挖掘更深层次的信息、观点、意义，报道事件的“第二落点”，体现“新闻的温度”。这一特质使《新闻调查》与传统的短消息类新闻节目区分开来。

既然深度报道追求的是深度，那么《新闻调查》如何在节目中将这种深度体现出来？这是一个有着历史渊源的问题。自从20世纪中叶电视作为一种大众传媒形态诞生以来，新闻界普遍存在着一种固有的观念，认为电视的强项在于“快”，即追求时效，而在展现深度的层面完全无法与报纸等平面媒体相提并论。显然，从当前的现实来看，这样一个已经过时的观念理应被抛入历史旧观念的垃圾堆中。以《新闻调查》为代表的一批电视深度报道栏目已经用多年的探索经验向世人证实，电视新闻报道的深度同样不逊于平面媒体，而且借助于电视媒介自身的纪实性和直观性，电视深度报道可能比平面媒体的深度报道更具影响力和公信力。从十年来《新闻调查》的实践和探索中我们可以总结出，这个电视新闻栏目的“深度”就体现在所获取事实的多维性以及理性思维的多元性上。

首先，《新闻调查》的深度直接来自于报道中所获取事实的多维性和确凿性。虽然任何一个新闻事件的事实只有一个，但是毫无疑问任何事实都有诸多的不同侧面，正是这一个个不同侧面上的细节构建起整个的新闻事实。虽然从哲学意义上说，我们永远无法得知绝对的事实和真相，但《新闻调查》栏目的传播者在节目中获得事实的细节越丰富、越多维，就越能够体现报道的深度。除此之外，《新闻调查》还需要主持人在节目中对所获得事实不同侧面之间的关系以及事实细节的真伪进行求证，要把一个经过理性分析、梳理后的事实呈现在受众面前，从而令受众信服。从某种意义上讲，在如今“新闻大战”对新闻线索争夺空前白热化的情况下，报道的深度直接决定着报道的质量与影响力，而报道的深度就在于所呈现出的事实细节以及事实关联。只有将丰富的能够经得起推敲的细节呈现给受众，电视深度报道才能够一步步地完成讲述事实和揭开疑问的过程。

其次，电视深度报道还必须体现传播者理性思维的多元性，必须能够在大量的事实细节面前建立起自己的判断、解读，甚至假设。如果面对一个事实传播者的思维推理没有比观众更加理性和符合逻辑，那么整个报道就毫无深度可言。因此，电视深度报道需要不断动态地展示思辨的精神，将感性的新闻事实上升到理性的认识高度，提出能够令受众耳目一新的认识角度，这也是深度在另一层面的诉求。

比如，《新闻调查》播出的《一只猫的非常死亡》节目对网络上火爆一时的“虐猫”事件的来龙去脉进行了极为详尽的报道，独家专访了“虐猫”事件的三位当事人，而当人们正沉浸在刚刚对事件本身有了一个清晰了解的回味之时，主持人柴静在片尾发表了一段现场评论：

“这里是萝北的名山岛，一只猫在这里死去，引起了前所未有的关注。当事人受到强烈的谴责，他们甚至被称为恶魔，并且为此失去了原有的生活。但是在调查中我们发现，其实他们是和我们一样的普通人。在虐猫事件中，他们所透露出来的对仇恨的宣泄、利益的驱动或者内心深处某种隐秘的欲望，也许在很多人的心里也都存在。猫死去了，但人的生活还要继续，该怎么样去化解仇恨，怎么样权衡利益，欲望满足的界限究竟在哪儿，这可能是每一个人都需要去面对的问题。”①

这一段评论在片中可谓出人意料，因为当时无论是在互联网还是在街头巷尾的舆论中，人们都在众口一词、尽其所能地批判、诅咒着“虐猫事件”的始作俑者们违反人性的做法，但没有人注意到舆论给这些当事人造成的过度的心理伤害。《新闻调查·一只猫的非常死亡》不仅首次一一采访“虐猫事件”的当事人，披露出事件中大量的不为人知的细节，更在“意料之外，情理之中”独辟蹊径地阐明了认识和评论这一事件的新视角，从而体现了电视新闻的深度。

二、形态定位——怎样表现电视新闻深度报道的深度？

《新闻调查》一直没有改变形态定位。所谓形态，可以被理解成为是一个栏目的整体样态和表现方式，换而言之就是一个栏目应当以何种形式为观众所认可。从《新闻调查》成立之初，该栏目组就明确地提出以美国 CBS 著名的电视新闻杂志节目《60 分钟》为榜样。然而，《60 分钟》是电视新闻杂志型节目，用一个小时的时段讲述四个小故事，从节目构成方式看，可能与央视的《东方时空》更为相似；而《新闻调查》是大型电视深度报道节目，用四十五分钟的时段讲一个故事。栏目基本属性方面的差异决定了在目标和内容定位方面《新闻调查》可从《60 分钟》真正学习的地方非常有限。不过，在新闻报道的表现手法与表达方式方面，《新闻调查》从《60 分钟》借鉴了大量的有益的经验，并把它们应用到了栏目的形态定位中去。

在已经走过的十年间，《新闻调查》在形态方面形成了自身的“电视调查文体”。首先，电视调查文体决定了《新闻调查》每一期节目完成的是深度报道，是在新闻现场对新闻事实细节进行夹叙夹议的报道，而不是纯粹的观点评论，这与后来央视新闻频道的《央视论坛》等评论节目在形态上有根本的不同。其次，它借鉴《60 分钟》的调查样式，把整个新闻事件以一种故事化的方式来进行讲述，在拍摄方式上采用双机以纪实的方式进行拍摄，力求着重展现主持人对整个新闻事件的调查和求证的过程。在庆祝栏目开播五周年的研讨会上，时任《新闻调查》制片人的赛纳在讲话中对调查样式进行了这样的阐述：

“《新闻调查》报道的不是一个事件，而是我们对这个事件进行调查的过程。我觉得这是我们调查文体的一个核心。《新闻调查》记录和展示的，是我们如何通过各种各样的手段进入事实本身，一步步获取真相，而不是报道一个事物单纯的发生、发展的过程。所以，从这个角度上我们可以认为，《新闻调查》实际更多的时候是在‘拍摄自己’。”②

因此，《新闻调查》的这种形态定位直接决定着栏目主持人的角色行为，决定着电视

---

① 本文中引用的《新闻调查》节目中的现场采访和主持人现场评论的内容均出自《新闻调查》播出版台本。

② 赛纳：《〈新闻调查〉的内容与形式》，转引自《新闻调查》栏目内部刊物《调查月报》。

深度调查其实就是一种以调查人的调查行为作为主体的新闻报道方式。关于电视新闻深度调查如何进行，如何体现调查的深度等问题我们将在本章第四部分详细说明。

三、内容定位——用什么来做电视新闻深度调查?

内容定位其实和目标定位有着极为密切的联系，内容定位所针对的是一个栏目对所报道的选题方向和总体风格应如何取舍，也就是如何贯彻栏目的目标定位。《新闻调查》已经明确地将目标定位置于电视深度报道的范围内，那么它的内容定位就是要寻找出究竟什么样的选题和事实才能够体现出《新闻调查》的深度来。这是一个颇费周折的过程。在目标定位和形态定位早已明晰并得到坚守的情况下,《新闻调查》却一直苦于不断调整和探索内容定位。这不仅仅是由于栏目自身的原因，相当程度上也是由于栏目所赖以生存的媒体环境是处于不停的发展变化之中。

按照《新闻调查》内部所认可的观点:《新闻调查》从 1996 年创办至今的十年历程，大致可以划分为三个阶段：第一个阶段从 1996 年到 2000 年，这是一个比较漫长的探索时期，在这一时期中《新闻调查》对深度报道的各种选题进行了相当广泛的尝试；第二个阶段从 2000 年到 2002 年，是栏目的发展时期，开始在内容方面有了比较清晰的定位；第三个阶段是从 2003 年至今，栏目逐渐进入了它的成熟时期，在内容定位上也有了愈发准确的判断。①

在《新闻调查》历时四年多的探索时期中，栏目对深度报道所包含的解释性报道、调查性报道和预测性报道均有涉及，但出于当时的媒介环境与舆论环境，栏目还多以宏大主题的解释性报道为主。在第一部反映了农村基层民主调查的样片《西古县村纪事》因政策尺度原因未能通过审查之后，时任新闻评论部副主任的袁正明提出了所谓“三步走”的战略，即从“主题性调查”过渡到“事件性调查”，再到“内幕调查”。

主题性调查是《新闻调查》在探索时期中尝试最多的类型，运作主题性调查所定位的内容一般也都是关乎国计民生的重大社会热点问题，比如 1997 年 1 月 17 日播出的《公交能否优先》探讨的是一个城市交通发展能不能把公交放在第一位，这是表达了一种政府的执政理念的转变，转到以民为本的主题上。还有 1997 年 2 月 14 日播出的《铁路面临重大改革》、1997 年 3 月 7 日播出的《买房：梦想还是现实》、1997 年 10 月 3 日播出的《国企改革备忘录》、2015 年 1 月 31 日《新农合之困》等。这些主题性调查其实在某种程度上可以看作是“学者电视”的影响，即用电视视听语言的手段来完成理性的论证——提出问题、分析问题、解决问题，因此有人把这种主题性调查的节目称为“电视论文”，而这也见证着电视传播由早期单纯的感性层面向着理性层面转变的历程。在这四年多的时间里，

① 参见《新闻调查》栏目组多年来的内部资料以及现任制片人张洁的论述:《从调查节目到调查性报道》，载《新闻记者》2005 年第 10 期。

《新闻调查》通过对主题性调查的实践，理性精神已成为栏目独具特色的主打品牌和标志，《新闻调查》所力求实现的冷静、平衡、深入、客观、质疑的品质在观众中已经深入人心。

除了宏大主题的调查，此时期的《新闻调查》在内容方面也进行其他类型的调查，包括舆情性调查（如《一言难尽择校生》等）、历史揭秘性调查（如《恢复高考20年》和中国首部对中国慰安妇多年来生存状况的全景式的纪录片《羊泉村记忆》等）、事件性调查（如《眼球丢失的背后》《婚礼后的诉讼》等），以及纪录片式调查（如曾获得蒙特卡罗甸世界女神银质奖章的农村基层民主选举纪录片《大官村里选村官》和记录了一位母亲为罹患尿毒症的女儿捐出自己肾脏的亚广联大奖节目《第二次生命》）。

另外，在以主题性调查为主流的四年多的探索时期中，《新闻调查》还曾石破天惊地于1998年10月16日播出了此时期中唯一的内幕调查节目——《透视运城渗灌工程》，对山西运城耗资两亿多元巨款大搞“形式主义”政绩工程，修建虚假渗灌工程蒙骗国家和当地农民，为社会造成巨大损失的这一事件进行了报道。节目播出后在社会上产生了极为强烈的反响，而本期节目的主持人王利芬在现场精彩的实地取证调查与采访也给观众留下了极为深刻的印象。这期节目甚至直到今天仍成为许多高校电视新闻课程的教学与研究样片。

《新闻调查》在四年多的探索时期中，对多种不同的内容和题材进行了多元化的电视深度报道，一方面为这个尚处在“童年时期”的新闻栏目在业界赢得了美誉，但另一方面，内容定位上的摇摆和不确定性也使得这个栏目缺少一个稳定的视觉识别系统，从而大大影响了《新闻调查》在当时观众心中的收视期待。究竟是“做新闻”还是“做调查”已成为当时困扰从业者们的问题。于是，对栏目进行更清晰的定位成为2000年《新闻调查》急需解决的头等大事。

面对过去一个时期在内容定位方面的经验和教训，《新闻调查》第三任制片人赛纳认为：“《新闻调查》开播初期的口号是‘三性’，即新闻性、故事性和调查性，一个《新闻调查》的选题，应该同时具备这‘三性’；但是当时的操作中，这样的定位常常被割裂地认知和套用，我们经常把节目归类成：这是新闻性的，那是故事性的。当这样的分类没有解决选题内容的一致性反而使它更加宽泛之后，我们又提出一个新的概念想统领这‘三性’，这就是《新闻调查》初期使用度最高的词汇——理性。制片人王坚平后来总结：‘理性’作为指导《新闻调查》是没有错的，但是片面理解‘理性’，把本应该作为灵魂的东西没有做好，出现了主题调查的‘三段论’模式，出现了影响至今的文案化结构”[①]。

于是，2000年《新闻调查》开始尝试着放弃原来的一部分选题方向，用一个比较具有个性化的内容定位来与同类的深度报道节目及新闻评论节目区分开来。在研究了生存的媒介现实与自身特点后，《新闻调查》提出了新的栏目定位语——“探寻事实真相”，这句口号从那时起一直沿用至今。所谓真相，当时《新闻调查》印制的栏目宣传画册将其明确

① 张洁、吴征：《调查〈新闻调查〉》，北京：文化艺术出版社2006年版，第30页。

地定义为："真相就是正在掩盖或被一直遮蔽的事实——有的真相被权力遮蔽，有的被利益遮蔽，有的被道德观念和偏见遮蔽，有的被'集体无意识'遮蔽，有的被狭窄的生活圈子、知识和技术遮蔽"。

按照这种阐释，"探寻事实真相"的定位就可以理解为是通过调查人（主持人）的行为来揭开被各种因素所遮蔽的事实，也就是进行内幕调查，这种内容定位在本质上已经非常接近深度报道中的调查性报道类型了。同时，"探寻事实真相"也包括对一些社会热点复杂问题的深层次探究，这与原来"新闻背后的新闻"这一目标定位不谋而合。这个定位明确了之后，《新闻调查》的节目内容的整体特色开始愈加突出。原来的主题性调查在数量上大大减少，而事件性调查则明显异军突起——《温岭黑帮真相》《绛县的经验》《范李之死》《海灯神话》《厦门远华大案》《药品回扣内幕》《南丹矿难内幕》《黑哨内幕》《艾滋病人小路》《与神话较量的人》《揭秘东突恐怖势力》《疫苗风波》《最后的警示》《消失的右肾》等一大批优秀而有影响力的节目接连问世。

"探寻事实真相"的这一内容定位到了2003年发生了进一步的演变。随着媒体环境的飞速变革，又有一些题材从《新闻调查》的内容中被剥离出来，《新闻调查》的内容定位进一步得到明确，这也标志着这个栏目开始走入成熟时期。

2003年对于中国电视新闻来说是极不寻常的一年，这不仅是因为"非典"等突发事件为电视新闻报道提供了绝佳的练兵阵地，更因为央视新闻频道的开播使一批新创办的不同样态的新闻栏目亮相于电视荧屏。这一年，《新闻调查》的生存空间遭遇了前所未有的挑战——首先体现在新闻资源方面，随着新闻频道的开播，新闻深度报道栏目数量锐增，使得新闻工作者对任何一个新闻事件的争夺都达到了白热化的程度。而《面对面》和《央视论坛》等节目的创办更是把人物专访、时事话题类评论等内容和样式完全从《新闻调查》中剥离出来。更关键的是，央视第一套节目新闻综合频道调整晚间节目编排，将《新闻调查》播出时间调整到晚间22点35分，与《幸运52》《同一首歌》《开心辞典》等综艺娱乐节目放置于同一时段，使用以收视率为代表的市场化量化方式一同进行考评和比较。

在这种生存环境下，2003年《新闻调查》决定把栏目的内容定位明确地落实在电视调查性报道上，一方面是由于激烈的媒体竞争所迫，另一方面也是几年来从事内幕调查的职业经历已经为《新闻调查》从事真正的调查性报道打下了比较坚实的基础。把调查性报道明确地作为内容定位是为了解决《新闻调查》在新闻资源大战与媒体生存竞争中一个栏目核心竞争力的问题。

调查性报道是所有类型的新闻报道中公认的最具难度和挑战性的，因此调查性报道具有极高的公信力，它起源于美国19世纪末的"扒粪运动"（Muckraking Movement），该运动在20世纪60年代和70年代的美国社会大放异彩。

调查性报道率先见诸平面媒体，1969年自由撰稿人西摩·赫仕（Srymour Hersh）撰写的关于美国在越南制造的"美莱屠杀案"的报道以及1971年《华盛顿邮报》记者卡尔·伯恩斯坦 (Carl Bernstein) 和鲍勃·伍德沃德 (Bob Woodward) 对“水门事件”的报道成为平面媒体调查性报道的经典范例；而电视媒体在调查性报道方面略迟一步。在广播电视领域，CBS 一马当先，先是爱德华·R·默罗 (Edward R.Mero) 的纪录片，随后是《美国的饥饿》和《五角大楼的出卖》。所有三大电视网和公共电视都探究毒品、犯罪、过度富有和腐败等问题。但是总的来说，调查性新闻是电视新闻最大的弱项。

调查性报道内涵的定义可以用多种不同方式进行表达，《美国新闻史》认为，“调查性报道是利用长时间积累起来的足够的消息来源和文件，向公众提供对某一事件的强有力的解释”①。然而这样的一个解释显然有些过于贴近深度报道，无法判定调查性报道特有的品质。罗伯特·格瑞斯（Robert Greece）认为，调查性报道“一般是报道某些人或某个组织企图掩盖的新闻……在调查性报道中，调查和收集材料必须是记者的原创行为。选题和采访必须由新闻媒体独立进行。调查性报道面对的是一个重要的事实，对这个事实，某些人、某些组织力图使其保密”②。而《调查性报道》一书中认为，调查性报道是：“（1）记者原创的作品，而不是公共机构的调查报告。（2）所提供的是记者没有进取精神就不能披露的信息。（3）它们对于公众具有重要意义”③。

从上述言词不尽相同的对于调查性报道的定义中我们可以总结出一些共性：首先，实现调查性报道必须是调查人独立展开的原创行为，于是诸如对公安局等执法部门破案和审判过程的报道就不能被列入调查性报道之中；其次，在所报道的事件中必须要有可供调查的空间，有掩盖真相的人和行为存在。

第四节　电视新闻深度报道的要素

一、坚持现代新闻理念

我国改革开放以来，随着经济、科技等方面的迅速发展，人们的生活越来越多姿多彩，与此同时，新的问题和矛盾走入人们的生活中。深度报道需要紧跟时代的步伐，追随人们发展的脚步，关注人们生活中遇到的问题，积极思考并选择出更新、更有意义的报道题材。针对社会的热点、难点、焦点问题不仅要对新闻事件的起因、经过、结果进行报道，更要有思想的深度剖析，分析新闻背后的社会问题，通过对观察所得和收集资料进行整理、总结，向社会提出新的观念、新的见解，传播新的思想、新的认识。

---

① 张洁、吴征：《调查〈新闻调查〉》，北京：文化艺术出版社 2006 年版，第 533 页。

② 转引自张威：《IRE、调查性报道与中国关照》，作为译者序收入〔美〕布兰特·休斯顿、莱恩·布卢兹斯、史蒂夫·温伯格：《调查记者手册：文件、数据及技巧指南》（第四版），广州：南方日报出版社 2005 年版，第 2 页。

③〔美〕威廉·C·盖恩斯：《调查性报道》，刘波、翁昌寿译，北京：中国人民大学出版社 2005 年版，第 1 页。

电视新闻深度报道突破了以往对新闻事件报道的局限性，从更新的角度、更广的范围、更深的层次分析事物的本质并推测其发展趋势。现代新闻理念的注入，要求深度报道做到对新闻事件进行多侧面、多角度、立体化、全方位的分析，丰富报道的思辨色彩，增强报道的影响。

为了坚持现代新闻理念，深度报道在报道事实的过程中要注重事与理的结合，既要对新闻事实进行宏观的把握，又要对微观事实进行理性的判断和思考。拓宽思路，要注重对主题多义性的理解，对新闻事实的报道也要使用开放的形式，引导观众积极思考并得出自己的结论。在挖掘新闻事件背后的原因时要与不同层次、不同领域具有代表性的专家学者、权威人士，以及新闻事件的知情人等进行双向的沟通交流，多向思维有助于新闻工作者更深入地了解人们对新闻事件的认识，也利于双方顺畅地沟通，从而使新闻工作者掌握更多的相关资料。

二、搜集大量背景资料

新闻背景是指在新闻事态发生、发展、存在和变化中起重要作用的历史条件或现实环境，包括历史沿革、地理环境、事物的特点、存在的条件等因素。[①]

新闻的背景材料以时间和空间为条件分为两类：纵向新闻背景和横向新闻背景。顾名思义，纵向新闻背景以时间为条件，包括新闻事件的历史以及历史地位；横向新闻背景以空间为条件，包括事件主体与其他相关事物的联系以及事件主体与背景环境的关系。

翔实的资料对新闻事件的深度报道有着重要的意义。首先，任何事物都是在一定的环境背景下产生的，当报道对事件背景进行充分的介绍时，新闻事件更易被观众理解，也为深度挖掘新闻事件背后的意义提供基础。其次，深度报道的新闻事件往往是社会中复杂的热点问题，由于事件本身的曲折和社会背景的错综复杂，造成新闻事件的本质不易被分析。通过对背景资料的梳理，观众可以置身于复杂的事件当中，缩短与事件间的距离，有助于记者挖掘新闻背后深层的本质。最后，在一些连续报道中，“今天”发生的新闻只是深度报道的一部分，在对“今天”的新闻事件进行分析之前要先对之前的报道进行简单的回顾，也就是说“昨天”的报道成为“今天”新闻报道的背景资料。也正是不断地对背景进行解释进而层层挖掘更深层的新闻本质，这使得连续报道成为一种有力的深度报道形式。直播报道也常常采用大量的背景资料，以丰富报道的内容和思想性。

具体来说，背景资料对深度挖掘新闻的作用有以下几种：（一）说明新闻事件的起因。（二）交代新闻事件发生、发展的条件。（三）利用背景资料帮助挖掘事件本质、深化报道思想。（四）通过对背景资料的介绍传达新闻工作者的观点。（五）丰富信息量，增强深度

① 参见叶子：《电视新闻：与事件同步》，北京：北京师范大学出版社 2007 年版，第 162 页。

报道的知识性和趣味性。

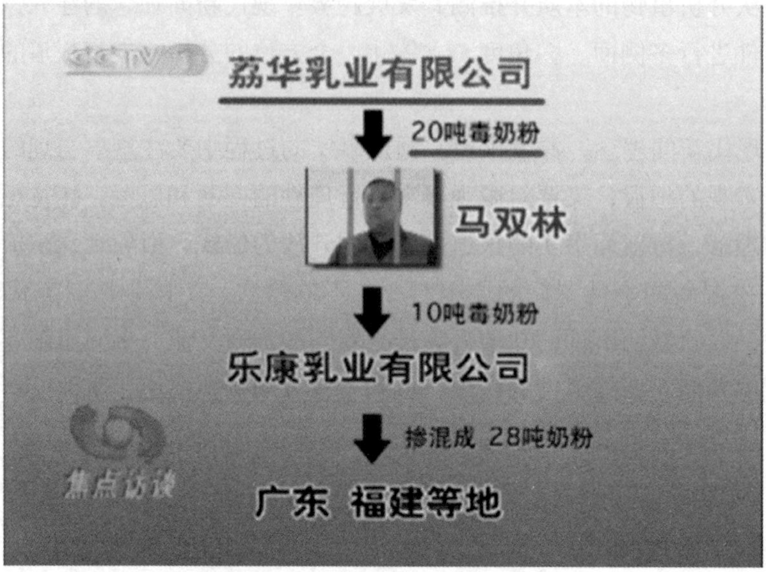

图10–1 “毒奶粉”流出的环节

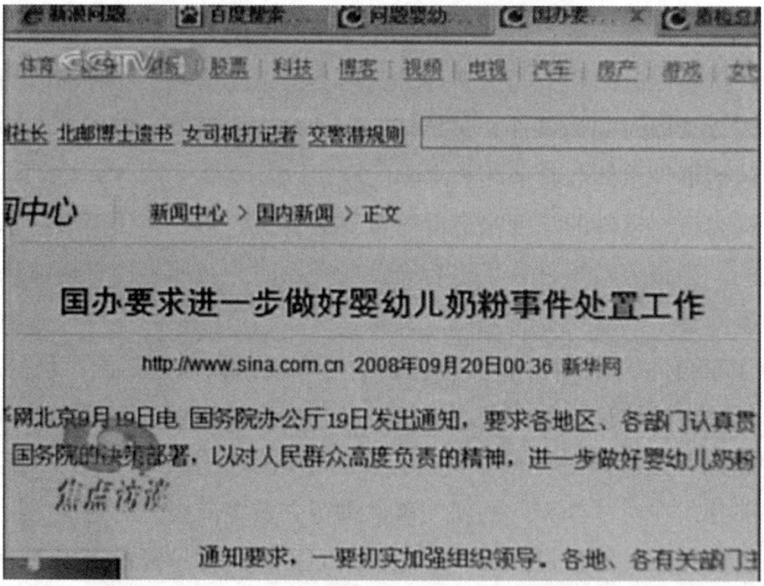

图10–2 国家发出的严查通知

以2010年3月25日《焦点访谈》的《“毒奶粉”流出的背后》这篇深度报道为例，它典型地说明了背景资料的作用。2010年1月，在陕西省渭南市，一批三聚氰胺严重超标的“毒奶粉”流入广东、福建等地，已被有关部门查处。几天前《焦点访谈》对毒奶粉如何流入市场进行了报道，而本期节目的重点是放在渭南市质监部门在“毒奶粉”扩散事件中应承担的责任。前面相关的背景介绍起到了说明新闻事件起因的作用。

为了挖掘“新闻背后的新闻”，节目将记者调查的结果以及“毒奶粉”扩散事件的背景资料向观众进行展示。首先，节目介绍了“毒奶粉”的生产源头，并交代了从2008年“三鹿毒奶粉”事发后全国乳制品行业排查追缴超标奶粉工作的形势，以此引导观众对2010年仍在生产销售“毒奶粉”的事实产生疑问。接着，记者向观众介绍了“毒奶粉”的流出环节，并指出渭南市质监部门负责人与个体经营者马双林对于“毒奶粉”的生产日期的说法有很大出入，观众也开始质疑渭南市质监部门的监管责任。最后，记者交代了2008年9月国务院办公厅国家质监总局发出严查“毒奶粉”的紧急通知，从而使得渭南市质监部门的失职行为昭然若揭。大量的背景资料不仅起到了阐述新闻实质的作用，也丰富了报道的内容。

三、进行深入采访挖掘

美国哥伦比亚大学教授麦尔文·曼切尔认为记者采访与报道深度息息相关。她说：“记者好像一个勘探者，它要挖掘、勘探事实真相这个矿区，没有人会满意那些表面的材料。……报道是一个通过观察、推理和核实而进行采集事实的过程”[①]。直播报道中，记者从新闻发布会、政府声明等消息来源获取的信息只是浅层的内容，不能构成深度报道。记者要对信息进行核实，通过仔细观察新闻现场，深入询问知情人士等方式获取信息，在此基础上，记者进一步对大量信息进行分析、整合，从而得到新闻事件的起因、结果等深层信息，这才是深度报道中需要传播的信息。

而为了得到可挖掘、可分析的事件信息，最直接有效的手段就是深入采访，这也是电视新闻深度报道中直播内容的重要组成部分（还有演播室直播部分）。与一般新闻报道不同，深度报道的采访工作要有更全面、深入的准备工作。为了在现场采访中获取所需的深层信息，记者要提前收集大量的背景资料；要提前设计好递进式的采访问题，在理解权威人士专业阐述的基础上提出深挖事件本质的问题；要提前尝试分析事件的深层意义，模仿观众的思维走向，并搜集观众在新闻发生后第一时间的反应，以观众代表的身份向权威人士进行询问和求证。

现场采访过程中要注意提问与拍摄的技巧。拍摄时要将人物表情和动作细节等电视符号利用镜头语言表达出来，它的恰当使用可以增强报道的真实性和感染力。此外，人、事、物的细节镜头起着刻画人物性格、表达人物情感、揭示主题、交代环境、推动事件发展的作用，更能表达新闻事件本质、深化报道思想。有关现场采访和采访过程中的现场摄制技巧在本书第九章有详细说明。

我们以央视新闻频道于2014年3月20日对马航失联客机进行的特别报道为例。在对澳大利亚海事局举行的新闻发布会进行直播前，主持人首先简要说明了马航客机失联13

---

① 〔美〕麦尔文·曼切尔：《新闻报道与写作》，张争、邹大毅译，北京：中国广播电视出版社1981年版，第14页。

天以来的基本情况，并介绍了目前搜救工作的进展是在卫星图像中发现了可疑碎片，澳方仍在寻找碎片和分析碎片图像。主持人进一步分析了碎片的可疑原因，也分析了寻找可疑碎片的困难和途径。从以上部分我们可以看出主持人在直播节目开播前对大量背景资料进行了整理，并选取了最有价值的信息传达给电视机前的观众。对澳大利亚海事局举行的新闻发布会进行的现场直播，虽不是现场采访，但对于观众掌握新闻事件的浅层信息是具有一定作用的。接着，主持人采用多次连线现场记者的方式，对新闻事件进行更深层的挖掘。现场连线并不是严格意义的采访方式，但却能深化新闻的报道。在本例长达 1 小时 25 分钟的深度报道中，主持人先后进行了 6 次现场连线：

1. 在新闻发布会现场的记者陶冶

他通过电话连线的方式向主持人提供了可疑碎片与失联客机相关的几点原因，并说明澳方会在第一时间告知记者事件的最新进展。

2. 在马来西亚吉隆坡的记者王建兵

他向主持人说明马方在澳大利亚举行新闻发布会前已经得到的相关通知，并于下午 5 点召开例行记者会，届时可能会公布更多有价值的相关信息。

3. 在国家海洋预报台的记者王凯博

她向主持人介绍珀斯西南 2,000 公里的海浪较高，5 天后可能会有巨浪，给该海域内疑似残片的搜寻工作带来了一定困难。

4. 在澳大利亚的记者许靖

他向主持人说明发现可疑碎片的卫星图像是商业性质的卫星图像，具体信息涉及机密未经透露。

5. 在中国海上搜救中心的记者丛威娜

她向主持人说明我国目前的搜寻方案不变，搜救舰船仍按原计划赶往南北两个搜寻区。

6. 在珀斯停靠的我国科考船“雪龙号”上的记者王任卫

他通过电话连线向主持人说明雪龙号是距离事发海域最近的一艘船，在考察期间并没有发现失联客机的线索，目前也没有接到加入搜救船队的指示。

图10-3　澳大利亚新闻发布会现场直播

图10-4　电话连线

图10-5　现场连线

图10–6 演播室现场采访

另外，在本例中主持人在演播室现场对军事专家和航空专家进行了采访。专家就卫星图像为何难确定可疑碎片的具体位置，获取更高清晰度的卫星图像需要经过哪些步骤、历时多长，可疑残片的位置不在惯常的航道上意味着什么等问题进行了深层次的探讨，同时两位专家也对澳方新闻发布会上提到的信息进行了深入挖掘和剖析。

要点小结

1. 深度报道的“深度”体现在报道的“深刻性”和“广延性”上，着重在“为什么”和“怎么样”这两方面。既要进行纵向的历时的深刻的对比，也要进行横向的共时的广延的分析，这是深度报道区别于其他形式新闻报道的最关键的特征。

2. 深度报道可分为两大类：一类是独立的深度报道，包括解释性报道、调查性报道和预测性报道；另一类是组合式深度报道，包括连续报道、系列报道和整合报道。

3. 深度报道具有思辨性强的特点，报道过程中进行立体化、递进式的分析，其表现手法多样，传播效果显著。

4. 目标的定位，深度报道追求的是深度，深度来自于报道中所获取事实的多维性和确凿性，电视深度报道还必须体现传播者理性思维的多元性，必须能够在大量的事实细节面前建立起自己的判断、解读，甚至假设；形态的定位，新闻现场对新闻事实细节进行夹叙夹议的报道，而不是纯粹的观点评论，把整个新闻事件以一种故事化的方式来进行讲述，在拍摄方式上采用双机以纪实的方式进行拍摄，着重展现主持人对整个新闻事件的调查和求证的过程；内容的定位，深度报道中解释性报道、调查性报道和预测性报道均有涉猎，但出于当时的媒介环境与舆论环境，还多以调查性报道为主。

5. 做好电视新闻深度报道要坚持现代新闻理念、搜集大量背景资料、进行深入采访挖掘。

思考与研讨题

1. 什么是电视新闻深度报道？

2. 除了本章介绍的几种深度报道形式外，其他的报道形式有什么？分别有什么特点？

3. 电视新闻深度报道具有什么特点？与消息类新闻比较有什么不同？

4. 深度报道的定位分为几个层次？分别是什么？

5. 现代新闻理念是什么？它对电视新闻深度报道有什么意义？

6. 现场直播在电视新闻报道中起到什么作用？

延伸阅读

1. 杜骏飞、胡翼青：《深度报道原理》，北京：新华出版社 2001 年版。

2. 胡智锋：《电视传播艺术学》，北京：北京大学出版社 2004 年版。

3.〔美〕威廉 · C · 盖恩斯：《调查性报道》，刘波、翁昌寿译，北京：中国人民大学出版社 2005 年版。

4. 陈作平：《新闻报道新思路——新闻报道认识论原理及应用》，北京：中国广播电视出版社 2000 年版。

第十一章　新技术给电视新闻直播带来的新突破

本章要点

网络直播

全息摄影技术

虚拟演播室技术

21 世纪的今天，互联网作为一种新兴媒体迅速发展、普及，它是人类从工业时代走向信息时代的重要标志。随着经济的不断发展，科学技术日新月异，互联网技术也逐步走向成熟，吸引了越来越多人的关注，成为人们公认的“第四媒体”。因此，报纸、广播、电视等传统媒体势必受到不同程度的冲击。近几年，随着网络视频的发展，互联网的影响力大大增强，点对点的信息传播方式也越来越为受众青睐，网络真正实现了观众与媒介的实时互动，给予观众更强的参与感和更多的话语权。不仅如此，新媒体技术的不断渗透也改变了电视摄录与编辑设备、数字电视的传输技术以及电视直播的制作方式等，甚至还影响到了电视的行业结构。这无疑给电视媒介以及电视新闻直播的制作带来了挑战。

然而，从直播的角度出发，电视新闻直播报道依赖于技术的发展，将新闻现场的电视信号准确无误、高质量地传递给电视机前的观众，需要技术支持。传统的技术，包括摄像机、录像机、音频系统、通话系统、视频调控台、字幕机、灯光和传输系统等，它们分别作用于主持、摄像、编导、灯光、传输等各个环节。新技术则包括数字技术、卫星技术、网络技术、3D 以及虚拟技术等，它们有的是在传统技术的基础上进行升级，有的则是创新型技术。而电视媒介只有充分利用好新技术，并将其与传统技术完美融合，才能使电视直播报道的数量、质量和速度有所突破。所以，为了应对互联网技术的挑战，电视媒体要将传统技术与创新技术结合起来，利用这种新的技术组合去改变电视直播报道，让广大的观众直接参与到电视直播报道的构思、制作和播出中来，以缓解电视媒介的危机感，开辟崭新的电视直播报道时代。

第一节　网络直播

互联网作为一种新媒体，具备无可取代的优势，同时对传统电视媒体也产生了一定影响。在网络媒体的冲击下，电视直播充分利用互联网传播的优势，实现互联网与电视的共存互补、相互融合。因此，网络直播的概念应运而生。在重大事件和社会热点、焦点问题上，电视媒体多以现场直播的方式报道，利用网络媒介传播新闻内容，并且实现了电视与网络的同步直播，这使得电视媒体拥有更高的时效性，现场直播的优势也得到了最大程度的发挥。

一、网络直播的分类

通常情况下，我们接触的网络直播分为两种。一种是网络与电视节目同时直播，如新闻联播、文艺晚会等电视现场直播节目，如今越来越多的网络电视台已拥有对全天节目进行同步直播的功能。这样的网络直播主要由电视台与网络代理商进行合作，利用互联网传播迅速、受众范围广泛等特点进行节目直播。另一种是网络上的文字直播，常见的有足球比赛、突发事件等。这种直播通常由互联网工作者或普通网友在网络上对事件现场进行文字描述，利用互联网快捷、廉价、门槛低、互动性强等特点进行信息的传播。

二、网络直播的发展

早期的网络直播是为电视直播拓展新的传播渠道。受技术的客观条件以及人们网络适应能力的主观因素的限制，网络直播的直播内容、形式以及受众都有明显的局限性。电视因其设备和技术的便捷性，传播内容也具有权威性。在当时，电视直播是主要的内容提供者，网络直播多以可预测事件、非突发性事件等作为直播内容，这样的内容可提前预知并做准备，但是内容的局限性大，也不足以产生强吸引力。随着技术的进步，直播形式从初始的文字、图片直播变为后期的视频直播。然而，早期的互联网受众几乎没有选择的主动权。

1997 年互联网进入中国时，中国的网民数量不足 2 万，大部分家庭还是以电视机为中心，通过电视收看直播节目。随着电脑在中国家庭中的普及，人们开始思考观看时间和环境，决定是否使用电脑在门户网站上收看直播节目，当时互联网的受众主体是年轻观众。

随着网络技术的蓬勃发展，电脑和其他移动终端设备的技术也迅速成熟，互联网的优势日益显著，网络直播成为更重要、便捷的直播方式。2015 年 1 月 16 日，中国互联网络信息中心（CNNIC）发布了中国网民的统计数字。截至 2014 年 12 月底，中国网民数量达 6.49 亿，手机网民数量达 5.57 亿，这为网络直播提供了巨大的受众市场。一般而言，网络直播在直播内容、形式和对象上和传统直播都存在明显差异。

（一）直播内容的变化

互联网的迅猛发展使得电视直播内容的权威性受到了很大的冲击。一方面先进的客观技术，将更多的信息源聚集到网络平台上，再利用其传播的广泛性，第一时间将重大新闻的现场信息通过网络传播到世界各地；另一方面是受众的主观倾向，互联网低门槛的特点，使受众可以在任何时间、任何地点将自己发现的新闻直播到互联网上。由此受众不再只是被动地接受信息，而是成为新闻直播的参与者，公民记者和自媒体的概念应运而生。正是这两方面的原因使得网络直播的内容发生巨大转变，它不再受电视直播的限制，甚至还为电视直播提供信息服务。

北京时间 2012 年 12 月 30 日 20 点 18 分，CNN 国际频道播出了《全球公共广场》（*Global Public Square*）栏目主播扎卡利亚（*Zakaria*）在达沃斯论坛对美国财政部部长盖特纳的“独家采访”，其中谈到了对美国 GDP 增长 2% 到 3% 的预测，然而，这段“独家”在 30 小时前就已经在新浪网上直播了。同样，在 2013 年 4 月 20 日 20 点 02 分，四川省雅安市发生7.0级地震。国家地震台网官方微博于20点03分发布自动测定消息；《成都晚报》作为第一家发出地震消息的官方媒体于20点06分发布“地震了？吓死了！”的文字微博；20点07分，网名为“要致富走夜路”的微博用户发出“四川成都刚发生地震，震感强烈”的信息；20点08分，网名为“Meaningless _ 批话多”的雅安芦山县用户发出“我以为我要死了！震中肯定在芦山县，我家房子已垮！”的微博。传统媒体方面，东方卫视于20点18分进行电视直播报道，20点26分，央视才进行电视直播报道。

2011年世界头号恐怖分子本·拉登被击毙的重大新闻在互联网上进行了第一时间的现场直播。一个网名为苏哈比·阿塔尔的巴基斯坦人在推特上对美国特种部队击毙本·拉登的过程进行网络直播。

2011年5月2日当地时间凌晨1点，清除本·拉登的行为在极度保密中突然启动，一场特殊的，也是全球独家的现场直播开始了：

推特：一架直升机在头顶盘旋，“罕见事件”正在睡意正浓的阿伯塔巴德发生。

推特：飞机的噪声很讨厌。直升机快滚开——在我亮出我的巨大苍蝇拍之前。

推特：塔利班没有直升机，如果这架直升机不是巴基斯坦的，就意味着出现了某种复杂的情况……

推特：这里有窗户爆炸的巨大响声。

推特：在一次爆炸后，直升机的声音终于停止了……

根据《纽约时报》的考证，最早披露本·拉登被击毙的消息同样来自推特，而非传统媒体。凯斯·厄本，美国前国防部部长唐纳德·拉姆斯菲尔德的前参谋长，最早在推特上说：“一位有声望的人刚刚告诉我，他们干掉了奥萨马·本·拉登，太棒了！”① 这为传统媒体提供了独家的信息源。

（二）直播形式的变化

除了传统电视媒体使用的摄像机、SNG转播车等设备外，社会中逐渐普及的监控摄像头、手机、录音笔、相机、iPad等新兴设备也成为记录现场、进行直播的工具。每个人都可以将自己记录的文字、图片、声音、影像等形式的现场信息在网络上进行直播。多媒体是网络直播的主要形式。在接受方式上，除了传统的电脑媒介外，受众也可以使用手机、iPad等移动终端设备观看直播节目。此外，微博、微信等社交产品的出现，也为网民提供了便利的交流平台，网民可以在微博上发布消息、转发、评论、点赞等，这为网络直播提供了新的直播形式。

网络直播的收看方式也更丰富，电视直播已非唯一选择。无论是城市公共交通上的移动电视或者城市中高楼上的楼宇电视，还是智能手机、平板电脑等便捷的移动终端设备，都为观众提供了便利。人们可以在任何时间、任何地点收看到直播节目。

① 张鸥：《直播幕后：电视突发直播一线手记》，北京师范大学出版社2013年版，第125页。

（三）直播受众的变化

早期的网络直播受众较少，其中大多是年轻观众，而随着电脑和网络的普及，手机、iPad等移动终端功能的更新，越来越多的人开始依赖互联网。如今，电视在我国家庭中的地位日趋下降，据艾瑞咨询于2011年9月发布的数据，在2008年至2011年年间，北京地区电视机开机率从70%下降至30%，网络成功地将观众的目光从电视身上移开。除了直播受众的数量变化外，直播受众的自身属性也发生了转变。互联网的门槛低、互动性强，普通受众在网络上也有话语权，任何人都可以将自己记录到的现场内容发布到网络中，成为“记者”“摄像师”“导播”“通讯社”等，一人可身兼数职。这意味着受众从被动转为主动，实现了从接收者到传播者的转变。网络直播不仅满足了观众的好奇心和求知欲，同时也为观众提供了“我在场”的真实体验的机会。

2010年8月8日凌晨2点多，甘肃省舟曲县遭遇泥石流，央视在当日7点档的《朝闻天下》发出了全球媒体的第一稿，这比新华社快讯快了50多分钟。然而，这条报道比网络上第一条微博迟了差不多4个小时。“90后”大学生王凯，以Kayne的网名在凌晨3点23分发出了19个字的信息：“水灾、停电，几乎一幢楼的人们都围在这烛火旁”，成为第一条灾区新闻。王凯的微博成为各大媒体重要的信息源。

在2011年7月23日20点38分发生的甬温线动车追尾事故当中，多个网友共同协作为观众直播现场的情况。有关该起特大交通事故的第一条消息来自网名为“袁小芫”的新浪微博用户，她是D301次事故列车上的一名乘客，在事故发生4分钟左右发出微博，这比国内媒体在互联网上的第一条消息早两个多小时，比电视报道更早。她对事故发出的相关微博经整理如下：

20:38 D301在温州出事了，突然紧急停车了，有很强烈的撞击。还撞了两次！全部停电了！！！我在最后一节车厢。保佑没事！！

20:50 听见救护车的声音。有传言可能出轨了。我们最后一节车厢没什么事。我想回家。

21:13 据说高架桥塌了，前边有四节车厢掉下去了。我们最后两节车厢已经脱离出来了。万幸自己没什么事。已经过去半个小时了。车厢里很闷。窗户也砸不开。

21:25 下车了。沿着铁道走。不知道是什么地方。

21:35 打雷闪电。下雨了。我关机了。

23:57 我在温州市第二十三中学的安置点。我很安全。谢谢你们每一个人。也为所有车上的人祈祷。

00:09 我在安置点的大巴上。说是会把我们送到客运中心。

00:43 在温州双屿客运站。安排车辆回福州。收到你们的短信电话和微博回复，袁小芫真的很感动。我是幸运的。因为我马上就可以回家了[①]。

---

① 张鸥：《直播幕后：电视突发直播一线手记》，北京：北京师范大学出版社2013年版，第132页。

与此同时，用户名为“0SaM 是我”的用户也发出“快救救我！乘坐的 D3115 次动车出轨！困在近温州南的半路上”的求救微博。还有更多的文字和图片不断被发出，从这些图片中可以看到有两节车厢在坠落，坠落的车厢已经完全扭曲、损坏。电视等传统媒体通过对网络上的文字、图片和时间等信息进行筛选、整合与查证，最终将事件还原并播出。受众已经成为媒体重要的信息来源。

三、网络直播的技术

（一）传统的 SNG 直播技术

传统的电视直播大多依靠 SNG 技术，但是 SNG 技术存在诸多缺陷：

1. SNG 设备成本高

小规模的电视台很难承受 SNG 设备的采购成本，更别说普通观众。即使电视台可以负担，在数量上也达不到高度覆盖新闻现场的程度，跨地域的直播更是难上加难。

2. SNG 直播人员成本高

一个 SNG 直播组最少需要出镜记者、摄像师、导播、技术人员、司机等人，人员的差旅费、劳务费是一笔不小的花销。此外，租用卫星和车辆的费用也是需要考虑的成本。

3. SNG 受时间、地点的限制

对于 SNG 车来说，因为地势起伏大的地方无法进入，所以在那些地貌复杂、地势危险的地方就无法进行直播。时间方面，当 SNG 直播车到达新闻现场后，直播组要对设备进行调试、并完成“找星”的步骤，这些要耗费大量时间，很可能在调试过程中错过了最精彩的新闻现场。

随着通讯技术的飞速发展，3G 、4G 技术脱颖而出，以全新的方式高速传输数据。为了弥补 SNG 在技术方面的不足，相关机构可以引入 3G 、4G 技术来进行新闻直播。

（二）3G 与 4G 技术

1. 3G、4G 技术的概念

3G（3rd-Generation）技术是指第三代蜂窝移动通信技术，与 2G 技术相比，3G 技术在传输声音和数据的速度上有大幅提升，可以在全国范围内无线漫游，并且能够更好地处理图像、音乐、视频流等多种媒体形式。

2003 年，业内人士开始研发利用 3G 技术进行数据传输的电视直播设备；2009 年，央视新闻频道引入 3G 新闻直播系统。简单来说，3G 直播技术就是将电视直播信号无线接入互联网的技术，这使得现场信号能够及时传送到演播室进行直播。

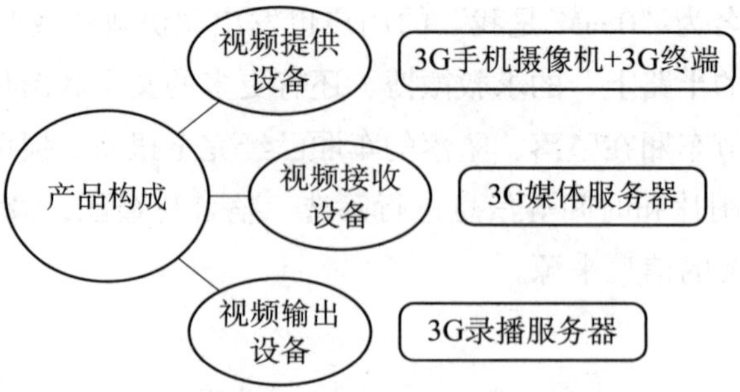

图12-1　3G 网络直播系统设备图①

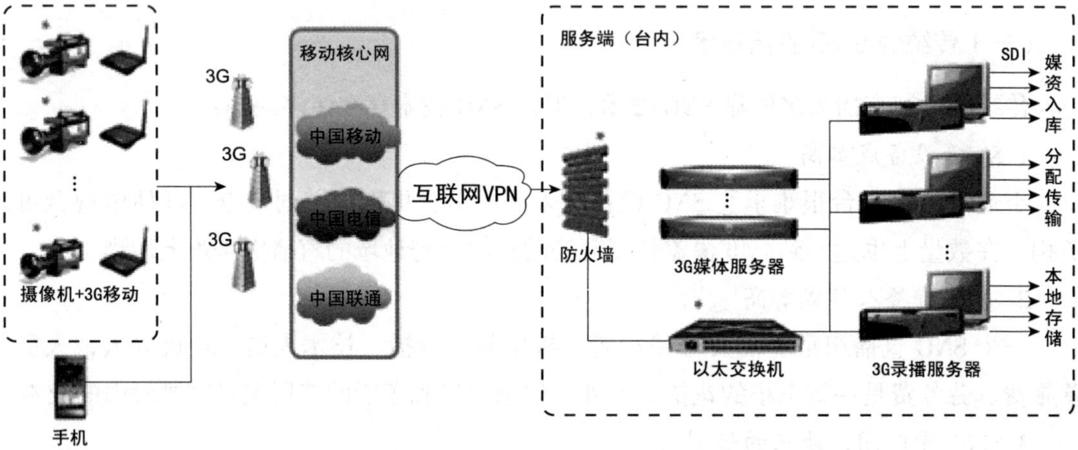

图12-2　3G 网络传输链路图②

4G 技术是指第四代移动通信技术，它结合 3G 技术与 WLAN 于一体，在第三代技术的基础上对无线通信技术进行升级，提高了移动装置无线访问互联网的速度。与 3G 技术不同的是，4G 技术传输的视频和图像的质量更高。

下面是对 3G 与 4G 网络速率进行比较，网络速率分为上、下行速率，它们并不是严格对称的，下行速率往往更快。在电视直播的应用上，上行速率值更有参考价值。

表 12-1　3G 网络带宽（速率）

制式		上行（bps）	下行（bps）
WCDMA（联通）	HSPA	5.75M	14.4M
	HSPA+	5.8M	28M
CDMA2000（电信）	rel-0	156K	2.4M
	rel-a 单载波	1.8M	3.1M
	rel-b 三载波	5.4M	9.3M
TD-SCDMA（移动）	HSDPA	1.6M	2.8M
	HSUPA	2.8M	2.8M
	802.16M	90M	170M

① 大洋新一代 3G Live 新闻直播系统应用介绍，载中科大洋官网，http：//www.dayang.com.cn/Technologycorridor/technology/2011-09-08/1391.html。

② 成六祥：《3G 和 4G 移动通信技术在电视直播中的应用》，载《中国传媒科技》2012 年第 12 期。

表 12-2　4G 网络带宽（速率）

制式	上行（bps）	下行（bps）
LTE	50M	150M
LTE-Advanced	500M	1G
WiMAX	90M	170M
HSPA+	11M	84M
WirelessMAN-Advanced	500M	1G

注：表中速率数值为理论值①。

再来看 3G 、4G 网络基站覆盖情况。目前，3G 基站在城市的覆盖率达到 90% 以上，农村为 75% 左右。截至 2014 年 6 月底，中国联通新建 3G 基站共 10,227 个，实现了高铁线、3A 以上景区等区域 3G 网络的全覆盖，以及东部重点乡镇区域的连续覆盖。4G 的基站覆盖率相对较低，北京、上海、广州等大型城市的覆盖情况较好。2014 年上半年，联通新建 TD-LTE（4G）基站 5,773 个，覆盖 56 个重点城市，并计划在年底前完成 10 万个 4G 基站的建设，将覆盖 300 多个城市。中国移动则计划在 2014 年年底建设 4G 基站 70 万个，2015 年再新增 4G 基站 30 万个，使得总规模达到 100 万个，将覆盖全国县级以上所有城市以及部分发达的乡镇。②

由以上数据我们可以得知，3G 、4G 技术正在不断地发展，电视直播与网络直播也将依托 3G 、4G 技术在未来有所突破。

2. 3G、4G 技术的优点

第一，3G 、4G 技术不受时间限制。传统的电视转播车需要申请卫星传输频道，从而也限制了传输时间，而 3G 、4G 技术在任何时间，只要有 3G 、4G 信号，就可以进行实时传输。从观众的角度看，利用 3G 、4G 信号，人们可以随时随地通过不同终端观看电视直播，并且还可以回看、点播和与传播者互动。

第二，3G 、4G 技术几乎不受空间限制。传统的 SNG 技术直播常常受到新闻现场地貌以及 SNG 车与摄像机连线的限制，而 3G 、4G 属于无线传输技术，只要有 3G 、4G 信号，就可以把摄像机内的图像、视频通过无线传输方式传送到演播室，甚至可以通过手机、平板电脑等移动设备进行直接的视音频直播。

第三，3G 、4G 设备操作简单。传统的 SNG 直播设备操作复杂、分工多样。而 3G 、4G 直播设备小巧轻便，随身设备不到 10 公斤；操作方法也很简单，一名有专业基础的新闻工作者可以在短时间内熟练掌握。

---

① 成六祥：《3G 和 4G 移动通信技术在电视直播中的应用》，载《中国传媒科技》2012 年第 12 期。

② 康钊：《联通将建 10 万 4G 基站，覆盖全国 300 个城市》，载《新浪—科技》2014 年 8 月 11 日 ,http://tech.sina.com.cn/t/4g/2014-08-11/00429545632.shtml。

第四，3G 、4G 技术的成本较低。传统的 SNG 直播技术的设备成本与人员成本都很大，而 3G 、4G 直播技术除了基本设备的购置外，只需交付运营商宽带流量费用。另外，由于 3G 、4G 技术简单易于操作，一个直播组只需要记者、摄像师等成员，特殊情况时，一人就可以完成 3G 、4G 直播。

3. 3G、4G 技术的不足

第一，图像质量相对较差。利用 3G 技术进行直播的图像在屏幕满幅显示时，画面中会出现较大颗粒，还会有马赛克现象，在运动镜头中尤为明显。4G 技术在画质方面进行了改进，但与 SNG 技术相比，清晰度、稳定性等方面仍有待提高。此外，低照度的条件也会降低 3G 、4G 直播的画质，拍摄夜间场景时还需要进行补光等措施。

第二，受基站覆盖率的限制。虽然和 SNG 直播相比，3G 、4G 直播几乎不受空间限制，但是由于基站覆盖不均，在信号弱的地方，图像很容易出现马赛克现象，有些偏远地区甚至没有信号。此外，在一些网络发达地区，大量使用 3G 、4G 网络的终端会占带宽，从而会造成直播传输速度的降低。

综合而言，3G 、4G 技术较 SNG 技术发达，但也尚未完善，仍存在一定的问题。我们相信随着 3G 、4G 技术的成熟完善，电视直播与网络直播将有更大的飞跃，同时，我们也期待新技术的不断涌现。

第二节　虚拟演播室技术

虚拟演播室是近些年发展起来的一种虚拟现实、实时制作的设备，是一种独特的电视节目制作技术。它利用计算机图像处理技术、人工智能、模式识别、三维图形等技术，将摄像机拍摄的人物运动与任意虚拟场景按照一定的透视关系融合在一起，产生出逼真的虚拟现实效果。

虚拟演播室系统运用计算机技术甚至可以制作出实际不存在，或是难以真实布置出的场景。它还可以制作虚拟道具，如足球、选举票箱、天气预报中飘来的乌云等。这些丰富、美观的场景拓展了人们的想象空间。此外，演播室通过计算机进行制作，迅速又方便，大大节省了人力、物力、财力。

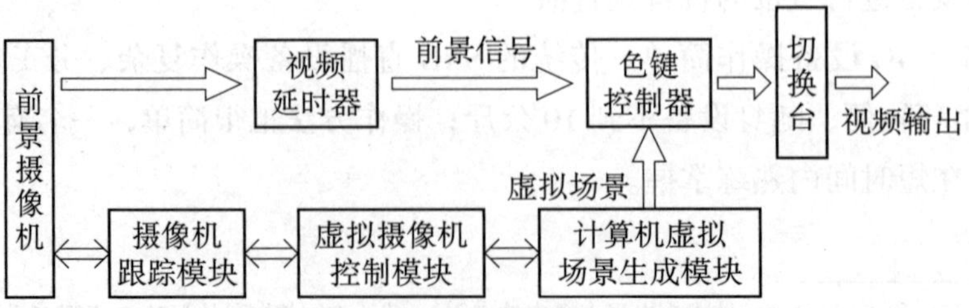

图12-3　虚拟演播室原理示意图[①]

① 徐涛、叶永沛：《虚拟演播室技术在教育教学中的应用》，载《中国电化教育》2004 年第 5 期。

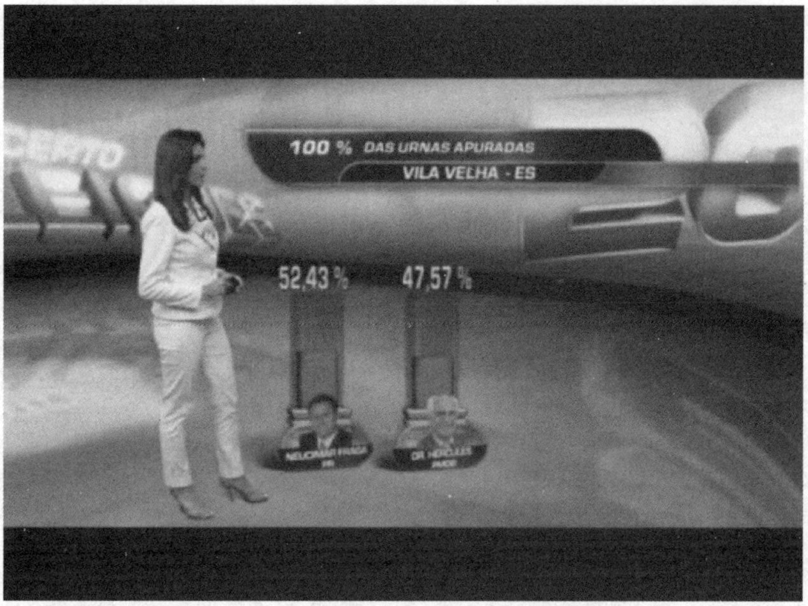

图12-4　新闻报道节目中的虚拟投票道具

在电视台的同一个演播室中，每天都要制作很多个节目，不同的节目有着各自的风格，演播室的布景理应不同。但是置办实景不仅花销大、操作复杂，也浪费时间、劳神费力。而利用虚拟演播室技术制作多套虚拟场景，能够以低廉的成本产生新奇的视觉效果，既便宜又快捷。并且，由于虚拟场景是由计算机制作的，所以可以迅速变化出多种不同的场景。观众最熟悉的虚拟场景应该是天气预报，播音员可以一会儿站在卫星发送的气象云图前进行大气层的分析，一会儿站在不同的自然环境中，一会儿又站在地图前。虚拟演播室系统制作的虚拟场景可以分为二维虚拟演播室与三维虚拟演播室两种，这要根据各个演播室节目的需要来决定。

图12-5　中央电视台体育频道应用的虚拟演播室

图12-6　央视新闻频道晚间天气预报利用虚拟演播室技术

制作一套虚拟演播室节目需要在一个真实的演播室中进行。首先，蓝色或绿色的背景箱体是必备的，主持人站在箱体中，摄像机进行拍摄。然后，计算机根据摄像机拍摄的镜头参数生成虚拟图像，使得主持人与虚拟场景的三维透视关系正确，使虚拟效果逼近真实。

第三节　全息摄影技术

全息摄影技术是美国科学家丹尼斯·盖博（Dennis Gabor）发明的一种记录被摄物体反射波的振幅和相位等全部信息的新型摄影技术。摄像师用激光相机对一个物体进行多次拍摄，将它的多种形象拍摄下来，再运用三维格式进行重新制作，就可以得到该物体的三维立体图像，无论从哪个角度看都与真实生活中的物体相同①。

全息摄影技术以激光为基础，它将激光分为两束，一束直接射向感光片，另一束经被摄物反射后再射向感光片。两束光在感光片上叠加产生干涉，感光底片上各点的感光程度随强度和两束光的相位关系的变化而不同。所以它不仅记录了物体上的感光强度，也记录了相位信息。人眼直接去看这种感光底片时，只能看到像指纹一样的干涉条纹，但透过激光再来观察，人眼透过底片就能看见与原来被拍摄的物体完全相同的三维立体像。

① 参见田维钢：《新技术时代的电视新闻制作与传播》，北京：中国广播电视出版社 2009 年版，第 59 页。

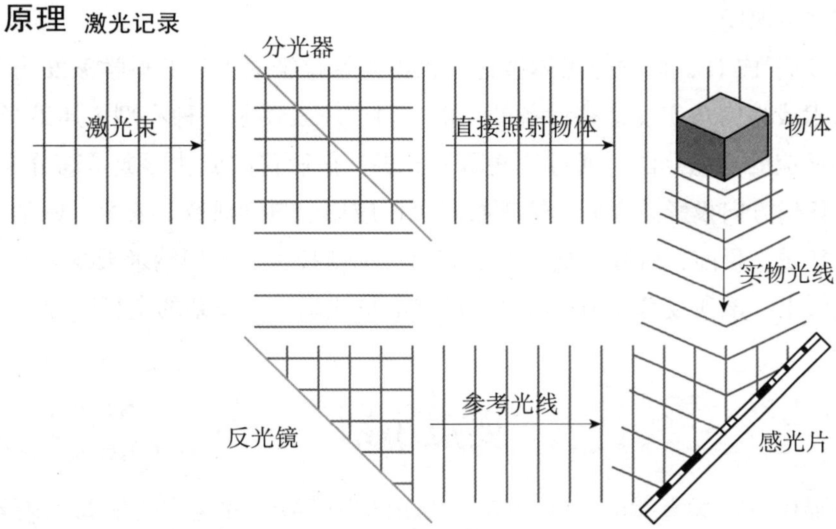

图12-7　全息摄影原理示意图①

普通摄影中，照相机拍摄的景物，只记录了景物的反射光的强弱，即反射光的振幅大小，而不能记录物体的立体信息。然而，全息摄影技术能够同时记录反射光的振幅和相位，因此，它可以展现物体的三维空间。

表 12-3　全息摄影与普通摄影的区别②

类别	全息摄影	普通摄影
记录方式	物束光与参考光束	光学镜头成像（物束光）
记录内容	物体散射光的强度及相位信息	景物本身或反射光强度
成像介质	记录后称全息片（全灰色调）	感光胶片
影像观察方式	一般借助激光还原观看	眼睛直接观看
色彩表现	彩色干涉条纹图像	彩色物体图像
映像特点	三度空间立体感的景物，只有散射光线而并无实物	平面物体图像

全息摄影的优势在于：再造出来的立体图像有利于保存珍贵的艺术品资料；拍摄时记录的每一点都在全息片的任何一点上，一旦照片损坏也关系不大；全息照片的景物立体感强、形象逼真，可以借助激光在展览会上放映展品。

全息摄影因其优势现已应用于各个领域，有全息照片、全息电影、全息防伪、全息储存、全息电视等。如今，在电视直播领域中也用到全息摄影技术，2008 年，CNN 对美国总统大选的直播报道中引入了全息摄影技术。女记者杰西卡·叶琳在芝加哥，通过 35 台高清摄像机同时对她的拍摄，形成了一个人的立体图像，新闻工作者将图像信号实时传输

① 《全息摄影：360 度影像展示》，载《前沿科技》第 15 期，http://t.sohu.com/s2011/holography/index.shtml。
② 杨茂华：《浅谈全息摄影技术》，载《宿州学院学报》2005 年第 5 期。

至纽约的演播室现场。

2014 年 7 月 17 日，据国外媒体报道，以色列特拉维夫大学的科学家发明了一种全新的全息摄影术或将完全实现这些设备的功能。科学家发明了一种小型金属纳米天线芯片，以及一种相适应的全息算法。通过这些研究成果，他们首次成功形成了高分辨率全息图，并且可以从任何方向投影。今后，这项技术可以应用于科学研究、安全、医学、工程、军事、娱乐等领域。目前，研究人员正在研究另一项新技术，利用纳米天线技术发明了一种高效全息摄影术，该项技术利用光源本身的参数形成动态、复杂的全息图像①。

要点小结

1. 电视媒体以现场直播的方式报道，利用网络以最快的速度传输新闻内容，实现了电视与网络的同步直播，使电视媒体拥有更高时效性的同时也充分发挥了其现场直播的优势。

2. 早期的网络直播是为电视直播拓展新的传播渠道。受到技术的客观条件以及人们还未完全适应网络的主观因素的限制，网络直播的直播内容、形式以及受众都有明显的局限性。随着技术的进步，网络直播的直播内容、形式和受众都有着明显的变化。

3. 传统的 SNG 直播技术有着诸多缺点，而 3G 、4G 技术的出现弥补了它的不足，使得融合直播得到更大的发展。3G 、4G 技术具备不受时间限制、几乎不受空间限制、设备操作简单以及成本较低等优点。

4. 虚拟演播室利用计算机图像处理技术、人工智能、模式识别、三维图形等技术，将摄像机拍摄的人物运动与任意虚拟场景按照一定的透视关系融合在一起，产生出逼真的虚拟现实效果，被众多演播室节目所利用。

5. 全息摄影技术是一种记录被摄物体反射波的振幅和相位等全部信息的新型摄影技术。因其优势现已应用于全息照片、全息电影、全息防伪、全息储存、全息电视等领域。如今，在电视直播领域中也用到全息摄影技术。

思考与研讨题

1. 网络直播分为几种？分别有什么特点？

2. 网络直播的变化有哪些方面？你可以举出其他例子吗？

3. 3G 、4G 技术的发展对网络直播有什么影响？

① 《以色列发明最新全息摄影》：载新浪科技频道 2014 年 7 月 17 日，http://tech.sina.com.cn/d/2014-07-17/08049498812.shtml。

4. 虚拟演播室技术适合什么类型的节目？它需要哪些技术和设备的支持？

5. 全息摄影技术与普通摄影技术有什么不同？

延伸阅读

1. 田维钢：《新技术时代的电视新闻制作与传播》，北京：中国广播电视出版社 2009 年版。

2.〔美〕莫士科维茨（Moshe Moshkovitz）：《虚拟演播室技术》（*The Virtual Studio Technology Techniques*），夏力、王大纲、崔建伟、张晓辉等译，北京：清华大学出版社 2005 年版。

参考文献

中文参考文献

1.〔美〕阿瑟·阿萨·伯杰:《媒介分析技巧》,李德刚、何玉译,北京:中国人民大学出版社,2005年版。

2.〔美〕艾·里斯、〔美〕杰克·特劳特:《定位》,王恩冕、于少蔚译,北京:中国财政经济出版社,2002年版。

3.〔英〕安德鲁·博伊特、〔英〕彼得·斯图尔特、〔英〕瑞·亚历山大:《广播电视新闻报道(第六版)》,嵇美云译,北京:清华大学出版社,2012年版。

4.〔美〕芭芭拉·马图索:《美国电视明星》,杨照明等译,北京:中国广播电视出版社,1987年版。

5. 崔林:《电视新闻语言:模式·符号·叙事》,北京:中国广播电视出版社,2009年版。

6. 崔林:《电视新闻直播报道:现场的叙事》,北京:中国传媒大学出版社,2012年版。

7. 陈博:《寻求电视新闻直播的可持续发展之路》,载《当代电视》2006年第11期。

8. 陈世国:《台中港务局经营绩效评核之研究》,载台中港务局九十二年度自行研究计划。

9. 陈作平:《新闻报道新思路——新闻报道认识论原理及应用》,北京:中国广播电视出版社,2000年版。

10.〔英〕大卫·麦克奎恩:《理解电视》,苗棣等译,北京:华夏出版社,2003年版。

11. 杜骏飞、胡翼青:《深度报道原理》,北京:新华出版社,2001年版。

12. 范明娅:《试论新媒体在重大灾害事件中的角色与作用——对比汶川地震和芦山地震的信息传播》,载《开封大学学报》2013年第2期。

13.〔瑞士〕费尔迪南·德·索绪尔:《普通语言学教程》,高名凯译,北京:商务印书馆,1980年版。

14.〔美〕弗雷德·舒克等:《电视现场制作与报道》(第五版),雷蔚真译,北京:中国人民大学出版社,2013年版。

15. 高世明：《实用电视新闻》，北京：中国广播电视出版社，2000 年版。

16. 郭庆光：《传播学教程》，北京：中国人民大学出版社，2011 年版。

17. 郭镇之：《电视传播史》，北京：北京师范大学出版社，2000 年版。

18. 郭镇之：《中国电视史》，北京：文化艺术出版社，1997 年版。

19. 韩俊丽：《论电视新闻中同期声的有效运用》，载《新闻传播》2013 年第 12 期。

20. 何亮亮：《凤凰卫视的新闻运营》，载《电视研究》2011 年第 4 期。

21. 何梓华：《新闻理论教程》（修订版），北京：高等教育出版社，2008 年版。

22. 胡亚敏：《叙事学》，武汉：华中师范大学出版社，1994 年版。

23. 胡智锋、周建新：《从"宣传品"、"作品"到"产品"——中国电视 50 年节目创新的三个发展阶段》，载《现代传播》2008 年第 4 期 。

24. 胡智锋：《电视传播艺术学》，北京：北京大学出版社，2004 年版。

25. 姜公映、易祥：《电视新闻策划谈》，载《现代传播》2002 年第 2 期。

26. 雷蔚真：《电视新闻摄制》，北京：中国人民大学出版社，2010 年版。

27. 李春邦：《新闻价值的含义》，载《广西大学学报（哲学社会科学版）》1983 年第 1 期。

28. 李梓新：《灾难如何报道》，广州：南方日报出版社，2009 年版。

29. 刘习良：《中国电视史》，北京：中国广播电视出版社，2007 年版。

30. 刘茜：《新媒体：灾难中的大作用》，载《光明日报》2013 年 4 月 27 日，第 6 版。

31. 刘荃：《电视新闻摄像》，北京：中国广播电视出版社，2014 年版。

32. 陆小华：《媒介融合进程中电视直播报道形态的演变》，载《新闻战线》2010 年第 2 期。

33.〔美〕罗伯特 · C · 艾伦编：《重组话语频道》，麦永雄、柏敬泽等译，北京：中国社会科学出版社，2000 年版。

34.〔法〕罗兰 · 巴特：《叙事作品结构分析导论》，见《叙述学研究》，北京：中国社会科学出版社，1989 年版。

35.〔加〕赫伯特 · 马歇尔 · 麦克卢汉：《理解媒介——论人的延伸》，何道宽译，北京：商务印书馆，2000 年版。

36.〔美〕麦尔文 · 曼切尔：《新闻报道与写作》，艾丰等编译，北京：中国广播电视出版社，1981 年版。

37.〔美〕迈克尔 · 埃默里等：《美国新闻史：大众传播媒介解释史》，展江译，北京：中国人民大学出版社，2004 年版。

38.〔美〕尼尔 · 波兹曼：《娱乐至死》，章艳译，南宁：广西师范大学出版社，2004 年版。

39.〔美〕尼葛洛庞帝：《数字化生存》，胡泳、范海艳译，海口：海南出版社，1997

年版。

40. 欧阳宏生等:《电视文化学》,成都:四川大学出版社,2006年版。

41.〔俄〕普洛普:《民间故事形态学》英译本,奥斯汀:得克萨斯大学出版社,1986年版。

42. 饶立华等:《电子媒介新闻教程:广播与电视》,北京:中国人民大学出版社,2000年版。

43. 赛纳:《〈新闻调查〉的内容与形式》,转引自《新闻调查》栏目内部刊物《调查月报》。

44. 沈忱:《中国电视新闻现场直播:导演手记》,北京:中国广播电视出版社,2004年版。

45. 宋晓阳:《出镜记者现场报道指南》,北京:中国广播电视出版社,2008年版。

46. 苏克军,赵彬:《小国家 大媒体》,载《读书》2003年第5期。

47. 孙宝国:《中国电视新闻节目形态研究》,北京:新华出版社,2008年版。

48. 孙亚光:《SNG带动新的科技战争:谈卫星对电视新闻的冲击》,载《新闻镜周刊》第248期。

49. 孙玉胜:《十年——从改变电视的语态开始》,北京:生活·读书·新知三联书店,2003年版。

50.〔美〕唐·休伊特::《〈60分钟〉:黄金档电视栏目的50年历程》,马诗远、林洲英译,北京:清华大学出版社,2004年版。

51.〔英〕特伦斯·霍克斯:《结构主义与符号学》,瞿铁鹏译,上海:上海译文出版社,1987年版。

52. 田维钢:《新技术时代的电视新闻制作与传播》,北京:中国广播电视出版社,2009年版。

53.〔法〕托多洛夫:《文学作品分析》,载《叙述学研究》,北京:中国社会科学出版社,1989年版。

54. 王大龙:《电视人的弄潮精神——评电视现场直播 <钱塘江潮>》,载《新闻与写作》2001年第12期。

55. 王纬主编:《镜头里的"第四势力"——美国电视新闻节目》,北京:北京广播学院出版社,1999年版。

56.〔美〕威廉·C·盖恩斯:《调查性报道》,刘波、翁昌寿译,北京:中国人民大学出版社,2005年版。

57. 吴为章:《新编普通语言学教程》,北京:北京广播学院出版社,1999年版。

58. 吴郁:《当代广播电视播音主持》,上海:复旦大学出版社,2005年版。

59. 徐列:《在追问中逼近事实》,广州:南方日报出版社,2006年版。

60. 杨茂华：《浅谈全息摄影技术》，载《宿州学院学报》2005 年第 5 期。

61. 杨伟光主编：《电视新闻分类与界定》，北京：中国广播电视出版社，1994 年版。

62. 杨志弘等：《台湾媒体企业再造关键成功因素之研究》，载铭传大学传播管理研究所 硕士学位论文，2004 年。

63. 叶子：《电视新闻：与事件同步》，北京：北京师范大学出版社，2010 年版。

64. 叶子：《现代电视新闻学》，北京：中国广播电视出版社，2005 年版。

65. 叶子：《电视新闻节目研究》，北京：北京师范大学出版，1999 年版。

66. 尹德刚：《事件性新闻与非事件性新闻》，载《新闻大学》1995 年第 1 期 。

67. 余家宏等编写：《新闻学简明词典》，杭州：浙江人民出版社，1984 年版。

68.〔美〕约翰·费斯克：《关键概念：传播与文化研究辞典》，李彬译，北京：新华出版社，2004 年版。

69. 曾祥敏：《电视新闻学》，北京：中国传媒大学出版社，2012 年版。

70. 张龙：《记者型主持人角色论》，北京：中国广播电视出版社，2009 年版。

71. 张君昌：《超媒体时代——新世纪电子传媒经营与创新》，北京：新华出版社，2003 年版。

72. 张洁、吴征：《调查〈新闻调查〉》，北京：文化艺术出版社，2006 年版。

73. 张洁：《从调查节目到调查性报道》，载《新闻记者》2005 年第 10 期。

74. 张鸥：《直播幕后：电视突发直播一线手记》，北京：北京师范大学出版社，2013 年版。

75. 赵俐：《有声语言的声音是什么——论播音创作声音个性展现的理论基础》，载《现代传播》2003 年第 3 期 。

76. 张威：《IRE、调查性报道与中国观照》，作为译者序收入〔美〕布兰特·休斯顿、〔美〕莱恩·布卢兹斯、〔美〕史蒂夫·温伯格：《调查记者手册：文件、数据及技巧指南》（第四版），广州：南方日报出版社，2005 年版。

77. 周洋：《重大灾难中的电视直播策略——以央视对汶川大地震直播为例》，载《新闻前哨》2008 年第 7 期 。

78. 周静：《电视直播新闻存在的问题》，载《当代传播》2003 年第 5 期 。

79. 钟大年：《纪录片创作论纲》，北京：北京广播学院出版社，1997 年版。

80. 周秀玥：《民视企业再造关键成功因素之研究》，载铭传大学传播管理研究所在职专班硕士论文，2004 年。

81. 朱羽君、殷乐：《生活的重构》，北京：北京广播学院出版社，1998 年版。

82. 雷蔚真、朱羽君编著：《电视采访学》第二版，北京：中国人民大学出版社，2010 年版。

83. 朱羽君：《现代电视纪实》，北京：北京广播学院出版社，2000 年版。

英文参考文献

1. T. Barothy，M. Peterhans & K. Bauknecht. "Business Process Reengineering"，*Emergence of a New Research Field*，SIGOIS Bulletin, August, 1995.

2. D. W. Daniel. " Management Information Crisis." *Havard Business Review*, Vol.39, 1961

3. D. Miller. "Momentum and Revolution in Organizational Adaptation"，*Academy of Management Journal*, 1980.

4. Michael Hammer & James Champy：*Reengineering the Corporation*，New York: Harper Collins Publishers, Inc., 1993.

5. Michael Hammer & S. A. Stanton：*The Reengineering Revolution- A Handbook*，New York：Harper Collins Publishers. 1994.

6. M. M. Klein. "Reengineering Methodologies and Tools"，*Information Systems Management*, Vol.11, No.2, 1994.

后　记

进入21世纪以来，全球电视新闻报道迎来了一个最兴旺蓬勃、同时也最具挑战冲击的发展时期。2003年5月1日，央视新闻频道试播，7月1日起正式播出，从此开启了一个全新的直播时代——“神舟”飞船发射、“嫦娥”升空、汶川地震、北京奥运……在这一系列重大事件发生之时，电视观众跟随着记者们的直播镜头，透过电视屏幕第一时间亲眼见证了历史。

随着电视新闻直播的常态化，培养能够适应一线发展需求的电视新闻记者成为当前世界各国高等学校新闻类专业教学的重要目标。多年来，中国传媒大学新闻传播学部电视学院一直在培养电视直播记者方面进行着认真探索，通过开设《电视现场报道》等多门相关课程和设置“出镜记者班”等形式，积累了一些有益的经验。

这本教材的三位作者均为中国传媒大学电视学院的广播电视新闻学专业教师，教学经验丰富，本书综合了这三位教师的授课讲义，并根据专业教学的最新思路重新梳理了大纲和逻辑框架，使整部教材能够比较系统地探讨电视直播和现场报道的理念与实践；以新闻传播学现有研究成果为基础，广泛综合借鉴了叙事学、社会学等多维学科的理论，同时加入了最新的电视新闻直播报道获奖作品进行案例分析，力求使教材深入浅出，便于指导教学和实践。

在当前传播技术日新月异的信息时代，新闻工作者在一线岗位上以专业实践和创新精神推动着我国新闻传播事业的快速发展，同时也为高校新闻专业教学提供重要的教学案例和经验心得，本书作者在此谨向他们致敬和致谢。

感谢本书的责任编辑、中国传媒大学出版社曾婧娴、姜颖昳老师的辛勤付出，使本书得以顺利出版。

感谢中国传媒大学新闻传播学部硕士研究生魏玉坤、张家铭、孙弯弯，他们做了很多的资料搜集、案例分析和文字统筹工作，协助三位作者最终完成了教材的编写。

希望本书的出版能够为国内高校新闻传播类专业的学生和一线电视新闻工作者提供有益的指导，并为电视新闻直播和现场报道的相关研究提供参考借鉴。最终的效果尚需读者评判，我们诚挚地期待来自学界和业界的批评指正。

后记

图书在版编目（CIP）数据

电视直播与现场报道 / 张龙等著. -- 北京：中国传媒大学出版社，2017.2（2024.7 重印）
广播电视新闻专业“十二五”规划教材
ISBN 978-7-5657-1845-8

Ⅰ. ①电… Ⅱ. ①张… Ⅲ. ①现场直播—高等学校—教材 ②现场报道—高等学校—教材
Ⅳ. ① G222

中国版本图书馆 CIP 数据核字（2016）第 239163 号

广播电视新闻专业“十二五”规划教材
电视直播与现场报道
DIANSHI ZHIBO YU XIANCHANG BAODAO

著　　者	张　龙　崔　林　张树华
责任编辑	曾婧娴　姜颖昳
装帧设计指导	吴学夫　杨　蕾　郭开鹤　吴　颖
设计总监	杨　蕾
装帧设计	刘　鑫　杨瑜静
责任印制	李志鹏

出版发行	中国传媒大学出版社		
社　址	北京市朝阳区定福庄东街 1 号	**邮　编**	100024
电　话	010-65450532　65450528	**传　真**	65779405
网　址	http: // cucp. cuc. edu. cn		
经　销	全国新华书店		

印　刷	艺堂印刷（天津）有限公司
开　本	787mm × 1092mm　1/16
印　张	18.25
字　数	367 千字
版　次	2017 年 2 月第 1 版
印　次	2024 年 7 月第 7 次印刷

书　号	ISBN 978-7-5657-1845-8/G · 1845	**定　价**	58. 00 元

本社法律顾问：北京嘉润律师事务所　郭建平

致力专业核心教材建设　提升学科与学校影响力

中国传媒大学出版社陆续推出

我校15个专业“十二五”规划教材约160种

播音与主持艺术专业（10种）

广播电视编导专业（电视编辑方向）（11种）

广播电视编导专业（文艺编导方向）（10种）

广播电视新闻专业（11种）

广播电视工程专业（9种）

广告学专业（12种）

摄影专业（11种）

录音艺术专业（12种）

动画专业（10种）

数字媒体艺术专业（12种）

数字游戏设计专业（10种）

网络与新媒体专业（12种）

网络工程专业（11种）

信息安全专业（10种）

文化产业管理专业（10种）

本书更多相关资源可从中国传媒大学出版社网站下载
网址：http://cucp.cuc.edu.cn
责任编辑：曾婧娴　　意见反馈及投稿邮箱：39797430@qq.com
联系电话：010-6578 3601